政党の誕生

近代日本における複数政党存立の基礎

松本　洵［著］

東京大学出版会

The Emergence of Political Parties
The Foundations for Japan's Multi-Party System
Shun MATSUMOTO
University of Tokyo Press, 2025
ISBN978-4-13-036297-9

目次

凡例

史料の引用に際しては、原則として、漢字の旧字体は新字体に、片仮名・変体仮名は平仮名に統一し、適宜、句読点、濁点等を補った。また、「之」→「の」、「而」→「て」、「者」→「は」、踊り字や合字なども表記を改めた。翻刻された史料集からの引用の際にも、同様の変更を加えている。

新聞記事等の傍点・圏点は煩雑を避けるためすべて省略した。引用文中の〔 〕内は原則として筆者による補註であるが、〔割注（傍注）―〕は原史料に元々記載されている内容である。省略した部分は、〔中略〕と表記した。また、引用中の用字は当時慣用のものについても、誤植でないことを示すため〔ママ〕と注記した箇所がある。

史料の所蔵情報や、引用・参考文献の詳細情報は末尾の「引用・参考文献一覧」にまとめて記載し、本文中では、著者名やタイトル（副題は基本的に省略）など、最小限の情報のみを記した。

序　章　揺籃期の政党とその特質

「徒党」と「政党」

一八八二年三月二十一日、立憲帝政党の創設を宣言する新富座での演説会において、当代随一のジャーナリストであった『東京日日新聞』の福地源一郎は、日本における「政党」存立の困難を次のように語った。

世上には間々、政党の公党たるを知らざるよりして、彼の党の文字は朋党と云ひ奸党と云ひ徒党と云ひ悪党と云ひ、和漢共に兎角良しからざる結合に用い来りし慣例に拘泥して、政党とても矢張り勢に党し利に党するものの如くに謬り思ひ、今日に政党あるは我国の利にあらず、宜く一般に之を殄滅せしめざる可からずと言ふものあり(1)

福地は、前年末にも、「政党と云へば何か徒党を与みて陰に不軌を謀るものの如くに思ひて忌み嫌たる封建時代の妄想は、最早や今日に於ては之を除却して其跡を遺すべからず」と述べていたが(2)、このような言説は福地に限られたものではなく、日本の政党がその出発点において、「徒党」に象徴されるような「党」の字に纏わりついた好ましくないイメージから自らを切り離すことを不可避の、そして最初の課題として誕生してきたことを示している。実際、徳川時代においては公認の身分集団以外の人的結合は体制への潜在的脅威と見なされ、「徒党」として警戒あるいは禁制の対象であった。それゆえ明治初年の人々は、社会における対立や分裂を公然と可視化、制度化する「政党」という新奇な存在に大きな戸惑いを覚え、福沢諭吉ですら、イギリスで政党を初めて目撃した時、「徒党のやうな者」が「太平無事の天下に政治上の喧嘩をして居る」と吃驚せざるをえなかったのである(3)。

しかし、このような困難を抱えて明治中期に誕生した政党が、その後の紆余曲折を経て、明治憲法の下で重要な役割を果たす主体の一つとなったことは、その功罪をいかに評価するかという立場の相違にかかわらず、多くの論者が認めるところであろう。本書では、一八八一年十月に国会開設勅諭が出された後、まもなく複数の政党が誕生したところから説き起こし、「政党」のあるべき姿が議論と実践を通じて模索されていく中で、やがて「政党」の存立が事実において自明視されるようになり、疑義を呈される機会が稀になっていく過程、いわば、政党に対する承認過程について、一八九〇年の帝国議会開設を経て、一八九四年の日清戦争開戦までの時期を対象として検討する。

こうした過程は、福地が列挙したような様々な「党」にかかわる外延の曖昧な領域の中から、議論と実践を通じて、他の諸集団から区別される「政党」独自の領域が立ち現れてくる過程として展開した。その際、大きく以下の二つの問題群が重要であった。

まず、政党の結合のあり方をめぐる問題群である。「政党」も「徒党」も、複数の人々の結びつきによって成立するのであるから、「政党」に関わる議論と実践において、政党に集う人々の結合のあり方が真っ先に吟味の対象となったことは不思議ではない。何に基づいて、あるいは何を目的として人々が政党に集うのかという点が議論され、政党が人脈や地縁に依拠したものではなく、人々の抱いている意見あるいは主義に基づくものであるという点については、早い段階で大方の一致を見た(4)。しかし、人々の意見は常に変容しうるもので、また、厳密に言えば、どの個々人の意見にも細かな相違が不可避的に存在する。したがって、意見がどの程度一致していれば政党を形成しうるのか、あるいは、政党がそのような相違を含む人々の活動をどの程度まで制約して、党としての結合を強化しうるのかといった点が論点となった。

また、これまでの「徒党」とは異なる結合の質を備えているものとされた「政党」が複数存在するという現実の状況を前提として、複数政党同士が取り結ぶ関係のあり方をめぐる問題群も重要であった[5]。政党間関係については、それが暴力的なものとならず、言語を通じて構成され、一定程度の安定性を有したものであること、しかも同時に、完全に固形化せず一定の揺らぎとダイナミズムを保持すべきことが追求された。このような微妙で繊細な政党間関係と、それによって表現される対立の質を担保するためには、やはり、第一の論点である個々の政党内部の結合のあり方が鍵となることが強く意識されており、二つの問題群は密接に連関していた[6]。本書ではこのような両者の関係に着目しながら、政党の結合のあり方をめぐる議論と実践を通じて、複数政党の共存、競争のあり方が変遷していく様子を検討する。

先行研究と本書の視角

政党の結合のあり方と政党間関係という二つの問題群を共に視野に収めた先行研究としては、大隈重信率いる立憲改進党を一九二〇年代の二大政党制の起源として位置付けた五百旗頭薫『大隈重信と政党政治』が重要である。自由党と立憲改進党は、一八八〇年代初頭の創設以来、組織力と政策能力というリソースをそれぞれ自党内で両立させることを目指しながらも、結局、組織の強い自由党と政策能力の高い改進党という形で二つの要素を分有したまま帝国議会開幕を迎えたとされ、対立を演出し続けるに足る豊富なアイデアを備えていた立憲改進党系政党の政策能力が、議会開設後の自由党系の藩閥政府への接近と与党化、立憲改進党系の野党化という分岐の要因となったことが描き出される。複数政党による競争体制は、ある特定の政党の青写真が貫徹することによって実現するものではなく、権力をめぐる自由党と改進党の複雑な交錯と行動選択の蓄積の結果として成立したものであることを同書は伝えている。

ただし同書では、立憲改進党の政策能力の再評価が主題となっているため、「政策」の解像度の高さに比して、自由党が改進党に対して優位性を持つとされた「組織」の内実については後景化しがちであった。[7] これに対して、本書では、一八八〇年代から初期議会期にかけて、政党の結合のあり方（＝組織）をめぐる問題群が、政策に関わる問題群から一定程度の自律性を有して、それ自体としての重要性を保持しており、それが、複数政党による対立のあり方を規定する基礎をなしていたことを描き出してみたい。

その際、政党内部の意思決定過程や、執行部、議員、党員、有権者の関係といったテーマに関わる〈政党組織〉研究が重要であることは言を俟たないが、[8] 本書で扱うのは、政党組織のいわば前提となる、政党に人々が集うという営み自体に対する明治期の人々の観念と実践の問題である。〈政党組織〉という言葉を用いず、〈政党の結合のあり方〉というやや迂遠な表現を用いてきたのは、本論で紹介する当時の議論の内容が、組織のあり方についての具体的な構想とは異なる、やや抽象度の高いものだからである。

このような意味での結合のあり方をめぐる問題についても優れた先行研究が存在する。山田央子『明治政党論史』[9] は、元来自由党が有していた自発的結社としての性格が次第に後景化し、盟約共同体や日常的な相互扶助組合に通じる排他的で強固な結合としての性格が前景化していく過程を描いている。[10] 他方で、組織を強化した「政社」を否定的に評価し、同じ意見の持ち主による緩やかな「無形」の結合を理想とする政党観が、一八八二年の集会条例改正を契機として政府側から提起され、やがて自由民権運動側の政党認識にも影響を及ぼしたことが大日方純夫によって指摘されている。[11]

本書では、これらの先行研究を踏まえ、緩やかな結合を理想とする政党観と、自由党のように団結に政党の本質を見る政党観が一八八〇年代半ばまでせめぎ合っていたものの、一八八四年の自由党解党以降は、「無形」の結合を強調する前者の政党観が優位に立ったこと、帝国議会開設後には、二つの政党観の衝突が自由党における党議拘束の問題という形で顕在化し、結合強化へと舵が切られていったことを跡付けていく。

ここまで、複数政党による対立のあり方を規定する要因として、政党内部における結合のあり方について述べてきたが、政党が複数存在するという現実の状況が、各政党や政府によっていかに解釈され意味づけられたか、そして政党間の相互認識はいかなるものだったのかという点も重要な要素になる。

このような政党観にかかわる思想史研究としても、やはり山田央子『明治政党論史』が重要である。同書は、明治初期の政党関連翻訳書において、複数政党の必要性が様々な角度から論じられていたことを指摘した上で、「君子の朋党」と「小人の朋党」の区別の必要性を論じた宋の欧陽脩の「朋党論」が明治期の政党受容において重要な媒介となったことにより、「政党」の真偽を弁別するという発想が強くなり、複数の政党の共存という局面が積極的に位置付けられなかったことを指摘している(12)。

明治時代中期において、山田の指摘したような政党間の相互否認的な傾向がしばしば見られたことは確かであるが、同時に、政党が複数存在して活動することの重要性が広く擁護され、その後、現実において複数政党の並存状態が長く持続したこともまた事実である。そこで、これまで主に着目されてきた自由党、立憲改進党といった「民権」陣営の政党だけでなく、立憲帝政党や紫溟会、大成会といった非「民権」陣営の政党をも視野に収め、複数政党による競争全体の見取り図を描き出すことにより、このような明治中期の複数政党の存立にかかわる議論と実践の二面性を跡付け、その帰結を展望することも、本書の課題の一つとなる。

議論と実践の双方向的関係

本書では、明治中期の政党をめぐる実践を検討する上で、政党をめぐる議論の果たした役割の重要性に留意しながら叙述を進めていく。この時期に行われた政党をめぐる論争は、政党の揺籃期に特有の流動性の中で極めて強く現実の状況に規定されたものであったが、政党の正統性、ひいてはその存在自体が決して自明でなかったこの時期においては、政党をめぐる議論が、現実の政党のあり方を規定するという逆の方向性もそれ以降の時期に比べて一層強く作用していた。このような議論と実践の双方向的な関係を取り立てて強調するのは、日本の政党が、自生的あるいは「自然史」的なプロセスを経て展開したというよりも、目的意識をもって創造されたという側面が強く、その際に、参照対象としての西洋の政党の歴史や現状についての解釈が非常に大きな位置を占めたと考えるからである(13)。

無論、このことは、日本における政党の発展が西洋の単なる模倣であったことを意味するものでは決してない。そもそも、西洋といってもその内部が現実に多様であり、政党についても同時代の論争対象であり続けていたことを明治中期の人々は理解しており(14)、まさにそれを横目に見ながら独自の議論と実践を積み重ねていた。また、一八八〇年代の日本においては、参照対象であった西洋において政党活動の前提とされていた全国レベルの議会が存在しなかったのであるから(15)、西洋とは全く異なる諸条件の下で行われる実践を通じて、政党をめぐる理論の方も大きく変容せざるをえなかったのである。

しかし、日本の政党が、西洋の政党を参照しながら、政党をつくるという明確な目的意識をもって創出されたがゆえに、政党をめぐる実践と、それをいかに理論的に定位するかという問題が、表裏一体のものとして結びついて同時的に問題の焦点を結ぶことになったという点は重要である。このことはイギリスやアメリカのように政党について参照すべき前例がなく(16)、まず、政党についての実践が事実として蓄積されながら、それを追認したり否定したりする言説が後から生み出されて堆積していったという状況とは異なる。日本の場合、政党は、たとえば議場における議論の過程で自然に党派が成立していったというようなものではなく、まず第一義的には、先進国であると思われた西洋において既に現実として存在していたものであり、それを「正しく」現実化できるかどうかが問われていたのである。もちろん、政党という社会的構造物をそのまま移植することが不可能である以上、実際には、日本においても政党は全く新たな文脈における試行錯誤を通じて作り出されたのであるが、このような経緯ゆえに、明治中期においては政党をめぐる議論と実践が緊密に結びつき、そして、消長を共にすることがしばしば見られたのである。

日本における「政党」の先駆

このように明治中期の政党の展開において、西洋由来の経験と理論が参照されたことは確かであるが、同時に、日本における政党が、近世以来の様々な人的結合の文脈の中で、それらとの連続と断絶を鋭く意識しながら成立したことも忘れてはならない。

たとえば、徒党が厳禁されていた徳川時代にも、身分集団は社会の変化に応じて絶えず流動的であり、公認を求めて様々な集団がダイナミックな競合を展開していた(17)。また、自らの要求を貫徹するためには、国訴に見られるように、村―郡―国という積み上げ式の大結集が実現することもあった(18)。このような大結集を実現するためには、潜在的な亀裂を抱えた多様な人々を結び付ける必要があり、多数派糾合のための複雑で高度な連合形成が行われていた(19)。複数の人々が結合して集団を成立させ、何かを要求するということ自体は、決して明治以降に初めて出現した光景ではなかったのである。また、学問の領域では、「党」を名乗る勢力も存在した。これは学問が一種の遊戯と見なされていたからこそ許されたものであったが、政治的な朋党へと転化する潜在的な可能性を有していた(20)。

徳川時代末期になると、勤王討幕を叫んだ浪人たちの間で藩を超えた政治的結合のきざしが生じたが、それは武力による政権争奪と密接に結びついたものであった。しかし、徳川政権が倒れた後、明治政府によって設置された議事機関である公議所においてすら、公議人には自藩の主張の貫徹が求められたため、公議人同士の自由な意見交換に基づく議論は存在せず、藩から独立した政治的結合は安定的に存続しえなかった(21)。このような状況を尾佐竹猛は「封建制度下には政党の発生すべき余地と必要もなかった」と総括している(22)。

このような状況の中、藩を離れた結合を可能にしたという意味において、やはり一八七一年の廃藩置県の意義は大きなものであった。その後、明治六年政変で下野した参議たちを中心として、民選議院設立建白の母体となった愛国公党のように明示的に党を名乗る勢力も出現し、自由民権運動の高まりの中で全国に結社が叢生することとなった。このような結社は近世身分制の解体局面における新たな社会的結合として生み出されたものであったがゆえに、政治にとどまらない多様な目的を併せ持っており、また、身分的な結合の性格を色濃く残すものも多かった。しかし、一八七七年の西南戦争における政府側の勝利によって、政治的結合と軍事力の関係はさしあたって切断され、反政府運動は国会開設運動へと純化されることとなり、一八七九年の第三回愛国社大会以降は、士族にとどまらない急激な勢力拡大を実現していったのである。

国会開設運動からの政党の分化

以上のように、政党の展開を考える上ではいくつもの重要な画期が存在するが、本書では、一八八一年の国会開設勅諭によって、元来、未分化であった国会開設運動と政党の関係が切り離されたことを、政党独自の領域の成立を考える上で重視する。

一八八〇年の第二回国会期成同盟の際に、その組織整備が検討される中で政党創設が議題として提起されたが、結局、国会期成同盟とは別に「自由党（準備会）」が設置されることとなった[23]。その盟約草案の中に、「我党の自由の真理に反する的物〔ママ〕は皆之を排除して実地其害を退くるに尽力す可し」、あるいは、「衆議」に際して、「壱人若くは少数の人、意見を異にするを以て之を奉ぜざるが如き事あるべからず」といったような、強い結束を想起させる文言が含まれていたことにも示されている通り、この自由党（準備会）創設の主眼は、新聞発行等を通じた団結の強化による国会開設運動のさらなる推進であった[24]。

しかし、この自由党（準備会）の性質は極めて曖昧であった。これは、藩閥政府が国会開設要求を拒否するならば自ら国会を創設（あるいは自ら国会に転化）してしまおうとする「私立国会論」が有力であった国会期成同盟と地続きのものとして創設されたがゆえに[25]、部分としての政党と、全体としての議会という相容れない性格を抱え込んでいたからである[26]。

実際、一八八一年五月に国会期成同盟常務委員として在京中の林包明が国会期成同盟と自由党（準備会）を一つに纏めることを提言していることや、自由党（準備会）の事務所が国会期成同盟の事務所内に置かれ、両者の事務が必ずしも截然と区別されていなかったことからも窺われるように、二つの組織の関係は不明瞭なままであった[27]。林包明が執筆した七月の国会期成同盟本部報に、「今日に組織したる自由政党と後日実際上に顕はるるものとは決して同一なるを得ざるべし」と記されていたように[28]、自由党（準備会）はあくまでも暫定的なものと見做されていたのである。

元々、一八八一年九月に自由党の会合が予定され、翌十月には国会期成同盟において、全国各地で作られた私擬憲法を持ち寄って審議する会合が開かれることになっていたが、八月になると林包明は両会合の合併開催を提起するに至った。十月に予定されている国会期成同盟において「憲法の事を議すれば、其議に因て自然党派が起る」、すなわち憲法を論点とした政党の分化が生じるのだから、九月に一足先に自由党（準備会）が会合を開き「「ドヲデモシテ」一団結にせんと尽力するは徒労」と考えたからである。自由党（準備会）は、憲法見込案検討会議の中で憲法構想の違いによって「分岐」し、真の「政党」を生み出すための前提として位置付けられていたのである。この背後には、「政党なるものは国政上に於て特殊の意見政策を同ふするものの団結にして、一般の正理公道を目的とするものにあらず」という林の政党観があった。自由党（準備会）は誰も不同意を唱えることのない、「国事の為めに正理公道を践まんとする」という点にのみ基づいて結合したにすぎないため、「是の如きものは寧ろ政党と目すべきものにあらず」とされていたのである[29]。ただし、私立国会の可能性が残っていたこの時点では、自由党（準備会）と国会開設運動組織の関係は依然として曖昧であり、「政党」の位置づけもそれに伴って多様であった。

しかし、国会期成同盟で憲法検討会議が開かれる予定であった一八八一年十月に突如、国会開設勅諭が発布されたことにより、憲法見込案検討会議は開かれず、私立国会の可能性は事実上絶たれてしまった(30)。最終的に十月末に、改めて「自由党」が結成され、ここにおいて、全体を体現する議事機関とは異なり、自らを部分として位置付ける政党独自の領域が誕生した。本論を国会開設勅諭発布後から説き起こす所以である。

本書の構成

ここまで述べてきたような視角に基づき、本書では以下のような構成で叙述を進めていく。

第一章では一八八一年の国会開設勅諭発布後、政党が次々と誕生する中、政党が複数並存するという状況に、当時の人々がいかに向き合ったのかを、特に自由党や改進党といった民権陣営と異なり、政府に近い立場を表明した立憲帝政党系勢力に着目しながら検討していく。第二章では、一八八二年の集会条例改正を契機として政府内で打ち出された緩やかな結合を理想とする政党観が、やがて政党勢力にも普及し、一八八〇年代を通じて結合強化を志向する政党観に対して優位を占めたことを描く。第三章では、こうした緩やかな結合を理想とする政党観が、帝国議会開設後の議会での経験を通じて急転換する過程を、自由党において党議拘束が早くも第一議会において開始されたことに着目して検討する。第四章では、第二議会以降に自由党と改進党が政府に対抗するために結成した民党連合における意思決定過程に着目することで、このような党議拘束を通じた政党の一体性の確保が徐々に定着していく過程を描く。終章では、このような議会開設前後の経験が、立憲政友会、さらには二〇世紀前半の政党政治にいかに接続したのかを考える。

日清戦争開戦をもって本書の叙述を終えるのは、議会内で活動する政党の存在が徐々に自明のものとなる中で、第三章で検討する党議拘束の可否をめぐる論争に見られたような、政党とはいかにあるべきかという点がそれ自体として一定程度自律的な問題領域を構成していた時期が終わりを告げ、日清戦後においては、戦後経営をめぐる政策対立とその実行をめぐる競合が前景化すると考えるからである。

(1)　福地源一郎「政党の区別を論ず」『東京日日新聞』一八八二年三月二十二日。
(2)　「政党を区別す」『東京日日新聞』一八八一年十二月二十七日。
(3)　福沢諭吉「福翁自伝」一五五頁。ここで述べた、「政党」と「徒党」の対比については既に様々な先行研究で言及されているが、たとえば、真辺将之「政党認識における欧化と反欧化」一七〇～一七一頁を参照。
(4)　ただし、このような見解に完全に収斂したわけではなく、地縁的な結合に基づく「団体の団体」としての政党観も存在した（三村昌司『日本近代社会形成史』第五章）。
(5)　もちろん、本書第一章で検討する通り、社会に複数の政党が存在しているという状況自体が批判の対象となることもあった。しかし、明治中期に自由党をはじめとする政党が誕生して以来、大政翼賛会創設の際にすべての政党が解散した時代を除く日本近現代史の大半の時期において、政党は常に複数存在していたため、現実に存在する複数の政党同士がいかなる関係を取り結ぶかという点が一貫した課題であったと見ることは、決して根拠のないことではない。その大政翼賛会ですら、「幕府」の出現への危惧ゆえに、強力な一国一党からはほど遠いものとなった（伊藤隆『大政翼賛会への道　近衛新体制』第六章）。
(6)　これら二つの問題群は、現代の政党研究における基本的な分析枠組みの一つである政党組織と政党システムという概念と緩やかな対応関係にあると見ることもできる。ただし、本書でこれらの問題を扱うのは、明治中期にこれらの二つの問題群をめぐって行われた論争と試行錯誤が、その後の政党の展開を規定する重要な意味を持つことになったと考えるからである。
(7)　その後の論文で、改進党の党内統治について、ジャーナリストや官僚出身者などによって形成される同質性の高い政策サロンと、そこでの意思決定を奉ずる党組織の明確な分離が特徴であり、犬養毅や安達謙蔵といった幹部が両者の結節点に位置して党内統合を図っていたことが明らかにされており、「組織」研究も進められている（五百旗頭薫「進歩政党　統治の焦点」、同「大隈重信の政党指導」）。
(8)　全体に関わるものとして小山博也『明治政党組織論』、一八八〇年代前半の自由党については、寺崎修『明治自由党の研究』、議会開設後の自由党については、板垣退助や星亨などの党指導者の構想に着目し、地方団組織まで視野に収めた伊藤之雄「第一議会期の立憲自由党」、同「初期議会期の自由党」、同「自由党・政友会系基盤の変容」などの一連の研究があり、立憲改進党についても、大日方純夫『自由民権運動と立憲改進党』、久野洋『近代日本と犬養毅』などがある。

（9）政党に関する思想史研究は世界的に見ても極めて限られているが（Rosenblum, *On the Side of the Angels*, pp. 2–3）、日本においても同書が聳立するのみであるといっても過言ではなく、政党に関する明治期の重要な論点のほとんどを視野に収めた同書に本書も大きな示唆を受けている。ただ、同書が、一八八〇年代後半以降の時期において、「組織原理」によって動くようになった現実の政党ではなく、政党から距離を置いた福沢諭吉や陸羯南のような人々が「政党をめぐる理論的問題への視座」を開いていったと見るのに対し、本書では、「現実の政治党派」による議論と実践も引き続き政党観の形成に大きな役割を果たしたと考える。

（10）山田央子『明治政党論史』第一章第二節。

（11）大日方純夫『自由民権運動と立憲改進党』第Ⅰ部第三章。出水清之助も、一八八〇年代半ばにおいて、有形組織批判と「無形」結合の受容が広く見られたことを明らかにしている（「民権政党停滞期における「無形結合」路線の論理と展開」）。

（12）山田央子『明治政党論史』第一章第一節、三四頁など。

（13）「欧米の無意識的に行ふ所、一々之を意識し、黽勉して行ふの状あり」と述べた三宅雪嶺（「欧米の皮肉よりも骨髄を得よ」『想痕』二六一頁）を引用して「「近代日本」は、〔中略〕西洋の歴史的近代をモデルとした追創造の所産に外ならなかった」と述べた三谷太一郎（『近代日本の政治指導』一頁）に示唆を受けた。「自然史」という表現は、佐藤誠三郎（『「死の跳躍」を越えて』八七頁）による。

（14）山田央子『明治政党論史』一四〜一五頁。

（15）伊藤隆「明治十年代前半に於ける府県会と立憲改進党」は、「十年先の成果を目標にして、投票の獲得と多数派形成を、日常的な党活動にむすびつける方途」を模索しなければならなかった政党指導者の苦心に言及している（一三六頁）。ただし、本書では、国会とは独立に政党の存在意義が模索されていたという側面にも着目する。

（16）Hofstadter, *The Idea of a Party System*, p. 39の、"The Founding Fathers did not have, in their current experience or historical knowledge, models of working parties that would have encouraged them to think in such terms. First, Parties had to be created; and then at last they would begin to find a theoretical acceptance." という印象的な文章を参照。

（17）吉田伸之『成熟する江戸』。

（18）藪田貫『国訴と百姓一揆の研究』。同書において、明確な委任関係に基づく「惣代」によって行われた国訴は、「代議制の前期的形態」（九四頁）と評されている。

（19）平川新『紛争と世論』。
（20）前田勉『江戸の読書会』七二〜七四頁。
（21）三村昌司『日本近代社会形成史』第一章。
（22）尾佐竹猛『明治政治史点描』第六章第一節「徒党と政党」、五九頁。
（23）自由党（準備会）の結成過程は、江村栄一『自由民権革命の研究』第三章第一節に詳しい。一八八〇年十二月に結成された「自由党」は組織が整わず、翌年十月に名称が同じ「自由党」へと発展解消されることから、江村は「自由党準備会」と呼称するが、ここでは、一八八一年創設の自由党との混同を避けつつ、当時の呼称を重視して、「自由党（準備会）」と表記する。
（24）「自由改進党盟約」（江村栄一『自由民権革命の研究』一二八頁）。ただし、最終的な「申合規則」は、組織性において原案よりも後退するものとなった（同、一三四頁）。
（25）松沢裕作『自由民権運動』一一四〜一二一頁は、自由党（準備会）の創設を、私立国会論からの分岐あるいはそれへの対抗として、国会開設にとどまらず、さらに踏み込んで具体的な主義を明確化しようとする動きとして描いている。ただ、松沢が記している通り、私立国会論と政党創設論の関係は極めて複雑であり、私立国会論に賛成、反対いずれの陣営も、さらに、政党創設への賛否で二分されていた。私立国会論については、松岡僖一『幻視の革命』補論二や、坂野潤治「「愛国社路線」の再評価」も参照。
（26）飯塚一幸「国会期成同盟第二回大会の再検討」は、九州派が、筑前国全体の政治的代表を自任する筑前共愛会を念頭に置いた積み上げ型の組織としての政党イメージに基づいて、当初は政党創設に積極的であったものの、やがて政党創設は国会開設運動に分裂を持ち込むものだとして反対するに至ったことを明らかにしている。
（27）江村栄一『自由民権革命の研究』一三四〜一三五、一四五頁。
（28）「ハノ第七報」（江村栄一「「嚶鳴社憲法草案」の確定および「国会期成同盟本部報」の紹介」六二頁）。
（29）「ハノ第十二報」（江村栄一「「嚶鳴社憲法草案」の確定および「国会期成同盟本部報」の紹介」七三頁）。
（30）松岡僖一「私立国会論と詔勅渙発の衝撃」は国会開設勅諭が出された後も、私立国会論が消滅したわけではないことを強調しているが、ここでは、勅諭により私立国会論がその「存立意義」を失ったとする松沢裕作『自由民権運動』（一三七頁）の見解をとる。

第一章　複数政党の誕生と並存——立憲帝政党再考

はじめに

第一章では、一八八一年十月に国会開設勅諭が出された後、多くの政党が誕生して盛んに活動するも、やがて政府の取締りや不景気により停滞に陥った一八八三年頃までを対象として、複数政党が並存するという状況をめぐって展開された議論と実践を検討する。この時期、誕生間もない複数の政党が提携・競合関係に入り、それに伴って行われた実践と論争の過程で、複数政党間の関係、政府と政党とのかかわり、政党と皇室との関係、政党に集う人々の結合のあり方などについて論点の共有がなされ、その後の政党の展開を大きく規定することになったと考えるからである。

本章では、先行研究の豊かな蓄積がある自由党や立憲改進党だけでなく、これらの政党と対決する立場にあった立憲帝政党や熊本紫溟会にも着目する。(1)一八八〇年代前半において、自由党と立憲改進党はしばしば反目しながらも、その結党の経緯も関係して人的関係、主義主張のいずれにおいても重なり合う部分が少なくなかったがゆえに、その分立を積極的な形で示すことはときに困難であり、(2)かえって、その境界が意図的に曖昧にされることすらあった。こうした両党の不即不離の関係ゆえ、一八八〇年代前半における複数政党の並存・競争に対する初発の観念を考えるにあたっては、自由党と立憲改進党の前に明確な他者として立ち現れ、一定の持続性を有する対立関係の担い手となった立憲帝政党や紫溟会を検討することも重要になるのである。

先行研究において立憲帝政党への言及がわずかである理由としては、立憲帝政党が結党後いくばくもなくして政府に否認され一年半ほどで解党してしまった結果、現実において持続的な影響力を持ちえなかったことが挙げられる。ただ、短命であったことは必ずしもそれが重要でなかったことを意味しない。以下で見ていくように、立憲帝政党をめぐる試行錯誤は、政府と政党との関係、あるいは政党間関係について、その後まで影響を与える経験として記憶されることになったのである。

本章の主な題材となるのは、新聞紙上で展開された政党をめぐる論争である。対象とするのは、立憲帝政党系の新聞として(3)、福地源一郎(4)の『東京日日新聞』(5)、水野寅次郎(6)の『東京曙新聞』(7)（一八八二年三月に『東洋新報』と改称）、丸山作楽(8)の『明治日報』(9)、熊本紫溟会の『紫溟雑誌』、立憲改進党系の新聞として、沼間守一の『東京横浜毎日新聞』と矢野文雄の『郵便報知新聞』、そして自由党系であるが改進党にも近い『朝野新聞』である(10)。

新聞社説は多くの場合、無署名であり、「吾曹」という一人称によって健筆を揮った福地源一郎のような特殊な例外を除いては、異なる人物によって執筆されることも稀ではなかった。しかし同一の新聞においては、無署名社説であっても、執筆者が異なっていても、基本的には社論として一貫した主張が期待されていたようであり(11)、しばしば前年の主張までもが掘り起こされて吟味の対象となった。したがって、新聞紙の対抗関係を軸として当時の言説空間を再現することは一定程度の有効性を有している。

本章の構成は以下の通りである。第一節では、一八八二年三月に結成された立憲帝政党が、単なる政府との近接性の独占とは異なる、政権交代を想定した与党化とも言える構想を有していたこと、また、その前提として、政党が複数存在すべきことを擁護していたことを見ていく。第二節では、板垣退助襲撃事件を契機として政府が立憲帝政党との関係を清算したことで立憲帝政党の構想が挫折し、一八八二年六月の集会条例改正による取締りを通じて、立憲帝政党が自由党や立憲改進党と対等な一政党として扱われるようになったことを明らかにする。第三節では、政府に否認された後の立憲帝政党、そして、それに連なる熊本紫溟会の活動を跡付けた上で、立憲帝政党が解党に至る過程を検討し、政党が複数存在するという状況をめぐって、複数政党の競争に基づく政党内閣を理想とする立場から、「天下無党」を理想とする立場まで、幅広い議論が展開されたことを検討していく。

第一節　政権与党としての立憲帝政党構想

「改進」シンボルをめぐる角逐

一八八一年十月十二日に、九年後の国会開設を宣言する勅諭が出されると、十月下旬には国会開設勅諭前から準備されていた自由党の結成が発表された。自由党は、議会の存在を前提として活動する「守成の政党」と区別する形で、自らを「創業の政党」と定義し、国会早期開設と憲法制定を戦い取ろうとする志向が強かった[12]。

これに対して同年末、『東京日日新聞』の福地源一郎は社説「政党を区別す」を掲げ、自由党のような「急進党」に対抗するため、「吾曹は漸進主義に拠りて是より同主義結合の手段に従事して漸進立憲党を組織し、明治廿三年までの準備を整理し国会開設の日に当りては輿論の多数を以て我党の勝利を政治上に得んと切望するものなり[14]」と宣言した。漸進主義自体は福地の長年の持論であったが[13]、それを政党のイメージで表現しようとしたのである。この背後には、「政党の区別」を立てることが緊要であるにもかかわらず「今や世上にては我国の政党は官権党と民権党の二派に分れ〔中略〕相轢るが如くに言ひ倣し、左ながら官民の間に一大境界を設くる如く」に考えている人々が多いことに対する危機感があった。福地は「在野の論者は立憲政体を建て国会議院を開き給へと望み参らすれば、政府にても亦然り、廿三年を期して開かせ給ふべしと勅らせ給ふなれば、在廷も在野も共に其帰着を同くしたること明なり」

という現状認識に基づき、「此帰着を同くするの今日に於て、猶官民の間に一大境界を存し、彼は官権ぞや、我は民権ぞやと申さんは、抑も如何なる点より之を区別し来るもの乎」と痛烈に批判する。そして、「国会会期の遅速に就き、或は政治の方向に就きて主義を異にし目的を別にするが故に政党の区別をなす」ためには、「従前の官民の間を以て政党の一大境界と心得たる思想を廃し、更に主義に由りて此境界線を画せざる可からず」と述べて、「是迄は上下の間に一大横線を画し上を官権党とし下を民権党としたれども、今よりは竪に三大縦線を画し其一を保守党とし其一を漸進党とし其一を急進党と区別すべきなり」と主張した。従来の基本的な対立軸であった「官民」の境界線は消滅し、「官民」を縦断する主義による政党の境界線が第一義的なものになったと主張したのである。

これに対しては、「漸進などと唱ふるは到底国会を一日も延ばさんと欲する官吏の挑灯持たるに過ぎず」との批判が浴びせられ[15]、『東京横浜毎日新聞』の島田三郎も、漸進主義は表向きこそ改進を掲げるものの、実際には改進を妨げるものだと激しい反発を示した[16]。当時しばしば、急進、改進、守旧という区別が掲げられていたことから考えると[17]、漸進と改進の領域は重なり合うものであり、この急進と守旧（あるいは保守）に挟まれた中原が争奪対象であったからこそ、『東京横浜毎日新聞』は「漸進党」を掲げた『東京日日新聞』に強い警戒心を示したのだと考えられる。

「改進」シンボルについての広範な合意は、漸進主義陣営が、「改進」の枠内にあることを自ら繰り返し強調していたことからも窺われる。『東京曙新聞』は、世界中を「改進」勢力が席巻していることを誇示する『東京横浜毎日新聞』の社説「世界改進党の気運」[18]に対し、「守旧固陋、天下の大勢を知らず社会の風潮を察せず唯だ単に旧故にのみ粘着する者」から自己を区別して「欧洲の保守党」に擬し、「政党の勝敗は均しく改進家中、相分立する党派の勝敗のみ」と述べていた[19]。「高天原主義」などと揶揄されていた『明治日報』ですら、「抑も今日の社会は昔日の守旧封建社会にあらず。今日に流行するの主義は決して圧抑専制の主義にあらざるなり。官民共に改進主義を取り、社会を挙げて立憲国会を主張するの時代なり」と述べていたのである[20]。

ところで、「漸進党」の旗揚げは、必ずしも「民権派」との対決を意味するものとしてのみ受け止められたわけではなかったようである。この頃、東京大学教授の外山正一は日記に、参議の井上馨と山田顕義らが十万円を出して『東京日日新聞』の株主となり、長州閥の新聞として、薩摩閥を攻撃しようとしているという風聞があったことを書き留めている。外山がこの情報の真偽を田口卯吉に確認すると、田口はこれを事実だと認め、相対的に開明的な長州閥が薩摩閥に敗北するようなことがあれば民権運動にとって望ましくないと述べたという(21)。これは日報社を福地の所有とし新株主を迎えた一八八一年十二月十五日の『東京日日新聞』の改組が、実は政府による買収だったという風説についてのものであろう(22)。外山は、長州閥が『日日新聞』を用いて薩摩閥を攻撃しようとしているとすれば、新聞と密接な関係にあった大隈重信が民権派の援助を得ようとして明治十四年政変で追放されたこととの二の舞になるとして、「今又長州参議、前車のくつがへるを見て更に戒とする所なく日日新聞を使用し、且つ民権家の助成を得て己の勢力を増さんとす。実に愚の至りと云ふべし」、「兎に角民権家等の助を借りて自己の権勢を強くせんとする者たらんには、長州参議の如きは爾後民権家の助と成るべき者なり。彼に助けらるる者、彼を助けざるを得ず。若し人長州参議にして政府より追出さるることあるに於ては前日の参議は今日の民権家たらんこと、固より疑なし」と長州閥と自由民権家の提携というところまで想像を逞しくしている。事の真相は不明だが、長州派が『東京日日新聞』を使って民権派と提携するという可能性が決して突飛な空想ではなかったことが分かる。このことを併せ考えれば、『東京日日新聞』による「漸進党」の旗揚げは、民権派との全面対決どころか、かえって政府内の長州派が民権派に擦り寄る端緒としても見られかねなかったのである。

ただ現実には、上述のような改進主義についての広範な合意を前提として、漸進主義陣営とその批判者は互いに相手を守旧と急進の極に追いやろうと鍔迫り合いを繰り広げることとなった(23)。漸進主義という競合者の出現に対して苛立ちを募らせていた『郵便報知新聞』や『東京横浜毎日新聞』は、まず、「唯急進と云ふときは急躁軽進の意あるが如く、人をして之を厭ふの念を発せしめ、漸進と云ふときは着実遠慮あるが如く、人をして之を悦ぶの感を与へしむ」といったように、そもそも急進と漸進という名称自体が中立的でないと批判した[24]。さらに、漸進や急進といった遅速を基準とした区別では、臨機応変な対応が求められる政治世界での標識たりえないとして、漸進と急進という対立軸自体を解体しようとする試みも存在した[25]。

国会開設前の政党の分化をめぐって

このような方向性を突き詰めれば、『郵便報知新聞』が、「人民の未だ政権を得ざるに当り、安んぞ一定の進路を定め自ら之れに安んず可けんや〔中略〕、人民既に政権を得て施政の方向を定むるに当りては、其党派の志す所に従て進路を定め、保守或は改進等の目的を立つ可し。是れ皆施政の方向に属す可きものなり。人民未だ政権を得ず、之を得るの程度猶ほ未だ明ならざるに当り、何れの処に施政の方向を定めんとするか」と述べたように、国会が開設されておらず、人民が「政権」を得ていない以上、政策に基づいて政党が分化することなど不可能だとして、漸進派は「偽政党」だと糾弾されることとすらあった[26]。

国会開設前の政党の分化を否定する『郵便報知新聞』社説に対しては、漸進主義陣営から、他国では政党の力によって政権参加が実現してきたのだから、政権を得るまで政党が成立しないと言うのでは、政党など永遠に出現しえないと「民権派」顔負けの反論がなされた[27]。また、「国会開設の時に当りて苟も政党の各々其旗を樹てて議場に相見ゆるに非ずんば、啻に国会の利益を見るべからざるのみならず、或は一党の為に国会を蹂躙せられて、意外の不幸を人民に与へしむることなしとも云ふべからず」という多数派政党による暴政への警戒から、「今日より預め政党結合の事に勉めて、他日国会開設の日には共に議場に相見え、一党をして其専横を極めしむるが如きの不幸なからしめんこと」の重要性が主張されるなど、国会開設後までをも見据えて複数政党創設の必要が主張されていた[28]。

国会開設後になって初めて主義に基づく政党の分化が可能になるという主張に対して、漸進主義陣営は、やがて制定されるであろう憲法の内容、具体的には主権の所在や議院の構成などをめぐる意見の相違が顕著になっている現状を、国会開設前の政党の分化を擁護するために持ち出した。「今の急漸二党たりとも、国会已に開けて共に実務を執るに至らば、其距離の相遠きものも却て接近すべき道理」であり、むしろ、国会開設前の方が「漸進と云ひ急進と云ひ、恰も一大線を画したるが如く、判然其主義を異にする」のが自然だと反論したのである(29)。国会開設前の政党の分化の必要と必然を説く漸進主義陣営の印象的な主張は、一八九〇年の国会開設が約束されているとはいえ、依然としてその実現が決して確実とは思われていなかったこの時期、民権派の主流から距離を置けば、国会開設に反対する反動勢力と見なされかねない状況下において、自らの棲息域を確保しようとする戦略であったと考えられる。

複数政党の存在についても、漸進主義陣営は組織化に遅れた後発の立場からむしろ積極的にこれを肯定する態度を示し、改進主義の「全勝」を主張した『東京横浜毎日新聞』に対しては、「毎日記者が謂ふ如く、改進党独り其気運を逞ふし、常に全勝を期するが如くんば、他方に対等の者なきなり、改進党の外、全勝を社会に奏する者なきなり。然らば即ち対敵なく、亦た勝敗なく、改進独り勝つ者なれば、則ち他に政党なきの謂なり。政党なくんば勝敗素よりなかるべし。何ぞ改進党の名目を要せんや」と鋭く批判している(30)。改進という旗印の下に、あらゆる集団が曖昧なままに糾合されてしまうことの危険性が認識されていたのである。

国会開設前に政党の分化が可能であると主張される際に、その根拠の一つとなり得ると考えられていた論点の一つが、主権の所在をめぐる意見の相違であった(31)。一八八二年一月から『東京日日新聞』と、『東京横浜毎日新聞』や『郵便報知新聞』などとの間で、主権が天皇と国会のいずれにあるのか議論された主権論争(32)は、天皇の地位に直結する問題だっただけに白熱し長期化した(33)。論争自体は、後年、福地自身が認めている通り『東京日日新聞』が押され気味だったようであるが、その過程で東京大学法学部の渡辺安積や関直彦が助太刀に登場したように、立憲帝政党に連なる『東京日日新聞』の人材を拡充する契機となったと言える。[34] また、後の立憲帝政党の綱領第三条に主権が言及されているように、立憲帝政党の結集核の一つがこの論争を通じて形成されたという点も見逃すことはできない。

政党分立の契機となりうる論点としては、国会開設の時期も重要であった。『東京曙新聞』は、国会開設に先立つ政党創設の必要を強く訴え、「真正の政党」は主義に基づくべきこと、そして、一八九〇年の国会開設に賛成するか否かによって政党の分立が生じるとしている。[35] 三月一日に『東京曙新聞』が改題されて『東洋新報』となると、一面の題字の下に毎日欠かさず国会開設勅諭全文が掲げられるようになったことは、漸進主義の立脚点を考える上で象徴的である。これは、「国会開設は明治二十三年を期すること聖勅に明かなり。我党之を遵奉し、敢て其伸縮遅速を議せず」という三月創設の立憲帝政党綱領第一条に引き継がれる。

「漸進党」と立憲帝政党の違い

ただし、ここまで検討してきた「漸進党」を一八八二年三月に創設される立憲帝政党に直結するものとして把握するのは早計である。まず、立憲帝政党の機関紙を構成することになる『明治日報』が、漸進主義陣営とは異なる保守陣営に属するものとされることがあったように[36]、この時点で漸進主義陣営の外延は曖昧であった。

より重要な差異は、後の立憲帝政党を特徴付ける内閣当路者との積極的な連繋志向が、この時点では稀薄だった点である。『東京日日新聞』が一八八一年末に「漸進立憲党」を打ち出した背景には、上述のように、国会開設が既に約束された以上、国会開設の可否をめぐる従来の官権と民権という対抗軸が無効になったという判断が存在したが[37]、その際、「在廷の諸君子中には保守もあり漸進もあり急進もあるが如く、在野の諸志士中にも亦保守漸進急進の三党ある」と述べられていたように、急進・漸進・保守という党派は、「在廷」と「在野」を縦断して存在するものだと考えられていた。これに対して、『東京横浜毎日新聞』の島田三郎は、「客歳十月十二日の大詔を発せらるると同時に其主義を一定せられ異見を有する者は内廷に立しめざるに決せり」との伝聞を紹介して、『東京日日新聞』の主張を否定しようとしていた。[38] このあと述べるように内閣の主義の一致を前提として、それとの一体性を強調した立憲帝政党と、それ以前の漸進主義との間には重要な相違があったのである。

立憲帝政党の創設

三月に入ると、漸進主義派とそれに対抗する側の双方で政党創設が実現した。後者については、明治十四年政変で下野した大隈重信の周辺で、小野梓が早くから政党結成の構想を練っており、矢野文雄も一八八一年十二月末に『郵便報知新聞』を買収して政変で退官した若手少壮官僚を糾合していた。やがて嚶鳴社系の『東京横浜毎日新聞』も合流して政党創設の計画が進められ、ついに一八八二年三月十四日に、立憲改進党の創設が新聞紙上で発表された。[39]

一方の漸進派も『東京日日新聞』の福地源一郎、『明治日報』の丸山作楽、『東洋新報』の水野寅次郎が集まって、三月二十一日に新富座で演説会を開催して立憲帝政党の創設を宣言した。三月二十日に『東京日日新聞』紙上で発表された立憲帝政党の綱領には、「憲法は聖天子の親裁に出ること聖勅に明なり。我党之を遵奉し、敢て欽定憲法の則に違はず」（第二条）、「我皇国の主権は聖天子の独り総攬し給ふ所たること勿論なり。而して其施用に至ては憲法の制に依る」（第三条）と定められていた。その十日前には、井上馨邸に山県有朋、松方正義、西郷従道の各参議と福地源一郎、丸山作楽、水野寅次郎らが「前途通信の都合示合」のため会集しており、[40] 立憲帝政党の創設には政府当路者が密接な関係を有していた。[41]

このことは立憲帝政党にとって何ら隠し立てする必要のないことであった。[42] 帝政党は、「我が党議の綱領」を大臣参議に見せ、その主義の一致について承認を経たものであると自ら喧伝しており、民権陣営からは「官権党」との批判や揶揄がなされた。しかし、福地源一郎が、「漸進党」の旗揚げを宣言した一八八一年末に、官権と民権という対立構図が無意味になったと主張していたことを考え合わせれば[43]、立憲帝政党の政府との一体性の強調は、官民二元的な社会編成を前提として、官の領域に連なったことを意味するものでもなければ、また、在野で自由党や立憲改進党に対抗することに自らの役割を限定したものでもない。むしろ、以下で述べるように、「官権党」を政権与党の意味に読み替えることによって、官民二元的な社会編成自体を変革しようとする野心を秘めていたのである。

「官権党」の換骨奪胎

立憲帝政党の構想については以下のような特徴を指摘することができる。

まず第一に、本書冒頭に掲げた通り、日本においてもともと否定的なイメージが強く刻印されていた[44]「党」の字から、ネガティブな含意を払拭することである[45]。三月二十一日の立憲帝政党創設の際の新富座での福地源一郎演説は、政治上の主義を持つ人はすでに「政党中の人」だと述べ、幕末に遡って、佐幕派と尊王派、開国派と鎖国派は「未だ政党の称こそ無かりしかども」、「私党」ではなく「公党」だったと説き[46]、政党という名称こそ新奇なものだが、政党同様の存在は幕末から連続的に把握できると主張することで、政党への忌避感を緩和しようとしていた。

第二に、政府との連繫の意義を積極的に示すためには、官民二元的な社会編成を前提として否定的な含意を帯びていた「官権党」概念を解体あるいは換骨奪胎せねばならなかった。そこで福地源一郎は、「若し官権は民権に対するの言にして、官権党とは則ち民権を圧せんとする党なりとせば、我党固より受けざる所なり」と述べた上で[47]、「但し政府に立つ所の主義を指すの言なりとせば、即ち甲党その勝を政治に制するときは甲党は即ち官権党なり。乙党その勝を占むる亦然り。現に英国を見よ。近来まで保守党の政府にてありしなれば即ち保守党は官権党なり。今日は改進党即ち官権党たるにあらずや。然らば諸君何ぞ其主義を以て勝を政治上に占め、官権党たるを望まざるや」と、いささか挑発的に「官権党」たることを肯定してみせた[48]。別の演説筆記によれば、福地はより露骨に、「今日の政府は我党の所有にして我れは純然たる官権党なり。英国にて保守党の政府なれば此党は即ち官権党なり。米国にて「レパブリカン」政府の時は此党は即ち官権党なり。世人我々を呼で官権党と云ふは誠に我々の栄誉なり」と述べたとも伝えられる(49)。福地の意図は、政府との関係で半永久的に特権的な地位を独占する固定的な「官権党」の否定的なイメージを払拭し、イギリスのように政権交代によって交替する政権与党としての「官権党」イメージに換骨奪胎することで、「官権」と「民権」の対立軸を融解することにあったと思われる(50)。換言すれば、福地は、政府と反政府派の対立を、質的に異なる「官」と「民」の対立としてではなく、立場の逆転を想定した対等な政党間の競争関係として把握しようとしたのである。それ以前の国会開設運動において、「官」である藩閥政府に対して、「民」を代表する国会開設運動が働きかけるという形で、固定的な「官」と「民」の非対称的な関係が前提とされていたこととは著しい対照を示しており(51)、複数政党の存在に対する新しい把握の仕方であったと見ることができる。

政府関係者の言論の自由化

第三に、このような「官権」と「民権」という対立をめぐる構造転換が机上の空論に終わらないためには、「官」の領域に籠城する内閣当路者や官吏を公開の場に引き出してくる必要があった。一八七九年の太政官達により、官吏は「其職務に係る外、政談講学を目的として公衆を聚め講談演説を開く」ことを禁じられていたが、一八八二年時点において、政府が明確に意見を公表すべきであるという主張は、『明治日報』が社説「言論の自由を広くすべし」で、「今の時流論者が言論を自由にするの必要を説くの一点に至りては、吾輩保守主義を取る者と雖ども此意見を異にする所なきなり」と述べていたように(52)、政治的な立場の相違を越えて広く共有されていた(53)。とりわけ、内閣当路者が主義の一致を保証したと喧伝する立憲帝政党に対して、内閣は主義を明示していないのだから「諸公の私交上の答を以て、直ちに公務上の答と同一様なりと認め」たものにすぎないと批判が浴びせられることがあったため(54)、立憲帝政党にとって内閣当路者が姿を現すことは極めて重要であった。

たとえば、『東京日日新聞』は社説「政略を明かにすべし」で、「世間は内閣の政略方向を知らざるが為に誤謬の見解をなしたり」と、政府の「政略」が公表されないことを批判し、もしも政府が新聞紙を通じて「政略」を明らかにすれば、「今日の如く誤解にまれ、謬見にまれ、何事にても政府の所為は都て之に抗対するを以て得意とするが如き反対論は、発行停止に遇はずとも自から其跡を斂むるに至」り、また、内閣諸公をはじめとする高官が自ら演説をなせば、「同意者は其為に益々其力を得て内閣に応援すべく、又不同意とても道理ある不同意を鳴らすに過ぎざるべし」と主張した(55)。そして後述のように、このような意見の集約・表出のためにこそ政党が有益だとされたのであった。『明治日報』も、アメリカ独立を招いたイギリス、中国の王朝交代、江戸幕府の崩壊を「驕慢と恇怯」によるものとして、自由党や改進党は「皆是れ明かに現政府の主義に反対し政治組織を変革せんと企る者なり。然らば政府は此党の敵位に立て相争はざる可らず」と政府の奮起を促していた(56)。一八八二年四月六日付伊藤博文宛井上毅書簡に「在官演説の事、頻に福地等より請求いたし候へども、是亦容易に解禁無之方に愚考仕候。此等の事に付将来の関係至重と奉存候間、御賢慮の程廟堂諸公へ御通信被遊度奉冀候」とあるように(57)、立憲帝政党は新聞紙上での主張のみならず、実際に政府への働きかけを行っていた。

しかし、この書簡における井上毅の消極的な態度に見られるように、政府側がこれに応じる望みは薄かったと思われる。確かに、新聞を用いて政府の立場を明示することは、一八八〇年末以来、福沢諭吉への新聞紙発行委託計画など政府内部でも検討されており、明治十四年政変後の井上毅の「人心教導意見案」においても官報が社説によって政府の意思を公にすることが構想されていた。しかし、政府と「人民」が政策の優劣を競って学問上の力比べをすることが不適切であると考えられるようになると、純粋な「官報」と、政府に近い「私報」の育成という二本立て方式が一八八二年の伊藤博文洋行前には固まっていた(58)。『明治日報』などに補助金が出されていたが、あくまでも間接的に操縦して政府に近い意見を掲載させることが期待されるにとどまり、政府が新聞を通じて公然と意見表明することは考えられていなかったのである。

ただし、政府の意見を公表させようとする立憲帝政党の構想に積極的に応じようとする勢力が政府内で皆無だったわけではない。外山正一の伝記には「先生は当路の某顕官より招かれて、立憲帝政党の設立せらるるに就いては、之に尽力せよと云ふ意味の、内諭を受けられたことがある」と見える。[59]おそらくこの記述の典拠であると思われる外山の日記には、外山を招いたのが文部少輔の九鬼隆一であることが記されており、立憲帝政党が「時に演説もなさんとの企にて該党の本部を設け演説家を□□十人程も据へ置くべきに付き」外山の尽力を要請したという。しかし外山は、伊藤博文のような者が政府を去って民間に立つというのならば望みがあるが、「政府にある者の企て斯の如き党を取立てんとするは到底六ヶ敷き事と思はる」と記しており、九鬼の懇請に応じなかった。[60]

立憲帝政党は自らの主張を広めるための組織強化にも積極的であった。創設直後に丸山作楽が熊本紫溟会（第三節で後述）の佐々友房に書き送った書簡では、日報社や東洋社などが団結して、「飽迄、自由とか又改進とか唱ふる立憲党の空理者流の反対に立ち帝政党を以て自任し朝野同感の有志を集合し又は連絡を通じ充分地方とも気脈相応ずる手段」に言及して、熊本紫溟会にも立憲帝政党への協力を要請している。[61]「近々立憲帝政党本部設立に相成申迄相運候へば」云々との意気込みも記されているが、「本部設立」というのは上述の「外山正一日記」中の九鬼の発言とも一致しており、この時点では本格的な組織を設立する計画が立憲帝政党に存在していたことが分かる。

立憲改進党の困難

立憲帝政党の登場を前に、立憲改進党の立場は複雑であった。大隈を首領とした立憲改進党は、大隈の政権復帰のための圧力団体という性格も兼ね備えており、立憲帝政党と政府の関係の密接化は、大隈の政権復帰を遠ざけるものだったからである。

たとえば、ちょうどこの時期、元老院議官らが地方巡察使として各地に派遣されることになっていたが、改進党系の『東京横浜毎日新聞』は、地方巡察使を政府の「帝政党団結」と結び付けて報道し[62]、その社説において、立憲帝政党のみならず内閣当路者を含めた「反対党」の政略として歓迎すると述べていた[63]。しかしこの社説は続けて、政府の党員募集は秘密裏に行われるものであるため、演説や新聞を用いて公然と主義の拡大に努める民権派に打ち勝つことはできず、だからこそ集会条例の改正による言論の自由化、公然たる政府党募集が必要だと主張していた。表向きは立憲帝政党の出現による政府の政党化を歓迎しているように見えるが、同時に、改進党の抱いていた警戒や嫉視も垣間見える。

立憲改進党と立憲帝政党の競合関係は、新聞上の論争にとどまらなかった。自党に引き入れようとする働きかけの対象も少なからず重なっていたのである。おそらく三月下旬のものと思われる探聞書は、大隈重信が改進党の他に、鳥居正功を通じて「専ら腕力壮士輩を嘯聚し、一種尊王の説を唱へ、現在の政府を以て帝室と区別せんとし、君側の姦を掃除すべしとの論」を掲げる「帝政党」なる一派の培養を試みていることを伝えている。この「帝政党」関連費用は大隈が負担する約束があるといい、「大隈は已に一方には改進党を組織して天下の風潮を率先し、又他の一方には帝政党を教唆して粗暴の徒を糾合するの目的なるべし」との観察も記されている[64]。結局、この「扶桑帝政党」計画は大隈が出金を拒んだことで、「腕力連」が激怒して改進党から離れ、立憲帝政党の傘下に合流することになるが[65]、以上の経緯は、立憲帝政党と立憲改進党の間に支持者の獲得競争が存在したことを示しており[66]、立憲改進党の立憲帝政党に対する強い競合意識の背景を説明している。

消極的な政府

しかし実際のところ、政府と立憲帝政党の関係は改進党が危惧を抱いたほどに親密なものではなく、より曖昧なものであった。内閣と立憲帝政党の結びつきを公然化するためには、内閣の有力者を立憲帝政党の首領に戴くことが必要であったが、一八八二年四月六日付伊藤博文宛井上毅書簡に「先日福地等より政党の事に付政府諸公を首領とし度内願申立候に付、此事不容易と存候て参照の為め孛国の事尋問候処、ロイスレル氏答議如別紙有之」とあるように[67]、福地源一郎が井上毅を訪ねて内閣当路者の首領就任を請うなどしたもののその願いは聞き届けられなかった。この後も党首は空位のままであり、内相の山田顕義によれば「福地、丸山、水野輩は至て勉強尽力致居候へ共、主領のなきと新聞紙の売れぬには皆困却致居候」という状況であった[68]。

政府が立憲帝政党との積極的な提携を躊躇した理由としては、まず、立憲帝政党の不人気が考えられる。三月二十一日の立憲帝政党結党演説会について、各新聞紙が面白おかしく書き立てた反対派の野次が実際に盛んだったことは、立憲帝政党の機関紙『東洋新報』自身が認めるところであった[69]。

立憲帝政党の意図が、従来の「官権党」からの脱却であったにせよ、立憲帝政党への反感が、政府との近接性に由来することは否めなかった。立憲帝政党創設前には、福地源一郎が伊藤博文の洋行に随行するという風聞が伝えられていたのが一例である[70]。また、立憲帝政党を支援していた藤田一郎は、一八八二年三月中に、『東洋新報』紙上で沼間守一宛書簡、『明治日報』紙上で板垣退助宛書簡、『東京日日新聞』紙上で改進党設立についての大隈重信との談話筆記を続けて公開するなど幅広い人脈を有していたが[71]、河野敏鎌は、藤田一郎訪問時に、西郷従道、黒田清隆宛の書簡が卓上に広げてあったことについて、「暗に官威を示し自己を利せんとする意なり、如斯き事は帝政党の常に人を籠絡する手段にして、福地源一郎の演舌と共に反対党を激する甚だ多きを知るべし」と批判している[72]。工部権大書記官の中井弘も「近代軽燥《〔ママ〕》浮薄の徒、官権党と唱へ名を官に仮り、暗に自己の生計を為す者陸続として断へず。此輩、彼の民間筆舌を逞ふする徒に比すれば、却て害をなすが如し」と述べている[73]。

政府が立憲帝政党との提携を躊躇したもう一つの理由としては、上述のように内閣当路者を〈官〉の領域から引き出し、演説や新聞を通じてその他の政党と競争させようとする立憲帝政党の前のめりな姿勢が、後述の山県有朋意見書に見られるように政府にとって、権力を争奪の対象としかねない、危ういものに映ったであろうことが挙げられる。憲法も制定していない段階で、官民の境界線を無効化しようとする立憲帝政党の構想は、政府にとってあまりに無防備だと思われたことが推測される。

このような政府の消極的な態度と、反対派からの厳しい批判を前にして、政府との一体性を強調する『東京日日新聞』の主張も歯切れが悪くなっていった。立憲帝政党結成直後から、『東京日日新聞』紙上では、帝政党綱領を解説する社説が連載されていたが、徐々に、当初の威勢の良さは影を潜め、既に四月五日の社説には、「内閣諸公は公然立憲帝政党員に加入せられざるを以て、未だ立憲帝政党の内閣なりとは云ふべからざれども、内閣の主義は即ち立憲帝政党の主義に同じと云はんこと更に怪むを要せざる義也」と記されていた。「我が立憲帝政党と内閣の合離は主義に是れ存するもの」などと立憲帝政党の政府に対する是々非々の態度が強調されており[74]、官民区分を前提とした一時的な主義の一致に基づく在野の政府支持派としてのイメージが前景化したのである。

結局、立憲帝政党が「官権」と「民権」という二項対立が無効になったことを主張し、「官権」シンボルの換骨奪胎を試みたところで、『郵便報知新聞』が、「我国の政府の如きは未だ政党を以て組織する所の政府と云ふ可らざるなり〔中略〕今の政府は反対党と法律上平等の権力、同格の便宜を以て互に政治の壇上に立ち君子の争を為し決を輿論の向背に取て組織する所に非ず」と述べたように[75]、この時点では、国会すら開設されておらず政権交代の可能性も開かれていなかった。こうした統治者集団としての政府の「外在性」が厳然として存在している状況下において[76]、立憲帝政党の振る舞いは政府との近接性の独占を志向するものとして批判の対象とならざるをえなかったのである。

政党の存在意義を擁護する立憲帝政党

このように立憲帝政党の意欲的な政党創設は決して順風満帆とはいかなかったが、当時の文脈において立憲帝政党は以下のような特徴を有していた。

自由党はその設立の経緯が示すように、国会開設という単一の目的のために組織された運動体としての起源を持つがゆえに、複数政党の存立についての関心は比較的稀薄であった。立憲改進党も、元々自由党（準備会）で重要な役割を果たしていた嚶鳴社を含むなど、主義の面から截然と自由党との差別化を図ることは困難であり、実際、この時期の立憲改進党は自由党と不即不離の関係にあった。自由党の地方支部化を嫌い独立を保って盤踞した関西の立憲政党[77]や九州改進党[78]も、民権政党が小異を捨てて連合することを主張しており、政党の分立を積極的に擁護する存在ではなかった。これに対して立憲帝政党は、国会開設運動以来、民権派が席巻していた政治空間において自由党や立憲改進党と異なる主張を持つ政党として登場し、国会開設前の政党の存在意義や、政党が複数存在する状況を擁護する役割を担ったのである。

たとえば、立憲帝政党創設にいたる伏線として掲載されたであろう上述の一八八二年二月二十八日『東京日日新聞』社説「政略を明かにすべし」において、福地は、府下の新聞を『東京日日新聞』『東京曙新聞』『明治日報』の「漸進論紙」と、『東京横浜毎日新聞』『郵便報知新聞』『朝野新聞』の「急進論紙」に分けた上で、同一陣営内部でも主張が一致しないことを嘆き、「是と云ふも肝心の政党組織なきが故ぞかし。若し政党樹立せられ其政党の意を表するの新聞演説たらんには、決して今日の如く百種の漸進党、千種の急進党を世に見ることはあるまじき筈なり」と主張していた。政党が主義や政略を集約、表示する機能に着目し、政党が存在するからこそ、異なる意見の担い手が対立軸を曖昧にせずに、議論を戦わせることができるという見解である[79]。このような政党観は、議会や選挙という仕組みに依拠せず政党の存在意義を擁護するものであり、国会が存在しないからこそ政党がなおさら不可欠だと考えられていたとすら言える。[80] 同様の観点は、空を漂う風船のように不安定な現状の政治的対立のあり方を批判し、「其論旨を貫徹する」ために「党派を樹て政党を団結せざるべからず」と主張した『東京曙新聞』にも見られる。[81] 意見を明確化し組織化することの必要性は、『東京日日新聞』に掲載された「政党之必需」という寄書にも見られる。[82] この寄書は「其正路と認むる所の者は却て迷妄に帰し、其進歩とし秩序とし利益として謀る所は、則ち却て禍害を醸成することなきを保す可からず」と意見の可謬性を認めた上で、「然り而して漫然旗幟を表する無く、一種の主義を唱へ社会を挙げて己れが範囲中に入れ籠絡を試みんと欲する有らんか、是れ猶ほ草昧未開の世に在て五洲の区分なく立国の名なきに当り、僅かに土壌の一隅に雄長たる者の天が下には惟吾一人主宰者たるのみと自ら妄信したるに異ならんや」と述べ、「孰れか其択む所の政党に奮然投帰」することを勧めている。ここで重要なのは、自らの主張が正しいか否かではなく、旗幟を鮮明にした主体が複数存在して屹立するという状態そのものであり、一人勝ちを謳歌して対立構造を融解させる行為は強い警戒の対象となっているのである。

このような政党観は、やや意外にも思われるが、府県会にも適用されており、立憲帝政党陣営の中でもっとも政党に消極的であったとされる『明治日報』社説すら、「俊秀の士〔府県会議員〕は必らず他衆民に先つて政党を樹立し、政党の効用を以て、之を実地に及ぼさざる可からざるなり」と、府県会の政党化を推奨していた。[83] その背景には、予算減額に汲々としている府県会に対する批判があり、「無主義政治の行はるる所以の者は、国に政党なきに職として是れ由らずんばあらざるなり」という判断があったが、これは、政党こそが主義に基づいた政治を実現しうるという主張であった。「政治の講究所、主義の実施所」、あるいは「人民政治思想の集合点」とされた府県会で「最も率先して政党の樹立を為さざる可らず」と述べられていたことに示されているように、府県会には一〇年後に開設される国会に向けた実験場としての期待がかけられていたのである。

立憲帝政党が複数政党の存立を擁護したのは、あるいは単に自党の不人気による部分もあったかもしれない。[84] 劣勢に立たされた政治勢力が、自らの存続のために、Opposition の存在や複数の党派による競争の必要性を高唱し、一たび政権を握れば今度は強者として劣位にある勢力を抑圧するというのは、アメリカ史をはじめ至る所で見られる現象だからである(85)。しかしそれでも、政府支持派の政党である立憲帝政党が、政府の権勢を笠に着て自由党や立憲改進党などの Opposition の抑圧を主張するのではなく、かえって複数政党の対立や競争を肯定的に描いたという事実は、その後の政党政治の展開を考える上で小さくない意味を持ったと考えられる。

第二節　政府による立憲帝政党の否認

反対党の非正統化の試み

もちろんこの時期においても、隙あらば反対党を非正統化し自らの勢力を拡張しようという試みは、立憲帝政党を含めたどの政党にも常に存在した。

たとえば、立憲帝政党はしばしば、主義を異にする諸勢力の野合であること(86)、その綱領が前後撞着して主義の体を成していないこと、政府有力者との私的な情実関係に基づいて組織されていることなどの理由により、政党の名に値しないと攻撃されていた(87)。

逆に、立憲帝政党にとって格好の攻撃対象となったのは自由党であり、時に立憲改進党も巻き込んで自由党の過激さが吹聴された。立憲改進党創立を知って旧知の大隈重信を訪問した藤田一郎の談話記録によれば(88)、大隈は、下野後、間もなく改進党を設立したことを非難する藤田に対し、「人の褒貶は好まざれども、彼の板垣退助氏の如く征韓論を以て内閣を去り、然るに五日を出でずして民選議院設立の建白書を出すと言ふが如き挙動はせざるなり。予は主とする所を以て政府を去り、主とする所を以て民間に唱ふ。何の出処の正しからざらん」と述べて自らの行動を正当化したという。大隈は、さらに続けて自由党を「政府と言へば善悪を弁ぜず、郡吏巡査も攻撃せんと欲し、民権と言へば政府に抗すれば得らるる者と思へり」と激しく批判した。これを承けて福地源一郎が、立憲帝政党創設の際の演説会において、「自由党退治は改進党の一大目的なりと信ぜざるを得ず」と述べたため[89]、『郵便報知新聞』は、自由党と改進党が「良友」であることを強調するなど、火消しに追われることとなった[90]。

この時期、立憲帝政党の新聞が「改進党の主義は我帝政党に比すれば社会の秩序を重むずるの念薄しといへども、王室を尊崇せずばあるべからざるなり、共和政治、普通選挙は我国に応用すべからざるなりといふ者は、猶ほ秩序を重むずる所あり」と好意的に評価することもあったように[91]、立憲帝政党が立憲改進党と、自由党批判を共有することがあった。藤田一郎が信濃で地方の有志者と交流した際に自身の主義は「急進」であると名乗って驚かせ、「然らば先生も亦た板垣氏の党歟」と問われたのに対し、「焉んぞ然らん。夫れ、世、板垣氏等の党を目して急進主義なりと為すも、予を以て之を見る時は決して急進にあらざるなり。過激即ち破壊主義の党といふべきなり」と応じたことにも[92]、自由党を政党対立の場自体から駆逐しようとする意図を見出すことができる。

日本における複数政党の並存をめぐる観念の特徴

このような政党批判は、当時の政党観を考える上で示唆するところが少なくない。明治時代の日本がモデルとした西洋においては、政党が複数存在しうること、あるいはその前提として、政府反対派である Opposition の正統性が認められるのに長期にわたる激しい論争を要したが、日本の場合、同時代の西洋の多くの国において現実に政党が複数存在して活動しているということ自体は疑う余地のない事実であり、理論上でも、立場の異なる複数の政党の共存が政党の存在意義の根幹にかかわるという点は比較的早くに理解されていた[93]。

たとえば、関西の民権派である立憲政党の草間時福は、「政党と謂へば必らず二党以上のもの言論を以て政権を争ふの義を含蓄するものと思はざるべからず」と、政党は定義上、複数存在すると述べた上で、「政府のみにして反対党の成立するなくんば、政党なしと謂はざるべからず。〔中略〕反対党の職分は何んぞや。時の政治政略を非難論駁する是れ也」と、「反対党」が政府を批判する点に政党の本質を見ていた。(94) 政党が複数存在することが自然にかなっていることを説明するために、健康が野菜と肉類の摂取により維持され、惑星の運行が求心力と遠心力により維持されるのと同じように、イギリス政治も保守党と自由党の二党の競争によって維持されてきたと説明されることもあった。(95) 複数政党の存在意義が、競争による進歩の観点から評価されることも多く、(96) 英米では「数党あり、之れが軋轢刺撃の結菓より知らず識らず真理を発見する」のに対して、(97) 中国の退歩の原因は、儒家の道に拘泥して競争を等閑視してきたからだとされることもあった。(98) もちろん、政党を、もっぱら私利の追求に勤しむ存在として嫌忌し、その正統性を認めない人々も少なからず存在したが、(99) イギリスやアメリカにおいて先例がない中で政党の正統性を支える理論が見出されるまでに長い時間を要したような状況とは異なっていたのである。(100)

しかし現実においては、政党同士が互いの存立を否定し合うような場面が時折見られたこともまた事実である。以下ではこの点について考えてみたい。

まず、政党が複数存在することを原則として認めながらも、特定の時期には、武力をも辞さない他党攻撃が容認されるという主張があった。たとえば、大阪の立憲政党の機関紙である『立憲政党新聞』は、「社会が文明に進むの実相」を「武力」から「智力」への転換に見出した上で、政党の誕生を文明化の一環として評価するが、未だ文明が完全には発達していない以上、「私党偽朋」が人々を瞞着する恐れがあるため、「其気焔の未だ熾ならざるに及んで之れを撲滅するを以て得策なりとす」と述べている。(101) ここで念頭に置かれているのは、後日の社説で「「パルチー」〔party〕即ち公党政党には非らずして「フワクション」〔faction〕即ち私党偽朋に属する者」として糾弾されている「漸進党」、すなわち立憲帝政党系のグループである。(102)

また、「大目的」の共有が政党としての承認の前提とされることがあった。たとえば、静岡県改進党の党則は、「吾人の目的とする所は、上皇室を無窮に奉戴し、下人民の権理自由を伸暢して国家の福祉を全ふするに外ならず。斯の如きは我国人を挙げて皆一致賛成する所ならん。然りと雖ども、斯目的を達せんと欲するの方法に至りては、世人自ら差異なきを免れざる可し」と述べており(103)、すべての国民にとっての大目的自体についての異論は存在しえないが、それを達成するための方法は多様であり、それが複数政党の存立基盤だと主張していた。これは、「彼の自由改進の党と富国安民の希望を同うすれども、之れに達するの方法は全く同からざるものなり」と述べた『明治日報』にも共有されていたように(104)、当時広く受け入れられた考え方であった(105)。このような政党観は裏を返せば、理論上政党が複数存在することを認めながらも、大目的を共有していないと見なされた他党を排撃することが可能であったことを意味する。日本の政党において複数政党の存在が承認されているように見えながら、現実にはその逆とも思われる事態が生じることがあったのは、大目的からの逸脱として他党の存在を否定する事態が少なくなかったからだと言えるかもしれない(106)。

しかし、たとえばアメリカにおいて、政府反対派が外国との通謀や、君主制の復活を目論んでいるなどとして排撃されがちであったのに対し(107)、日本ではそのような可能性が極めて低かった。自由民権運動は国会開設にその政治的要求を限定し、攘夷論の伝統からは一応離陸していたし(108)、諸憲法草案でもほとんどが立憲君主制を採用していたように、天皇の存在が公に争点化されることも稀だったからである(109)。それでも、政敵がこれらの論点における忌諱に触れたと解釈して、その正統性を否認することは不可能でなかった。その最たる例は、民権派が天皇の存在を否定して「共和」制を目指しているという批判であり、しばしば立憲帝政党が問題化しようとした点であった(110)。

国会開設勅諭の解釈をめぐる問題、すなわち、国会開設時期を早めること、そして、欽定憲法以外の形式が可能であるかという点も重要であった。上述したように、漸進主義陣営は旗揚げの時点で国会開設勅諭を極めて重視しており、たとえば福地源一郎は、国会開設時期を受け入れないならば「寧ろ朝敵たるも顧みずと云ふの決心なからざる可からず」とまで述べていた[111]。福地の意図を好意的に解釈すれば、他党の存立を否定すること自体が目的だったのではなく、自由党が否定しえない天皇シンボルを持ち出すことで、議論の幅を限定し、自由党や改進党を自らの議論の土俵に引き上げて論争を優位に進めることにあったと思われるが、皇室を持ち出して政敵を政党競争の舞台から追い落とすことにつながりかねない危うい橋を渡っていたことは否定できない。

このように、大目的の共有というレトリックに依拠して反対党を「朝敵」として攻撃する立憲帝政党の危うさが現実化したのが、板垣退助襲撃事件であった。

板垣退助襲撃事件

一八八二年四月六日、自由党の板垣退助が岐阜で襲撃されるという事件が発生し、政府と立憲帝政党に大きな衝撃を与えた。下手人相原尚褧は「勤王の志」を動機としており、立憲帝政党の機関紙『明治日報』を所持していたと報じられたため、立憲帝政党の影響が疑われ[112]、板垣襲撃事件は立憲帝政党が行ってきた自由党批判の極点として捉えられたからである。

『東京日日新聞』は、言論による批判の道が存在するにもかかわらず相原が暴力を用いた点を批判し、板垣や自由党も「勤王」の立場であると弁護し、「〔維新前の〕悪習を踏襲し、異主義の政党と認むるや、其領袖たる人を罵りて国賊と言ふに至りしは、実に言語同断〔ママ〕の次第なり。若し主義を異にするときは互に相罵りて国賊と云ふときは、一国皆国賊と国賊との際会なりとするか。など左る事のあるべきかは」と嘆じていた[113]。

立憲帝政党系の新聞は板垣襲撃事件を契機として、政党の争いが一定のルールの範囲内で行われるべきことを主張する論説を相次いで掲載し、競争相手を凌ぐのに熱心なあまり、誹謗中傷、ひいては暴力に及ぶことのないよう戒めた[114]。皇室や政府と政党との関係も再考の対象となった。たとえば、『東洋新報』は、「政党は恰も利刀の如し。之れを利用せば以て奇々妙々の器物となり、之れを害用するときは驚くべきの凶器となる」としたうえで、「帝王皇族」が特定の政党を贔屓することや、警察官や裁判官が政党に入り、「官吏の職権に依て彼我政党の軽重を左右」し、「専断決行」して、反対党を畏怖させることがないよう注意を促していた[115]。

しかし、立憲帝政党陣営は自由党攻撃の行き過ぎを自省して殊勝な態度を取り続けていたわけではない。たとえば、『明治日報』には、欽定憲法に反対する政党があるならば、「吾輩は断然文争を変じて武争となし、直ちに一身以て之に当り天皇の為め国家の為め〔中略〕実力の雌雄を決せんのみ」との過激な論説が掲げられ[116]、『東京日日新聞』にも、板垣退助が天皇を「日本人民代理〇〇君」と呼称したとして誹謗する社説「名実の弁」が掲げられた[117]。

自由党陣営が過激な反応を見せたことも悪循環を昂進させる要因となった。特に、四月十五日に大阪道頓堀戎座で開かれた立憲政党の演説会は、板垣退助襲撃を政府の指示によるものとなし、下手人である相原を、西南戦争前に西郷隆盛に対して差し向けられた刺客とされた中原尚雄になぞらえるものであったため、『東洋新報』は聴衆が煽動されることに警戒を示した[118]。

相原の連累として疑われた改進党系の『岐阜日日新聞』記者を自由党関係者が私的に糾問して苛酷な取扱に及んだことも問題となった。この件は、立憲帝政党系の新聞によって、「〔襲撃犯は〕旧守頑固の一党派なるべしと想像せしに、元来自由の主義を執る者の由」といったように、下手人が立憲帝政党とは無関係なのではないかという期待とともに、改進党と自由党を離間させる絶好機として盛んに取り上げられた[119]。事実、改進党はこのような自由党の態度に批判的であり、『東京横浜毎日新聞』は、自由党の粗暴な振る舞いは政党政治にふさわしくないと苦言を呈した[120]。

板垣襲撃事件発生当初、事態に衝撃を受けた政府は、勅使の派遣を即決するなど自由党の懐柔に努め、自由党側でも後藤象二郎を中心に、勅使派遣を梃子とした自由党と政府の関係修復、ひいては提携を画策する動きまで存在した[121]。

明治十四年政変以降、政府、特に伊藤博文に接近する姿勢を見せていた板垣退助[122]がこれに呼応する可能性も決して皆無ではなかったと思われる。しかし、板垣退助は襲撃事件に激した自由党員たちに祭り上げられて退くことができなくなり、かえって政党間の対立は激しさを増すことになったのである[123]。

政府と立憲帝政党の分袂

政府がどのような経緯で立憲帝政党との関係を清算しようとしたのかは、史料上、明瞭には分からない。そもそも、当初から政府の関心は政府系新聞の操縦にあり、それが立憲帝政党に対する淡泊な態度の背景にあったという指摘もある[124]。しかし、立憲帝政党の関与が疑われた板垣襲撃事件による動揺が直接的な引き金となって、国会開設前における政府と政党の関係が根本的な再考の対象となったことは確かだと思われる。

立憲帝政党結党直後から井上毅は、明らかに立憲帝政党との関係を念頭に置いてボワソナードやロエスレルへの諮問を繰り返しており、山県有朋はこれらの問答を添付して、「政府及官吏の政党に対する関係に付意見」と題した意見書を提出した[125]。この意見書は「国会開設の事は明治二十三年の後を期せらるるものにして、今日の人民は未だ政権を享受する者にあらざれば、今日は未だ真成政党の得て成立すべきの時期にあらずして、畢竟準備の政党たるに過ぎず。故に明治二十三年に至る迄は政府及び官吏の共同主義なる政党に対する関係は、資力其他種々の方法を以て間接に之を保護するに止まり、直接に之に関係すべからず」と主張したものであった。その根拠としては、政党に直接関係すると「政府統御の区域を狭隘にするの憂」があることが挙げられていた。この簡潔な表現から山県の真意を読み取ることは困難だが、政府と結びついた政党を育成しようとすると、それは官民区分を前提として、「民」の領域で政府を安定的に支持する受動的な集団たるにとどまらず、政府の統御が及ばない望ましくない能動性を獲得してしまうことが予想されているのではないかと考えられる。

ところで、この山県の意見書は、政党との間接的な関係が一八九〇年の国会開設までの期間に限定されたものであると述べていた。このように国会開設前という期間に限って政党との関係を暫定的に定めようとする発想は、井上毅が山県有朋のために代草し、山県から地方巡察使に示された文書にも共通している。[126] これは地方巡察使の派遣が実は立憲帝政党の党員募集を兼ねているのではないかという先述の疑惑に対処するために作成された文書であり、[127] 先の山県意見書と同様に、政府と地方長官が、「善良の論議を為す者」を「間接に保護して、以て人民の針路を正す」ことの重要性を強調している。その上で、「政府は、直截に政党に関係すべきや否やの問題」について、「内閣の更替は一に議院の多数に依るの国」、すなわち「其内閣は、必政党中の人にして、直截に政党の事に従〔ふ〕」制度と、「内閣諸臣は、君主に対して各自其責に任じ、進退一に君主の勅選に由るの国」、すなわち「内閣は常に政党の外に立ち、直截に干預せず」という制度の二つの類型を挙げ、「此の両様の制度に就き、孰れか其適否を断定するは、蓋し国体の宜きと、其情勢とに依る者とす、故に今日に於て、我が政府は宜しく、政党の外に立ち、直接に各党の事に干預せず、以て将来大計の地を為すべし」と述べている。元々、井上毅の草稿には、「若し我が政府の組織にして天子の勅選に依らず、一に議院の多数に由り進退せしむるに於ては、其勢必頻に内閣の更替を促し、政府は一の争攫の区たるに至り、一の更替ごとに一の変革をなし、憲法屢々変じて、復た一定の日なく、特に政府の秩序を紊乱するのみならず、遂に国民をして永遠の不幸に陥らしむるも亦測るべからざらんとす」という議院内閣制を明確に否定する強い調子の文言が含まれていたが、[128] 修正段階で抹消されていた。[129] この修正経緯は、井上毅が議院内閣制に強い批判を抱いていたことを示すと同時に、しかし、二つの制度のいずれを採用するかについて、憲法制定前のこの段階では判断を保留して公にせず、政党との関係について将来のフリーハンドの余地を残す方針が採られたことを示している。[130]

しかし、いずれにせよ、政府と立憲帝政党があたかも一体のものとして捉えられているような状況は是正されねばならなかった。上述のような政府内部での準備を踏まえ、立憲帝政党の主力紙である『東京日日新聞』は、政府と立憲帝政党の直接的な関係を否定する社説を矢継ぎ早に掲載した。まず、五月一日に、「我党の主義を表する所の新聞に記載せる一二の失言を把握し、此も政府の失錯なり、彼れも内閣の過ちなりなど喋々するが如き事あるに至らば、政府も新聞も共に迷惑の次第」だと述べ、政府と立憲帝政党を同一視する見解を批判した上で[131]、五月三日にも政府と立憲帝政党の関係についての社説を掲載した。この社説は井上毅の関与の下で執筆されたものであるが[132]、まず、イギリスの議院内閣制とプロイセンの帝室内閣制のいずれが日本に適するかという点については天皇が定めるべき問題であり、「大令煥発、政体更始の時を待て、徐に永遠大局の得失を論ずるの未だ晩からざることを信ずるなり」と政体についての議論を先送りする。そして、いずれにせよ国会が存在しない現状の政党は「皆準備の政党たるに過ぎざるのみ」であり、「内閣諸公は純ら聖天子の信任し給ふ所に属せらるるなれば、現時準備の今日に在りては政党に直接の関繫を有せられず、又政党の為に左右せらるべき分にあらざるは、蓋し実際に於て然る所ならん。遠く外国の事例を引証して是を論ずる迄にも及ばざる義にあるべき歟」と述べて、立憲帝政党と内閣との直接の関係を婉曲に否定したのである[133]。しかし興味深いのは、井上毅の「梧陰文庫」の草稿にはない引用文末尾の文言によって、内閣と政党の直接的な関係を否定したのが、外国の事例を引照した結果ではないこと、すなわちイギリスとプロイセンの制度のうちから一方が選び取られたわけではないことが強調され、あくまでも国会の未開設という日本が置かれた暫定的で特殊な事情に求められている点である。政党内閣あるいは議院内閣制が完全に棄却されたわけではないことを念押しし、将来の実現可能性が残されていることを仄めかそうとした福地の苦心を読み取ることも不可能ではないかもしれない。

立憲帝政党と政府の距離が大きくなり政府当路者を首領に戴く望みが絶えたからか、立憲帝政党の機関紙は、同党が首領を戴いていないことを積極的に評価する記事を掲載するようになった。たとえばある投書は[134]、立憲改進党の大隈重信や自由党の板垣退助を念頭に置いて、「今の如く政党の団結する其初めに於て、僅に其旧地位を認め選任するが如きは、殆んど私党の処為に異ならず」と批判し、立憲帝政党は知名度のある首領に頼らず、「主義」に基づいて

「公明なる政党を団結し、真正なる政党の功用を見んことを務めて」いると主張していた。政府による否認への対応としての苦肉の策であったと思われるが、「有形」の組織を嫌い「無形」の緩やかな結合を理想とする一八八二年半ば以降に登場した政党観に合致するものでもあった（次章参照）。

改正集会条例の立憲帝政党への適用

さて、政府と無関係であることを自らの機関紙上で広告するという屈辱を強いられた立憲帝政党にとって、さらなる追い打ちとなったのは一八八二年六月の集会条例改正であった。詳細については第二章第一節で検討するが、第二条「政治ニ関スル事項ヲ講談論議スル結社」に該当するものと認められた場合、支部の設置や、他の結社との連結・通信・往復が禁じられるなど活動に大きな制約を課されるため、各政党はその適用を逃れようと必死の抵抗を行った。

政府内では改正集会条例適用に際して、立憲帝政党の扱いをめぐる意見対立があった。警視総監樺山資紀の六月三十日付の日記には、[135]「内閣へ出頭。帝政党は法律範囲外なる故、政社に非らず、書類却下すべき山田内務卿の指示、意見殊なるより大臣参議列席にて決すべしと。因て意見を具陳し又内務卿同断。然るに法律上政略上に於ても範囲内にて認可すべき皆同論にて、名簿を調収し認可に決す」とある。文意が明瞭ではないが、山田顕義内務卿が立憲帝政党は政社ではないとして集会条例の適用外に置こうとしたことに樺山が反対し、[136]大臣参議列席の下で議論した結果、樺山の主張通りに決したことを意味するのであろう。七月十一日の樺山の日記には「丸山作楽来庁、帝政党結社云々意見承知せし容子にて退去。退出後福地源一郎来館、丸山に同じ、困難の容子なり」とある。[137]

最終的に七月半ばには、立憲帝政党も政社と認定され集会条例の適用を受けることになった。ここにおいて、政府がある一つの政党を特権的な形で扱う可能性は消滅し、立憲帝政党は、自由党や改進党と並ぶ複数存在する政党のうちの一つとして等しく遇されることが確定したのである。

第三節　複数政党か「天下無党」か——立憲帝政党と熊本紫溟会

「漸進保守」勢力

本節では、『明治日報』の丸山作楽との強い結びつきを有し、立憲帝政党と連携して大きな存在感を示しながらも独自の活動を展開した熊本の紫溟会に着目することで、一八八二年半ばに政府と袂を分かった後の立憲帝政党を中心とする「漸進保守」勢力の展開について検討する。

ここで、「漸進保守」勢力という当時の呼称を借りて指示しているのは、東京立憲帝政党の丸山作楽や福地源一郎を中心として、本節冒頭で検討する一八八二年の西京懇親会に集まった熊本紫溟会や柳川白日会などの各地の結社である。これらの勢力は、自由党や立憲改進党によって、「官権党」や「立憲帝政党」としてしばしば一括りに言及されたが、本節で見るように紫溟会をはじめとする各地の結社は高い独立性を保持していたため、その内部はきわめて多様であった。政党観にも大きな幅があり、本節では、複数政党の競争体制を志向する福地源一郎と、「天下無党」を理想とする紫溟会の対抗関係に着目することで、複数政党の存立をめぐる一八八〇年代前半における議論の行方を跡付ける。

西京懇親会

前節の最後で述べた通り、立憲帝政党は一八八二年七月に「政社」として集会条例の管轄下に置かれることになった。しかし立憲帝政党はそのまま衰勢に向かったわけではなく、一八八二年の夏頃にかけて東海や四国で遊説を行うなど活発に活動していた(138)。そのような動きの頂点を示すのが一八八二年十月中旬に京都で開かれた漸進保守勢力の懇親会であり[139]、総勢三百人ほどを集めた初の全国的結集として重要な会合であった。

このような漸進保守勢力の全国的な会合が開かれるであろうことは新聞紙上で時々示唆されていたものの、西京懇親会は秘密裡に計画されていたようであり、初めにその存在を指摘したのは、立憲政党の機関紙『立憲政党新聞』の九月二十八日社説「官権党将に西京に会せんとす」であった。この社説は、立憲帝政党の「秘密会議」が準備されていることを指摘した上で、井上馨外務卿の京都行きとの関連性を示唆するものであった。

井上馨外務卿の関西滞在が西京懇親会に関係したものではないかという疑惑には、政府当局者も神経を尖らせていた。岩倉具視は井上馨に対して、「政談家より種々例の悪説申立候由頗懸念」と書き送り、京都に踏み込まず神戸に引き取るよう執拗に念を押していた[140]。岩倉は公務で大阪に赴く工部大書記官の中井弘に対しても注意を促しており、中井は山県とも協議の上、西京懇親会に関わらないよう井上を説得することを約束した[141]。政府内部において、帝政党の西京集会と政府の関係について疑念を生じないよう注意深く打合せがなされていたことが分かる[142]。

懇親会開催が公になると、帝政党系の新聞紙は、会合の性格について、立憲帝政党単独の会合ではなく、「漸進保守を主義とする諸党」の会合であることを強調し[143]、「天下の治乱、国家の盛衰は正邪の間にあり、政党の曲直にあり」という認識に基づき[144]、各地の様々な結合が「小異」を捨てて「大同」に就くことを目的として謳っていた[145]。しかし、丸山作楽の『明治日報』は単なる「大同」に飽き足らなかった。「時流諸党も亦一の王室尊栄と謂はざるものなし」という状況において、「王室尊栄」を掲げるだけでは漸進保守主義者の大同団結に、自由党や改進党も含まれてしまう可能性があったからである。『明治日報』にとって、自由党や改進党の掲げている王室尊栄は見せかけのものであり、「政権を自己夥中に交迭し、君上は之を高閣に置かんとするのみ。而して将に曰はんとす皇帝は神聖なりと。是豈虚尊に非ずや。又将に曰はんとす。天壌無窮なりと。是豈徒栄に非ずや」と激しく批判している[146]。ここで問題視されているのは政党内閣制により天皇を政治の外に置こうとする主張であり、政体構想の内実によって、漸進保守主義者とそれ以外を区別しようとしたのである。

しかし、このように自由党や改進党を排した「大同」が高唱されていたとはいえ、実際の会合では、東京立憲帝政党の主導性は覆い隠しがたかった。十月十三日の『東京日日新聞』に掲載された西京懇親会についての電報には、「帝政党員の大親睦会」と記されており、翌日に「昨報西京電信中の帝政党員は漸進保守諸党員の植へ誤り」と訂正される迂闊さも見られた。このような状況に、東京在住の熊本紫溟会員からは、「各新聞に往々紫溟会員を以て帝政党と混称すれども、紫溟会員は曽て東京帝政党に合社したることなし。紫溟会は田舎の一団会にして、帝政党の聯属にあらざるなり」という投書がなされるなど[147]、各地の結社からの反発も生じた。

国会開設勅諭の一周年記念日である十月十二日から始まった西京懇親会への参加者は総勢三百名にのぼったが、とりわけ熊本紫溟会からの参加者は百名を数え、船一艘を仕立てて来会したという[148]。「予期せしよりは意外の盛会[149]」という評もあったが、ほとんど初対面であった各地の漸進保守主義者の懇親は決して円滑ではなく[150]、高知立憲帝政党の谷孟臣の書簡には「集会初日の景況にては、到底大同一致の結果を見ること難かるべき様、憂慮仕居候処、幸ひ諸氏の尽力にて、分裂等の憂を免れ申候」と記されている。最終的に、翌年も十月十二日に名古屋で同様の会合を開くことが決定された[151]。

最終日の十五日には、皇室の菩提寺たる泉涌寺と、維新の有志者を祀る霊山の招魂社に参拝した後、懇親会が開かれたが、これは『明治日報』の丸山作楽と熊本紫溟会の古荘嘉門の主導によるものであった[152]。当日の集合場所を三条河原とすることについては、「半千の夥衆を沙上に聚むるは、事異状に属するの嫌ひあり」として、民権派の粗暴を想起させるような行動を取るべきでないとの異説も出ていたが決行された。招魂社に参拝したのは、「我同志者今日兵革の事に従はざるも、横議の逆焔党を結び徒を聚め、犯上抗官妨政惑民殆んど至らざる所なし〔中略〕平時彼輩が陰険詭秘毒気を各地に浸潤せしむるが如きは、我が同志在る処に随て之を撲滅せざるべからず。其の自ら任ずるに至ては干戈兵革の言論文字と其の致一なり。則豈慨然として往年諸士の墓を問はざるべけんや」というように、自らを維新の志士に重ね合わせる自意識の表れであった[153]。

　このような行動は、立憲帝政党に近い人々からも「我党の人には神官等に依頼するの風あり。神官の如きは孰れの党にあるも強て利害なし。是等に依るの風あるを以て或は高天原主義とか守旧とか譏謗せらるるなり」と批判されるような[154]、世間一般の立憲帝政党イメージに符合するものであった。先述のように西京懇親会の模様に目を光らせていた中井弘は「帝政党員数百人京師に集合〔中略〕大懇信《ママ》会と唱へ円山の義士の墳墓に謁し慷慨悲壮の声をなし、勤王の主義を以て祝文を読み」、改進党系の『大阪新報』の人々と「大喧嘩を起し、警察官の世話にまで立到」ったと冷淡に記している[155]。

　しかし、各地から集まった人々がこの懇親会に寄せていた期待も、泉涌寺に大挙して参詣し祝文を読み上げた『明治日報』的な路線に共鳴するものが少なくなかったようである。たとえば、親族の急病により西京懇親会に参加できなかった柳川白日会の渡辺村男[156]が同志に託した西京懇親会への意見書の中では[157]、「西京に帝政党事務本局を設けられたき事」、そして、「親王の御一人を請ひ奉りて本局長と仰ぎたき事」が掲げられていた。親王を押し立てて立憲帝政党の指導者に据えようとする渡辺の構想は、皇室との近接性を独占しようとしているという立憲帝政党に寄せられた批判を何の憚りも無く具現化しようとするものだったのである。第一節で描いたような複数政党存立の擁護者としての立憲帝政党の態度とは全く異質なこのような主張は、立憲帝政党に対する期待の一片が那辺に存したかということを象徴的に示しているように思われる。

　『東京日日新聞』の福地源一郎が、このように漸進保守勢力内で大きな影響力を持っていた『明治日報』的な路線にいかなる意見を有していたのかは定かではない。西京懇親会直前に京都府知事北垣国道と面会した福地は、「帝政党集会の非なるを切論」した北垣に対して、「吾意見も然り、然れども種々党中困難の情あり。不得已、此の会を起す所以なり。是れ頑を発き固を解き、之れを養成するの一手段なり」と語ったといい、北垣は「議論着実なり」と評している[158]。反政党的な北垣の前で福地が調子を合わせたという側面もあるだろうが、西京懇親会については『明治日報』が盛んに報じ、『東京日日新聞』は極めて淡泊であったことなども考え合わせると、福地は、「高天原主義」と揶揄されるような『明治日報』や紫溟会に代表される一側面が、懇親会を通じてあたかも漸進保守勢力の全体であるかのように表出されることに警戒的だったと思われる。

福地は国会開設勅諭一周年について記した同時期の社説の中でも、この一年間の変化として、「連立の姿あるを免かれざりし内閣は幾んど政党内閣と別異あらざるの実をあらはし」たと述べ[159]、方向性の異なる政治家たちが名を連ねていた明治十四年政変以前の「連立」内閣と異なり、大隈重信下野後の政府の一体性が高まったことを「政党内閣」に類比して好意的に評していた。これは明らかに、政党内閣を嫌忌する者の発する言葉ではなく、福地が依然として政権党たらんとする立憲帝政党結党当初の構想を放棄していなかったことが窺われる。

このように西京懇親会は、漸進保守主義者が初めて一堂に会して面識を得たという点で大きな意義をもったが[160]、その反面、政府のさらなる警戒を招き、また、『明治日報』に代表される「高天原主義」と揶揄されるような側面が、漸進保守勢力において大きな比重を占めていることを可視化させることとなった。この点について、熊本紫溟会を中心に見ていくこととしたい。

熊本紫溟会

熊本紫溟会は[161]、一八八一年九月に中央政府で活躍する井上毅や古荘嘉門の関与の下で成立し[162]、「能く国を興す者は政党なり。能く国を覆す者亦政党なり」と始まる「紫溟会主旨」は井上毅の草案に基づくものである[163]。ただ、主旨書の末段に「夫我国勢を馴致して如此の域に至らしむる者〔過激な政論の横行を指す〕、其罪蓋し帰する所あらん。豈抑圧干渉の反動に非ざるなき歟、将た苟且偸安の結果に非ざるなき歟。抑も又尸位素餐其人あるを以てに非ざるなき歟、〔中略〕若し夫れ官権を弄し私利を営み苟且偸安以て公議を壅塞し内乱を醸成する者は即ち我党に非ざるなり」という草案になかった政府批判を示唆する文言が挿入されたことは[164]、井上毅を激怒させた[165]。後述する井上毅と熊本紫溟会の微妙な関係は、紫溟会結成時点から存在していたのである。

紫溟会は当初、幅広い勢力の糾合を目指していたが、主権論争を通じて自由党に近い相愛会が主権在君を明言しないまま分離し、やがて、実学派も紫溟会に対する「御用政党」との批判に耐えきれず退会して公議政党を結成した。紫溟会は一八八二年三月に創設された九州改進党への参加も認められず、五月には「日本国の主権は則ち天皇の固有たること勿論なれば敢て異義を容るることなし」という規約を追加して、対決姿勢を鮮明にした。

さて、紫溟会は立憲帝政党系の人脈と密接な関係を有していた。たとえば佐々友房は、一八八二年三月『紫溟雑誌』発刊の際、立憲帝政党の近くで活動し政府高官との人脈を有していた藤田一郎に十部を送付し、転送を依頼している[166]。『紫溟雑誌』は熊本の一雑誌たるにとどまらず、在官県人等を通じて様々なルートで高官に頒布されたようであり、井上毅も東京での『紫溟雑誌』の好評ぶりを伝えている[167]。

とりわけ紫溟会と丸山作楽の間には強い結びつきが存在した。一八八〇年に丸山が熊本を訪れたことを契機として従来の党派上の行き掛かりを一洗するために忘吾会が設けられ、翌年二月には佐々友房が上京して、丸山作楽と政党創設を相談していた。この際には意見の一致を見なかったようであるが[168]、丸山は一八八二年三月の立憲帝政党創設時に佐々に書簡を発し、紫溟会が地方で呼応することを期待し、さらに、『紫溟雑誌』発刊や済々黌の設立を慶して、「新田公の極楽寺より鎌倉に打入の報を千剣〔破〕重困中に聞たる元弘の昔を惟ひ出し申候」と書き送っていた[169]。

しかし丸山は直後の別の書簡では、熊本紫溟会に期待を寄せながらも、「井上毅氏共協議に及置候件も有之候に就ては、目今の処徒らに彼の詭激狂暴の輩を敵視し妄りに無用の弁論を費やし候ては、却て自家の品位を卑賤ならしむる様相当り可申、又は少壮血気の人物等一時の奮激に任せ軽忽の挙動等有之候ては、自然後来の大計を妨害致候儀に立至るべくと杞憂罷在候条、申迄も無之候得共、其辺深く御注意相成、持重謹密一言一行、必らず忠愛の大眼目を貫徹候様、益々御努力の程国家の為め懇願の至に堪へず」と述べ、九州改進党の創設により対立の深まった九州での紫溟会の暴発を戒めていた(170)。このような丸山作楽の紫溟会に対する懸念の背景には、次項で述べるような紫溟会の政党観があった。

紫溟会の政党観

紫溟会の機関誌である『紫溟雑誌』は一八八二年三月の創刊直後、政党に関する論稿を盛んに掲載した。第二号に掲載された論説「政党論」は、政党を主義に基づく「君子の公党」と私心に基づく「小人の私党」に分けるという一見ありふれたところから始まるが、主義にも「政略」と「政理」の二種類あるという。まず、「政略の主義」は「利害得失」についての妥協可能な争いであるとされるのに対し、「政理の主義は正邪順逆の点に在て、其争や本にして大なり」とされ、「正邪」と「順逆」を一義的に確定するためには「軋轢の極、竟に之を干戈に訟て鋒刃を以て曲直を判つに至る」とされる。前者の「政略」をめぐる争いの例としてはイギリス、後者の「政理」の争いについては壊滅的な混乱を招いたフランスがそれぞれ挙げられ、日本の政党は「政理の主義」に基づく政党なのだから、自由党や保守党といった名称を棄て、「君主主義」と「民主主義」と名乗るべきだという。そして、「我国の如き万世一系の君主国に於ては、君臣の義上下の別大地を窮て易ふべからざるものあり。〔中略〕若し我国の人民にして民主主義を以て認めて真理となすものあらば是れ乱賊なり、逆徒なり」と激烈な調子で述べるのである(171)。

紫溟会の理論的支柱である津田静一(172)の手に成る「政党概論」という論説でも(173)、「現時の政党直に民主君主の両主義を以て断然截切すべし。而して其自由と云ひ改進と云ふ者は、政体政略を改進せんと欲するに非ず。併て国体倫理を変換せんと欲するなり」と述べ、主権論争による分裂を経験した紫溟会らしく、「民主主義」と「君主主義」を分かつ鍵となるのは「主権」だと喝破している。

以上のような『紫溟雑誌』の政党観と、自由党や改進党も含めた大目的の共有を前提として、その下での主義の分岐として政党の争いを把握しようとしていた『東京日日新聞』の政党論との間には少なからぬ径庭がある。たとえば、『東京日日新聞』は政党が互いに極端に赴くことを懸念して、「若し漸進党の論議に、急進論者の言説に、互に相偏倚して次第に極端に走るの傾きあるも、之を避くることを知らざるときは、竟に君主専制と共和民政党との争ひとなり、両党の同く希望せる所の目的たる立憲帝政の実を失ひ、其素望の外に迸出して、互に相傾軋する場合に至るあらんを懼るるなり」、「如此各其本拠を棄てて極端に走り互に相軋轢するに至ては、政党対立の効、何にか在る」と述べていた[174]。これに対して、『紫溟雑誌』の政党論は、民権派と自らの立場の争いを「君主主義」と「民主主義」という妥協不可能な「政理」についての争いとして把握して対立を極大化した上で、自らの主張する「政理」の唯一絶対を強調することで、民権派を排撃、絶滅することが課題とされている。丸山作楽の懸念は、このような政党論に基づく紫溟会の攻撃的な傾向が顕著であったからこそだと思われる。

「王土論」をめぐる紫溟会の活動

このように「君主主義」を前面に押し立てた紫溟会が力を入れて取り組んだのが、「王土論」の立場からする天皇の土地に対する権限の問題である。これは皇室財産の設定や、それに関わる土地種別の区分をめぐる論争の一部として提起されたものであり、中央政府における論争の全体像については、奥田晴樹『地租改正と地方制度』という先行研究があるので[175]、以下では、大筋については同書に依拠しながら、「佐々友房関係文書」等の関係史料を用いて、熊本県人の動向を見ていく。

明治初年から、木戸孝允は地券発券により、全国「王土」の原則が崩れたという認識の下、皇室の安泰を保つために皇室財産の設定を目指したが、木戸の生前にはさしたる進捗がなかった。この問題が焦眉の急となったのは、一八八一年に国会開設勅諭が出された後のことであり、予算審議権を握る国会が開設されると皇室の財政基盤が危うくなると考えた岩倉具視は、官有林をすべて皇室財産とすることで、議会の予算審議権が及ばない広大な領域を確保しようとした。しかし、岩倉の壮大な構想は井上毅によって批判され、伊藤博文は一八八二年、憲法調査のために洋行する前に、「皇有地」という区分を新たに導入することでこの問題の解決を図ろうとした。折しも福沢諭吉の『帝室論』の大きな反響もあずかって、皇室財産設定の気運が高まったが、同年七月、参事院総会議で「御有地」なる新たな区分を設けることは否決されてしまった。

これは皇室財産設定をめぐる問題が大きな論争を惹起し、意見の一致を見なかったからである。たとえば元田永孚のように、天下のすべての土地は天皇の所有であると考える「王土論」者たちは、「皇有地」というカテゴリーをことさらに設ければ、かえって皇室の土地所有権が一部の土地に限定されるかのような観念を広めてしまうのではないかと危惧した。この議論はさらに進んで、人民の土地所有を認めた地券の取戻しと再発行を要求するという方向に展開していく。これを強硬に主張したのが、佐々友房らをはじめとする熊本紫溟会とその周辺の人々であった。

一八八二年十二月三日に出された全国土の「王有制」の建白書は、熊本県士族の藤瀬定らが提出したものであった。また、佐々友房の叔父にあたる高原淳次郎も一八八三年初頭に二度にわたって樋口真彦らと共に同様の建白書を提出している。(176) 熊本県人の中で特に熱心だったのは鳥取県令の山田信道であったが、(177) 同年六月に、宮内省御用掛として上京して間もない木村弦雄(178)は、「都下に右の土地所有権を王室に回復するの論起り、既に高原〔淳次郎〕君抔も御建白有之、副島抔も同論者の由、古勤王家は多く此論に祖く勢なるべし」と東京における王土論の盛況を報告しつつも、その活発化を警戒しており、「既已に明文を以て所有権を付与せられたる以上は、今更取返す様の姿に相成ては民権論者に一の攻撃の種を与ふる訳に有之、然る景況有之事は僕抔は大不同意」と述べていた[179]。

王土論は、憲法調査洋行中の伊藤博文に対抗するために岩倉具視によって唱えられていたという側面もあった。井上毅は、このような岩倉の王土論を強く批判し、一八八三年四月には天皇の国土管轄権を公法上の問題、人民の土地所有権を私法上の問題として両者は衝突しないと説く「土地所有考」を執筆して王土論に対抗する理論武装を行い、六月には山県有朋が提出した「地券議」を代草するなど活躍していた。このような状況を背景として、木村は王土論を主張する熊本県人に配慮しつつも、平時には人民の私有を認めるが、非常時には天皇の土地に対する管轄権が人民の私有権に優越すると論じることで論争の激化を防ごうとした[180]。これは、井上毅が「土地所有考」の中で示した論理とほとんど同じであったが、「土地所有考」に対して元田永孚が懸念を示していたように、王土論に熱心な熊本県人が納得するとは思われなかった[181]。

実際、紫溟会に近い人々にとって、王土論に反対する井上毅に対する反感は強かったようで[182]、木村は前述の書簡において、井上と類似の理論によって王土論を抑制しようとしているにもかかわらず、「井上は従来政府に居候躰に付、先日の非を庇ふ為に僕等と同論なり。然し其人を以て其論を棄つ可らず。能々御勘考を乞ふ」などと井上に批判的な物言いをしており、王土論に熱心な紫溟会の人々への配慮を滲ませていた。

王土論をめぐる議論の趨勢を熊本の人々は固唾を呑んで見守っており、一八八三年十月の藤田一郎宛佐々友房書簡には、「［九月］卅日の貴書中、廿九日夜山県氏と御議論の結局、同氏も終に王土論に同意云々、読て此に至て不覚欽喜の声を発し、即ち起て津田静一に赴き窃に貴翰を示し相与に慶賀せり。蓋し山県氏にして此論に同意を表せらるれば廟堂の幾分及井上輩の論陣も是より破壊の点に赴くならん」と見える[183]。先行研究では、一八八三年六月に山県有朋の「地券議」が出され、九月には人民の土地所有権が殖産興業のために重要であるとする松方正義意見書の提出によって論争が収束したとされているが、十月に入っても熊本では、あたかも政府内において王土論が勝ちを制したかのような情報が伝えられていたのである。

十一月になっても、熊本では依然として地券取戻しによる王土論の実現への期待が残っていたが[184]、十二月末には大勢が決したようであり、一八八三年十二月二十七日付の佐々友房宛木村弦雄書簡は、地券取上げを非現実的なものとして、将来、憲法で天皇の土地に対する「大所有」を定めることに論点を移そうとしていた[185]。

以上のように、政府内での実際の議論の趨勢とは独立に、独自のネットワークに基づいて「王土論」に熱意を寄せた熊本県人グループは、政府にとって極めて扱いにくい存在であったと思われる。このような勢力が漸進保守陣営の主力を占めているとなれば、同一陣営に属する立憲帝政党も政府にとってますます好ましくない存在になりつつあったといえるであろう。以下で詳述するとおり、十月に名古屋で予定されていた漸進保守陣営の懇親会が突如中止され、九月下旬に立憲帝政党があえなく解散してしまう過程は、このような背景を併せて考える必要があるであろう。

立憲帝政党の解散

実は立憲帝政党解散は唐突なことではなかった。すでに一八八三年初頭には、警察の報告書において「帝政党の衰へたる故にや、本年一月より各地方の帝政党にて其党名を変化せし者十二の多きに至れり。蓋し帝政党とさへ云へば世人之れを忌むの風ありて甚だ団結の不利なるに至るに由るか」と述べられており、その不人気は覆い隠しがたかった[186]。

解党に関する事柄が初めて公になったのは、藤田一郎の『通信雑誌』誌面においてであった。一八八三年六月五日発行の同誌は、政党活動に関連して下獄するものが多く、「正議正論を唱へ争はんと欲する者にて、私交私事に論及し往々四分五裂の形」という状況を問題視する丸山と福地が、「平和」を実現するため立憲帝政党の解党を望んでいるという記事を掲載した[187]。七月の鳥取県令山田信道の書簡中にも「東京来状写御示の中、丸山等も政党解散云々の語有之により、土方〔久元〕え内情相尋候処、右は該政党たる、衆人に厭けも難〔ママ〕相立勢に立至り候に付、一時便法の為め解散の事に内決したる趣」と見え、立憲帝政党の不人気が解散論の原因であったと思われる。(188)

この後の詳しい経緯は不明であるが、九月二十四日に立憲帝政党は終に解散されてしまい、十月に予定されていた名古屋での懇親会にも延期の命が下された。福地自身は後年の回想で、政府から、「内閣は政党の外に超然たる者なれば足下等の政党組織は政府の意に非ず。但速に解散するを是なりとす」と伝えられ、「同志中にて議論沸騰し、甚しきは寧ろ内閣に謝絶せらるるとも国家前途の為を慮らば此帝政党を継続せざる可からずと云ふ議もありて余の如きは其一人なりしかども、其多数は解散に帰し」たと記している。(189)懇親会の幹事役であった明治共同会によると、『明治日報』の丸山と前述の藤田一郎は解党論、『東京日日新聞』の福地と『大東日報』の羽田恭輔は党存続論であり、前者が優位になったので、福地が「名古屋会にて熟議の上にあらざれば解党せずと断言した」ところ、その翌日頃に名古屋会延期の内命が下されたといい、「名古屋延会は帝政党解散の為めならんか」と推測している。(190)これらの史料は、『通信雑誌』の説とは異なり福地が政党存続論者であったとしており、これまで見てきた福地の政党構想とも整合的である。また、立憲帝政党が政府によって半ば上から解散させられたことも確かであろう。

立憲帝政党解散と、名古屋懇親会の延期の報はすぐに各地の結社に伝えられた。名古屋会の幹事を務めていた明治共同会の境野熊蔵によると、(191)九月二十二日に突如警察署から呼び出され、「県治上に妨害あるに付延期すべき旨内達」があり、立憲帝政党の集会所である東京公同会に問い合わせたところ、「我等も勤めたれども其甲斐なし。県令の内達は定めて内務の命令ならん」ということで、やむなく延会の通知を発したのであった。(192)久留米の筑水会員は、大懇親会の延期理由について、「当時自由党は大に衰頽し、将に解党に至らんとするの勢ひ、又改進党派も実着に相成たる様なり。然るに、吾同志者大数会集し、政談演説等をなして却て反対党を激せしめてはならぬと云ふことより、延期を命ぜられたり」と伝えている。(193)

しかし次章で詳述するとおり、立憲帝政党は政党の有形組織を解いたにすぎず、主義に基づく政党の無形の結合までもが消滅した訳ではないと説明したため、名古屋での懇親会をそのまま中止するわけにはいかなかった。たとえば、立憲改進党系の『東京横浜毎日新聞』は、もしも懇親会が開催されないのならば、「則ち帝政党の解散は唯其名を去たるのみならず、併せて其実を消滅したる者にして、主義綱領共に烏有に帰したるを徴すべ」しと挑発していた(194)。

地方の結社にも混乱が生じていた。柳川白日会は、久留米筑水会の在京人が発した書簡で立憲帝政党の解散を知って吃驚し、すぐに紫溟会に電報を発したが返事に接することはなく、今度は書簡を飛ばし、「東京立憲帝政党の解散は兎も角彼党の随意なれども、此懇親会は全く別種のものゆへ、彼の三人政党〔立憲帝政党〕の為め左右せらるること万々無之儀と信認仕居候」、「此名護屋会たる、決て該幹事の一己の意見を以て廃会又は延会致すこと相叶間敷儀」と述べ、「九州には貴会を以て我党の泰斗と仰ぎ居り候間、同一の挙動相働き度」と紫溟会の迅速な対応を促した(195)。

しかし、十月五日付の紫溟会の返信は、「各地方へも、既に延期の事は名古屋より通知ありたりと想像す。左すれば、貴会と本会とのみ出会致候ても無益なることと存候」と冷淡なものであった(196)。しびれを切らした白日会は名古屋会の幹事に直接詰問の書簡を発すると共に、十月二十一日には筑水会員と共に熊本に乗り込んで紫溟会との談判に臨み、白日会側の記録によれば、翌年一月から遊説員を出して、「天下の大勢未だ我党解くの期に至らず、彼の同志懇親会廃す可らざる理由」を各地で主張することになったとされる(197)。これとは別に、在京筑水会員は、名古屋に乗り込んで幹事の明治共同会員を問責した後、わずか七名の出会者で協議し、翌年四月六日に東京で会合を開くことを決定した(198)。しかし、このような会合が実際に催された記録はなく、次項で見るように一八八四年初頭には紫溟会も政党組織を解いてしまうのである。

紫溟会解党に至る経緯

まずは、紫溟会が一八八四年三月に政党組織を解くに至る過程を概観しておく。一八八三年、事実上、紫溟会の学校であった済々黌への恩賜金下付の際に、紫溟会を非政党化しようとする動きが生じた。これは宮内省御用掛の木村弦雄が、「済々校《ママ》政党外の学校なることは此上にも新紙上抔明々御掲載有之度、当時東京の模様、主義は素より何方迄も紫溟会主義拡張なれ共、政党と申事、大に顕官の遠慮する所」と注意していた通り(199)、恩賜金を受ける際に済々黌の党派性が妨げとなること、そして、この時期政党に対する忌避感が顕官の間に広まっていたという事情によるものであった。結局、恩賜金の件は五月二十一日に金五百円の下賜で決着したが(200)、その後も紫溟会は存続したため、嶋義之少書記官が来訪し、「返す返すも政党臭き事有之候ては相叶ざる義なれば、何卒断然たる改革を行ひ済々黌の名称を廃し私立中学校とか何とか名を下」すことを依頼していたように(201)、紫溟会から政党色を払拭するという課題は残されたままであった。

一八八三年の夏を通じて、紫溟会を解散して学術組織にする計画は着実に進められつつあったが、このような動きを批判的に見ていたのが鳥取県令の山田信道であった。山田は、済々黌が「政党外に独立したる者なる」ことは下賜金の経緯に明らかであるとして、済々黌維持のための解党は不要であると述べた。特に山田が警戒していたのは、当時盛んに噂されていた立憲帝政党の解党との関連を疑われることであり、「該政党と同時に解散することは何等の思想なるや。東京来状の意、甚了解難相成、土方〔久元〕咄には高智《ママ》高陽会抔は益盛大に誘導候との事に有之候。殊に我紫溟会は近来益公衆の信用を得、決て政府の為めに左右せらるるの政党に非ることを天下に知られたれば、独立独歩益盛隆を祈候事に有之候。学術団結云々の御意見も有之候得共、決不宜歟と愚考致候。如何となれば前陣の通天下に信用を失ひたる帝政党と進退を共にする様の姿に相成候ては、衆目の指す所該党と同視せらるるは必至なり。然れば他日其影響を来す大なる者あらん」と述べている(202)。別の書簡でも、「近日自由党抔の様子は余程盛大に趣《ママ》き候勢に付、陸奥星亭抔も同盟尽力の趣に相聞へ、官も少見込違にても有之乎と相考居申候」という現状認識の下、「反対党は右等の勢なるに吾党は解党抔と申事は甚難解存候」と述べられている(203)。

しかし、一八八三年十二月になると紫溟会解散は既定路線となっていたようである(204)。山田信道は「最早御決定の上は喙を入る訳に無之候得共、政党を今日解ことは良策とは不被存候。一体内閣一両輩の意を迎へ解党論を主張する輩も候得共、是は全く浅見取るに不足こと歟と考慮いたし候。如何となれば該説の根拠は政府政党外に立つものなれば政党政府に非る已上は天下は無政党にて可然とのことに相聞候。是甚可笑の説にて、政府政党外と申ても、自由改進等の党より採用する訳には参申間敷、左すれば同主義の政党より人を挙るは当然のことなれば、則一政党中の政府たるは不免勢に有之候。右の次第なれば只々解党の形を天下に示さば或は具眼の志〔ママ〕は政府に左右せらるるの政党と被目、是迄信用を得たる名目を汚し可申歟と懸慮候事に御座候」と述べ、あくまで解散に反対している(205)。紫溟会の政府からの独立を示すべきことを熱心に主張しているが、同時に、政府が政党と無縁であり続けることは不可能であると述べていることも興味深い。しかし山田の認識は、以下で見るような紫溟会主流の政党観とは異なるものであり、結局、一八八四年三月に紫溟会は政党組織を解き学会へと組織替えした。以下では、解党の背後にある紫溟会の反政党的な観念を検討していく。

紫溟会の反政党的観念

佐々友房は、一八八二年三月、済々黌の創立を報告する書簡の中で、「此より段々同主義の生徒を養生し九州の自由党を一洗する筈也、呵々」と述べていた(206)。自由党を「一洗」という攻撃性の高さは、先に見たとおり唯一絶対の「政理」を体現する存在としての自己規定を核心とする紫溟会の政党観に通ずるものがある。

一八八二年末になると、このような政党観はより直接的に反政党的な色彩を帯びるようになる。『紫溟雑誌』第二九号の論説「政党余言」においては、「党派者国之福乎。曰く国之福に非るなり。適に国之禍に当る矣。然則君子何為ぞ自ら起て政党を結ぶ也。曰不得已ばなり。勢之不得已者あれば君子固より眼前の禍を避けずして永遠の計を期する者あり」と述べられ、政党は医師が治療のために用いる「鴉片」に喩えられている。政党は、劇薬として一時的に利用されることはあっても、正常な状態において存在すべきものではないのである。このような主張の背後にあるのは、「国中の人材各々公平の見を持して親疎愛憎の念無く上下各々其職務に誠心を致し、権利を先にせずして義務を先にし、自ら責ること厚して人に求むること薄きときは、天下に紛乱の憂無く、一致せざるの議論なく、又た何れ所〔ママ〕にか党派を要せん。是を国の大幸福と云ふ」という予定調和的な世界観であった[207]。

それでは、なぜ現に紫溟会が存在しているのか。この疑問に対してこの論説は、「吾輩の政党は、彼詭激民権無限自由の党有て而後に起り、之を制服〔ママ〕して中正に帰せしむるが為に結ぶ者なり。〔中略〕若し世に詭激民権無限自由なるもの無らしめば素より吾輩の政党有るべきの理なし。然るを世、或は吾党を認めて欧羅巴各国政党の看を為し、二十三年国会開設を以て目的とし政党を結ぶものと為るは、謬見の甚しき実に可笑なり。嗚呼世に詭激民権無限自由の党派ありて而後に吾党有り。〔中略〕要之するに彼党消滅の日は即ち吾党解党の日なり。其然して後に天下無党の最大幸福を蒙て而して吾党の本意達矣」と主張している。紫溟会はもっぱら民権派に対抗するためにのみ存在するのであり、いわば政党を抹殺するためという条件付きで容認される政党として自己規定されていたのである[208]。柳川白日会の渡辺村男も、一八八三年七月に視察のために三池を訪れた松方正義に呈上した意見書の中で、「当時政党なるものは遂に一に帰し、勤王党の外、別に一政党なきを期せんのみ」と記していた[209]。紫溟会と白日会は、「天下無党」を理想とするか、「勤王党の外、別に一政党なき」という状態を理想とするかという点で異なるが、複数の政党の存在を否定するという点で共通していたのである。

このような政党観に基づけば、必要悪としての一時的な政党は、それを必要とする状況が持続する限りで存在するのであり、逆に言えば、そのような状況が消滅すれば、政党は必要とされなくなるはずである。紫溟会が、政党が不要になったと判断して党を解いた背後には以下のように大きく二つの状況認識が存在した。

一つは、次章で述べるような自由党や改進党を中心とする民権陣営の低迷である。たとえば、九州の状況について古荘嘉門は、「昨今の景況を略言仕候得ば、当九州各県及熊本の自由改進の反対党は其裏面は次第に衰弱の体に趣〔ママ〕き、我同主義の者は漸々増加して相纏り居候」、「彼の反対党の刺衝攻撃相鈍れ候故へ、或は無事に苦しみ漫然睡眠を生ずる傾向有之候〔中略〕此上は是県官其人を得て自今一層県治上より充分の着手注意ありて両三年の星霜を経過する間には、彼の自由改進党の残党余類も漸々消散するは火を見るよりも瞭然たり」と述べている[210]。樺山資紀警視総監の許に寄せられた報告書においても、「本邦準備政党の起るや、恰かも火の原野を燬くが如き勢ありしも、今日に至っては衰頽殆んど消滅せんとす。是れ他無し、準備の二字を誤用して敵を見ざるに実丸を装置し、盗賊無きに縄索を使用したるの失策に由る耳」とある[211]。一八八三年に入ると政党が停滞に陥ったという認識は広く流布していたのである。

一八八四年三月の紫溟会の政党組織解消はまさにこのような理由によって正当化された。「政党を変じて学会と為すの理由」という宣言書においては、かつて民権派の「詭激」、「狂瀾」な傾向が存在したことが指摘された上で、「是時に当て、吾党区々の孤誠自ら已む能はず奮然蹶起、天下に率先して大義を紫溟の濱に唱へ、冒するに政党の名称を以てせり。是れ豈好むで之を為むや、万已むを得ざるもの有て存すればなり」と政党創立がやむを得ない決断であったことが強調されている。そして紫溟会の主義が普及したことで、「詭激破壊の論を主張せしもの」（＝民権派）が衰退に赴いたと凱歌をあげた上で、「吾党素より政党を欲せざる者なり。唯天下詭激の政論滔天の勢あるが為に已むを得ざるの義に拠て已むを得ざるの政党を唱ふ。要〔ママ〕一時彼を制禦するのみ。故に彼れ熄めば我れ当に休むべく彼れ退けば我れ当に止るべし。猶何を苦でか故らに欲せざるの政党を樹て以て天下のことを滋くせんや。吾党は宜く速に自ら政党の組織を解き、天下を導いて復た政党の名莫からしめむことを務む可きなり」と述べ、今や政党の必要はなくなったと政党の消滅を言祝いだのである[212]。

一八八三年の懇親会延期の際に、久留米の筑水会員が、「各地共、紫溟会の見る所とは、少しは異なる様被存候」と白日会の渡辺村男に書き送ったように[213]、熊本の紫溟会と九州のその他の結社の温度差は明らかであったが、政党が複数存在することを否定する点で共通するこれらの勢力が分岐したのは、民権派の勢力についての判断においてであった。一八八三年九月二十二日付紫溟会事務所宛渡辺村男書簡が、「我柳地の景況は、貴地と大に異て、反対党の勢力尚熾盛に有之」と記していたように[214]、大きな勢力を有する柳川改進党に対峙する白日会は、熊本において強固な団結を誇る紫溟会とは、反対党の勢力に対する危機感の程度が異なっていたのである。

必要悪としての政党を必要としなくなった状況の変化として、政党勢力の衰退のほかに、もう一つ挙げられるのは、伊藤博文の帰朝によって、制定される憲法の主義、具体的には「国体」の維持にかかわる重要な論点であると考えられた帝室内閣と政党内閣をめぐる論争に決着がついたように思われたことである。

憲法調査のために洋行した伊藤については、「欧洲より帰朝あらば改革もありて拭目の挙も可有之か」といったように[215]、帰朝後、何か重大な決定が下されるのではないかという漠然とした期待や不安が広く存在した。その中で当時最も着目されていたのが、政党内閣と帝室内閣の問題であった。

一八八三年八月、立憲帝政党解党の風評に疑念を抱き熊本の紫溟会を訪れた柳川白日会員に対して、紫溟会の津田静一は「廟堂の議は未だ全国の政党を解散せしむることに決したるとの事は承知せず。最早伊藤参議も帰朝ありたれば帝室内閣政党内閣の義は第一着に議論相起可申と思はるれば、其決議に由りては全国の政党にも正邪の別なく多少の影響を及すべし」と述べていた[216]。伊藤の帰朝が、政党内閣か帝室内閣かという論争に決着をつけるという認識が存在したことが分かる[217]。

帰朝後の伊藤は、洋行前の「改進」派という、紫溟会にとって好ましくないイメージを払拭しつつあったようである。高原淳次郎は、九月に「伊藤帰朝後世上に種々取沙汰有之候へ共、小生は格別悪しき方には相運び申間敷事と想像致し候」と述べている(218)。また、一八八三年十月、佐々友房は藤田一郎への書簡の中で、「伊藤氏の帝室内閣論云々弟等の尤も賛成して不已処なり。果て其実施を為すに至らば我輩は喜で政党の名を辞放するも決て非所惜也」と述べていた(219)。この書簡からは、東京の藤田一郎が伊藤博文の帝室内閣支持を報じたこと、そして、佐々にとって政党＝紫溟会の効用が、帝室内閣制の実現に置かれていたことが読み取れる。実際、伊藤も一八八二年八月時点で、「政党は議会あれば自から現るる者なれども、今日我国の現状の如き者には非ず、我国の現状は政党に非ずして、徒党を結び衆力を以て、君主権を削弱又は破却せんとするの意を含蓄する者なり、之を明言すれば反逆党の外に出でず」と記すなど(220)、紫溟会の人々の期待に応えるような傾向を強めていた(221)。

一八八三年十二月の木村弦雄の書簡でも(222)、「廟堂の方向は愈以て確乎たる方に見受け申候。帝室内閣は当時の輿論の様に相成り、憲法も吾々の存候より一層旧き方には有之間敷〔「哉」欠落か〕と想像仕候」と述べられている。伊藤についても、「近来帰朝の参議は先づ廟堂中の第一番改進に近き人ならんと信候処、其人さへ頃日地方官集会の席上にては公然演舌されたる趣、御互同義の人は額手大慶致候由」と満足を記している。

このような認識が必ずしも紫溟会系のみに限定されたものでなかったことにも注意が必要である。一八八三年七月、三池に視察のため来訪した松方正義に対して、白日会の渡辺村男は「政党内閣は我国体を維持するに足らざるがゆへに国会開設後と雖、帝室内閣となされたき事」を求める意見書を提出したが(223)、これに対して松方は「内閣の議既にここに決せり〔中略〕聖勅も密かに此に出るを知れり。子等安慮せよ」とまで述べていた(224)。三池には山県有朋参事院議長や佐々木高行工部卿などの政府要人がしばしば訪れており、松方と同じように白日会員の期待に応える言葉が発せられていたのであろう。このような情報が、日頃から密接な往復を重ねていた紫溟会と白日会の間で瞬時に共有されたであろうことは想像に難くない。

以上のように、政党勢力が衰退し、政党内閣の可能性が閉ざされたという認識の下で、紫溟会は政党が不要になったと判断して政党組織を解いたのである。

それでは、政党が存在しなくなった先には、どのような状況が見通されていたのであろうか。立憲帝政党解党を推進した藤田一郎は、立憲帝政党解党の後、「他日必ずしも各党解散し上下一致全国協同国憲〔ママ〕拡張の期も至るならんと吾輩今より渇望に堪へざるなり」と述べている。(225)「各党解散し上下一致全国協同」を強調する藤田一郎の考えや紫溟会解党の理念と、政党が複数存在すべきことを積極的に擁護した福地源一郎の主張との間には少なからぬ径庭があったのである。

小括

ここまで、一八八一年の国会開設勅諭以来、多くの政党が誕生し、政党のあり方をめぐる多様な議論と実践が蓄積されてきたことを、特に政党が複数並存するという状況についての観念の展開に着目して検討してきた。その際、従来、十分検討されてこなかった立憲帝政党系勢力に目を向けることで、当時の政党対立の全体を把握することに努めた。

立憲帝政党は、政権与党という意味での「官権党」たることを挑発的に標榜し、政府と反政府派の対立を、質的に異なる「官」と「民」の対立としてではなく、立場の逆転を想定した対等な政党間の競争関係として把握しようとし、また、その前提として、政党が複数存在すべきことを、ときに自由党や改進党以上に熱心に擁護した。しかし、その二つの目標はいずれも立憲帝政党が思い描いたような形では実現しなかった。政権与党たらんとする野心は、結党後間もなく板垣退助襲撃事件を契機として政府が明確に立憲帝政党から距離を置いたことで潰え、政府と政党との関係についての苦々しい失敗として記憶されることになった。[226] また、政党が複数存在すべきという主張についても、紫溟会のように民権派の鎮圧を目的とする一時的な政党のみを認める主張が「漸進保守」勢力の大きな部分を占めたことで、この時期において自明のものとして受容されることはなかった。

立憲帝政党の掲げた構想は十全に実現しないまま蹉跌したが、立憲帝政党は、自由党や立憲改進党が優位を占め、しかも両党が不即不離の関係にある中、それと明確に異なる主義主張を掲げる勢力として自己規定して登場したはじめての政党であった。実際、立憲帝政党は一八八二年十月の西京懇親会のように、各地方で自由党や立憲改進党に対抗する勢力にとっての拠り所、結集の中心として機能していた。[227]

立憲帝政党が、複数政党の存在を積極的に擁護したのは、おそらく自らが後発で弱小の政党であったという現実の状況に少なからず規定されたものであったが、時に、自由党や立憲改進党ですら国会開設前の政党の分化を否定するような言説に傾きがちであったことを想起すれば、一般的に政府反対派の存立に警戒的であるはずの政府に近い勢力が、政党を否認する代わりに、かえって政党が複数存在すべきことを主張したことの意義は看過できない。

この点を熱心に主張したのが福地源一郎であったことは、あるいは偶然ではないのかもしれない。福地は、立憲帝政党の創設時の演説や、本章第二節で引用した『東京日日新聞』一八八二年四月十八日社説「国賊の辞」のように、しばしば政党の源流を幕末にまで遡って論じたが、自らと異なる意見の持ち主を無碍に排斥してはならないと主張した背景には、徳川政権の洋学者として国賊と見なされかねない立場を経験した自身の過去が関係しているようにも思われるのである。[228]

本章では、複数政党間の関係、相互認識を中心に検討してきたが、次章では、その基礎となる、各政党内部の結合のあり方をめぐる同時期の議論と実践について検討を行っていく。

（1）立憲帝政党については、地方への勢力拡大の動向を新聞記事を渉猟して明らかにした高木俊輔「立憲帝政党関係覚え書」、精緻な史料批判に基づき立憲帝政党に関する基礎的事実を確定した大日方純夫「立憲帝政党の結党をめぐる基礎的考察」に多くを負っている。政府による新聞紙操縦と官報発刊への動向を一体のものとして検討し、立憲帝政党についても後述の通り示唆に富む見解を示した佐々木隆「『官報』創刊と政府系新聞強化問題」や、『朝野新聞』に立脚しながら、立憲帝政党についても手厚く言及している乾照夫『成島柳北研究』第九章もある。

（2）念のために付言すれば、自由党と改進党の間に実質的な相違がなかったと主張しているわけではない。政党観、特に国会開設前の政党が具体的な政策問題にどれほど踏み込むかという点について、両党には大きな方向性の違いが存在した（大日方純夫『自由民権運動と立憲改進党』第Ⅰ部第二章二）。

（3）立憲帝政党と立憲改進党の旗揚げは一八八二年三月であるが、以下では便宜上、それより前の時点についても各新聞を立憲帝政党系と立憲改進党系に分類している。

（4）福地源一郎については多くの研究があるが（小山文雄『明治の異才　福地桜痴』、坂本多加雄「福地源一郎の政治思想」、五百旗頭薫「福地源一郎研究序説」、岡安儀之「『公論』の創生　「国民」の誕生――福地源一郎と明治ジャーナリズム」、山田俊治『福地桜痴』）、立憲帝政党の創設は福地の言論活動における挫折として位置付けられることが多い。

（5）『東京日日新聞』社説については岡安儀之「『東京日日新聞』社説目録」も参考になった。立憲帝政党の機関紙となる三紙の中では、「日報記者は巧弁にして稍事理に通ずる者なり。彼の明治東洋二記者の如く常に漠然たる大体論を主張する者にあらざるなり」というように、日報社（＝『東京日日新聞』）が民権陣営からも最も高く評価されていた（社説「再び日本銀行を論ず」『東京横浜毎日新聞』一八八二年七月二十六日）。

（6）元々立志社に参加するが、その後絶縁して共行社を組織、内務省御用掛や和歌山県少書記官を務めていた（西川誠「水野寅次郎」『明治時代史大辞典』三、五二九頁）。

（7）田崎公司「東京曙新聞【復刻版】改題」によると、一八八一年九月には大井憲太郎が入社するなど政府批判を展開していたが、十二月には社長の岡本武雄が『東京日日新聞』へと移籍し、水野寅次郎に譲渡された後は漸進主義陣営の新聞となった。

（8）丸山作楽については、丸山正彦『丸山作楽伝』、入江湑『丸山作楽』。島原藩の著名な国学者であり、明治初年には外務大丞の高位にあって樺太問題で強硬論を主張し、それが容れられないと征韓論陰謀に関わるなど過激な動きを見せて、一八七一年三月の平田派一斉弾圧で下獄した。維新政府内の平田派の中心人物の一人として大学校問題など、廃藩置県に至る政府内危機の昂進において大きな役割を果たしていた（宮地正人『幕末維新期の社会的政治史研究』第八章）。

（9）『明治日報』については、半田竜介「丸山作楽研究序説」が紙面の網羅的な把握に基づく見取り図を提示している。また創刊の経緯については、佐々木隆「『官報』創刊と政府系新聞強化問題」第二節に詳しく、岩倉具視や山田顕義によって推進された「華族新聞」計画の延長線上に一八八一年七月に創刊されたという。『明治日報』は「高天原主義」などと揶揄され、「人々其政府の新聞なる事を知らざるものなし、然るに其社説の膚浅なること、学校生徒の笑を博するに足る」と酷評されることもあった（『井上毅伝』四、四八頁）。なお、東京大学在学中の三宅雪嶺は『明治日報』と接点があり、三宅以外にも立憲帝政党系の各新聞に東京大学の学生たちが関係していたという（中野目徹『政教社の研究』八二～八三頁）。

（10）『朝野新聞』は、「自由改進両属」などと評されていた（散記「疑団塊」『明治日報』一八八二年六月十六日）。社長の成島柳北は、政府の密偵による探聞書の中で「政府の機密は成島柳北に洩るること最も多きに居れり。蓋し柳北は風流洒落の人物にして、外白は恰も政治に縁なきが如くなれば、在官の人之に意を措かざるの致す所ならん」とされていた（「渡辺昇関係文書」三〇）。当時の府下の新聞については、五百旗頭薫『大隈重信と政党政治』一八～一九頁に詳しい。自由党や立憲改進党系の機関紙については、「或日、土方〔久元〕来り、曰く、各新聞中、報知は、大隈の指揮にて、寛なる論説を以てし、横浜東京毎日は、河野〔敏鎌〕の指揮にて、激論を以てし、朝野は、寛猛を以てし、三新聞とも連合して、意脈を通ずる為なり」と評されていた（『佐佐木高行日記』十一、三三三頁）。

（11）たとえば、社説「立憲帝政党議綱領を論じ併せて日報記者に問ふ　第五」（『東京横浜毎日新聞』一八八二年三月二十六日）は、国会開設の時期、憲法の性質についての数年にわたる『東京日日新聞』の社説の内容が前後撞着していることを指摘している。

（12）大日方純夫『自由民権運動と立憲改進党』二八頁。

（13）五百旗頭薫「福地源一郎研究序説」第二節。

（14）『東京日日新聞』一八八一年十二月二十七日。以下、立憲帝政党が成立するまでの『東京日日新聞』、『東京曙新聞』を中心とする陣営を、便宜上「漸進主義陣営」と呼ぶ。なお福地は、これ以前の十月二十日と十一月一日にも社説「政党論」を『東京日日新聞』に掲げていたが、国会開設を頑なに拒む「守旧党」と、腕力や陰謀に頼る「変乱党」に対峙するための「正議党」の必要性を説いており、年末の社説とは主旨が大きく異なる。十月末時点では、いまだ国会開設勅諭への激しい反発が生じる可能性があったことが背景にあったと思われる。同社説内でも「同一正議党中に於て改進とか保守とか或は急進とか漸進とか数派に分かることあるべし」として「正議党」内での将来の分化の可能性は留保されていたが、さしあたって、暴力や陰謀を否定する勢力の結集が一大急務だと考えられていたのである。

(15)　雑録「彼も政党か」(福山朝陽)『朝野新聞』一八八二年一月二十日。
(16)　社説「読日日新聞」一八八二年一月四日。
(17)　たとえば静岡県改進党の党則を参照(『東京横浜毎日新聞』一八八二年一月十八日)。
(18)　一八八二年一月十七日。
(19)　社説「迷蒙論者に告ぐ」一八八二年二月三日。山室信一は、急進派と漸進派にとって「進歩」は共通項であり、自由と秩序のいずれに重きをおくかによって分化が生ずるとしている(『法制官僚の時代』一八八頁)。
(20)　社説「弁妄」一八八二年一月十八日。
(21)　外山正一「日記」二、一八八一年十二月二十六日の条(東京大学総合図書館所蔵「外山正一存稿」)。
(22)　有山輝男「「多事争論」と政府機関紙問題」一四二～一四三頁。
(23)　山田央子は、改進と保守という対立軸が、急進や守旧といった両極に引きずられがちで安定的に成立しえなかったことを指摘している(『明治政党論史』二五頁)。
(24)　社説「読日日新聞」(島田三郎)『東京横浜毎日新聞』一八八二年一月七日。
(25)　社説「進んで偽政党の仮面を剝奪せよ」『郵便報知新聞』一八八二年一月十九日。
(26)　社説「進んで偽政党の仮面を剝奪せよ」『郵便報知新聞』一八八二年一月十九日。国会開設前の団結の必要性を強調する自由党の「創業の政党」論と、現実問題に即した政策の必要性を主張する立憲改進党の「施政党」構想が対置されることがあるが(大日方純夫『自由民権運動と立憲改進党』六九～七二頁)、漸進派を前にした場合、改進派も政党の分化を否定することがあった点には注意が必要である。
(27)　演説「偽政党を論ず」(高橋幸義)『明治日報』一八八二年一月二十六日。
(28)　社説「政党の区別」『東京日日新聞』一八八二年一月二十三日。
(29)　社説「政党の区別」『東京日日新聞』一八八二年一月三十一日。一月二十三日社説と共に、二月三日に同題の社説を署名入りで執筆した岡本武雄の手に成るものかもしれない。
(30)　社説「迷妄論者に告ぐ」『東京曙新聞』一八八二年二月三日。
(31)　社説「主権論」(『東京日日新聞』一八八二年一月十四日)は、主権の所在についての議論が「其所見に由ては政党の分合にも関はらんずる勢」であると述べている。
(32)　稲田正次『明治憲法成立史』上、第十四章に論争の展開についての詳細な記述がある。

(33)『東京横浜毎日新聞』の沼間守一が『東京日日新聞』の福地源一郎に送った書簡が、真辺美佐「主権論争に関する未紹介史料」で紹介されている。真辺は、自説への反対を歓迎する沼間の態度の中に「社会の進歩・発展の基礎は多事争論にこそある、という共通前提」を見出している。

(34) 中野目徹『政教社の研究』第二章第三・四節に渡辺安積の主権論争への関わりにつき言及がある。

(35) 社説「日本将来の予想」『東京曙新聞』一八八二年一月十四日。立憲改進党の有力者となる島田三郎も、一八九〇年の国会開設は勅諭が定めるところだと慎重に留保しつつも、民間の希望は即時開設であるとして、漸進党との区別を主張していた(社説「読日日新聞」『東京横浜毎日新聞』一八八二年一月四日)。

(36) 社説「政党を区別す　第二」『東京日日新聞』一八八一年十二月二十八日。なお、『明治日報』自体は、創刊以来「漸進主義」を主張しており(半田竜介「丸山作楽研究序説」二八四～二八五頁)、一八八二年一月にも、保守と漸進は同一物であると主張していた(社説「弁妄」一八八二年一月十八日)。

(37) 社説「政党を区別す」『東京日日新聞』一八八一年十二月二十七日。

(38) 社説「読日日新聞」一八八二年一月六日。『郵便報知新聞』の藤田茂吉にも同様の判断が見られる(五百旗頭薫『大隈重信と政党政治』一六～一七頁)。このような見方は、スウェーデンにいた駐露公使柳原前光にも、批判的な立場から共有されていた。佐々木高行宛書簡には、「彼は急進是は漸進と分ち、好んで政府党を立つるは、即ち九年後の乱階を今より養成する者にて、政党は国の害なり、〔中略〕務めて政府は之を避け、全国無党の最上政治を目的とすべきに、今我より之を開くは、規模狭隘なるのみならず、大臣・省卿の権と見識なきを見るに足る」とある(一八八二年一月二十一日付佐々木高行宛柳原前光書簡、『佐佐木高行日記』十一、一八頁)。

(39) 立憲改進党の結党過程については、大日方純夫『自由民権運動と立憲改進党』第Ⅱ部第二章、五百旗頭薫『大隈重信と政党政治』第一章第一節を参照。

(40) 一八八二年三月十日付山田顕義宛井上毅書簡(『井上毅伝』四、六三二頁)。

(41) 大日方純夫「立憲帝政党の結党をめぐる基礎的考察」第一節。井上馨は、かねてより「近日頑固党頭を出し掛けたり、自由党も可恐、亦頑固党も可恐」と懸念を示しており(一八八二年一月二十三日の条、『佐佐木高行日記』十一、二五頁)、反動的な「頑固党」に対する統御の必要性の認識が立憲帝政党結党の背景をなしていた可能性もある。

(42)「三月廿一日新富座に於て演説　政党の区別を論ず」『東京日日新聞』一八八二年三月二十四日。

(43) 社説「政党の区別」『東京日日新聞』一八八一年十二月二十七日。

(44) 山田央子『明治政党論史』二六頁。
(45) 中華民国では、複数の政治集団の対抗関係について、「党」や「争」のような否定的な文字を用いず、「政群」による「弁」(議論)と呼んだならば、それが「法治の機関」による不可欠の営みであることがより良く理解されたであろうと述べた者もあった(張玉法『民國初年的政黨』二二頁)。
(46)「政党の区別を論ず」『東京日日新聞』一八八二年三月二十二日。
(47) もちろん、立憲帝政党は政府に追従するものではないとして「官権」党であることが単に拒絶される場合もあった(寄書「社会の判決を望む」(保木利用)『東京日日新聞』一八八二年三月二十日、寄書「駁報知新聞」(新井旭)『東京日日新聞』一八八二年四月六日)。
(48) 一八八二年三月二十一日新富座での演説、『東京日日新聞』一八八二年三月二十四日。同様の主張は社説「官権の説」『東京曙新聞』一八八二年二月十五日にも見られる。
(49) 吉田正太郎編『官権民権両党演説筆記』二一頁。『東京日日新聞』掲載の福地源一郎の演説筆記については、「新富座の演説を其儘直筆したるに非らず。其の都合の善き所のみ筆記して、其の都合の悪しき所は刪除して知らぬ顔の半兵衛なる者の如し」(一九頁)と記している。
(50) 固定的な「官民」の対峙という発想を離れ、対等な政党が政権を争い、勝者が一時的に「官」になるという発想を打ち出した点に、福沢諭吉『民情一新』(一八七九年)の画期性を見出した山田央子『明治政党論史』第二章第二節(とりわけ九六頁)から大きな示唆を得ている。
(51) 政府と国会開設運動の関係は、複数の対等な政党による競争関係として把握されていたわけではなかった。Opposition(政府反対派)の成立は、複数の政党による競争的な秩序の誕生を意味しなかったのである。
(52) 一八八二年四月四日。
(53) 有山輝男「「多事争論」と政府機関紙問題」一四一頁は、福地の構想について、政府が公然と主義を明示して自由民権運動に対峙することで、「多事争論」状況を秩序化することを目指すものであったと指摘している。
(54) 社説「政府は公然其主義を示明すべし」『郵便報知新聞』一八八二年四月六日。
(55) 一八八二年二月二十八日。
(56) 社説「驕慢と恇怯との結果」『明治日報』一八八二年四月二十五日。なお自由党の末広重恭は、政府による言論弾圧すらも在野の政党にとっては言論を鍛える好機であり、このような機会を持たない官吏は国会開設後、百戦錬磨の自由党に歯が立たず衰退し、ひいては対立に基づく政治が機能不全に陥ることを警告していた（「有兎爰々雉離于羅」『朝野新聞』一八八二年二月三日・四日）。

(57)『伊藤文書』一、三二七頁。官吏の演説についての一八八二年三月二十二日付のボワソナード答議も、立憲帝政党からの要求と関係があると思われる（『近代日本法制史料集』八、一〇一～一〇二頁）。

(58) 佐々木隆「『官報』創刊と政府系新聞強化問題」二〇〇頁。「官報」の創刊については、鈴木栄樹「『官報』創刊過程の史的分析」も参照。

(59) 三上参次『外山正一先生小伝』四一頁。

(60) 外山正一「日記」二、一八八二年三月二十〔カ〕二日の条（東京大学総合図書館所蔵「外山正一存稿」）。一八八一年の日記の欄外に別紙として一八八二年の記述が貼付されており、しかも上部が一部切り取られているため判読は困難である。外山は一八八一年十一月末にも九鬼隆一宅に招かれており、留学帰りの学者を集めて政治社会で飛躍しようとする九鬼の野心を嗅ぎつけている（一八八一年十一月二十七日の条）。なお、三宅雪嶺は、立憲帝政党系の新聞に東京大学の学生が関与したことも、文部少輔の九鬼の策動と見ていた（中野目徹『政教社の研究』八二頁）。

(61) 一八八二年三月二十四日付佐々友房宛丸山作楽書簡（「佐々文書」三五一—一）。

(62) 社説「元老参事両院議官の巡回」一八八二年四月十五日。一八八二年四月十四日付伊藤博文宛井上毅書簡には、「彼の各議官地方巡回は、渡辺〔昇〕、尾崎〔三良〕等の建言より成立ち候事にて、畢竟事情疎通の為に候処、是れを以て政党募集抔浮説を唱へ候」と記されている（『伊藤文書』一、三三八頁）。党員募集という風説によって地方巡察使と政府の一体性が意識された状況下において、巡察使の発言があたかも政府の見解を代表するかのように新聞紙上で報道されることがあった（例えば『郵便報知新聞』一八八二年六月一日・二日）。参事院議官渡辺昇に至っては、「何れの日かは官吏の演説を許し新聞集会の条例を解かるるも亦た知る可からず」と述べたと報じられている（『東京横浜毎日新聞』一八八二年五月五日）。中井弘は、「県会議員等是等の意を口実とし又は新聞の種とし、其迂拙の答弁を公衆に示し、政府に人なきを明言するや、彼の民情視察は却て政府官員の拙を示すに類すると云わざるを得ず」と厳しく批判している（日付不明伊藤博文宛中井弘書簡、『伊藤文書』六、二五六頁）。

(63)「反対党将来の政略如何」一八八二年四月十六日。

(64)「立憲改進党の情況」（「三島通庸関係文書」四九六—三）。当初は、「立憲帝政党」と名乗る予定であったが、福地らにより同名の政党が創設されたため、名称変更を協議中だとされている。

(65)　一八八二年四月六日付伊藤博文宛井上毅書簡（『伊藤文書』一、三三七頁）。一八八二年六月十五日付伊藤博文宛山県有朋書簡に、「扶桑帝政党員大隈と応接筆記別紙差出候間御笑覧相成度、其後該党は立憲帝政党に連合致候趣に有之候」とみえる（『伊藤文書』八、一〇五頁）。

(66)　田村貞雄「鴻城立憲政党の成立過程」(三)は、立憲帝政党系とされる鴻城立憲政党の元々の党名が「鴻城立憲改進党」であり、その綱領について、「立憲改進党との綱領上の類似（むしろ剽窃）が故意に行われている」と主張し（四一頁）、このことを「民権派的扮装」（四三頁）と呼び、進歩性を装って人々を瞞着しようとしたものと見ているが、むしろ、立憲帝政党と立憲改進党の働きかけの対象が極めて近いものであったという事実を示す史料として評価すべきであろう。実際、立憲改進党綱領と立憲帝政党綱領の類似性すら指摘されることがあった（雑録「散記々者はいかがせんや」『朝野新聞』一八八二年三月二十三日）。

(67)　『伊藤文書』一、三三七頁。『井上毅伝』四、六一～六二頁を参照して一部補った。

(68)　一八八二年六月十七日付伊藤博文宛山田顕義書簡（『伊藤文書』八、一五八頁）。

(69)　『東洋新報』一八八二年三月二十三日に「某社の社長（所謂軍師）と某社の主幹（三田高鼻天狗）」が妨害のため、「編輯人、庶務、会計、職工、配達、受附、小僧、出入の書生に論なく尽く聴衆に出かけしめ、弁士が壇上に登れば、理非は問ふ処にあらず只だノウノウの声を発せよとの下知に、憐れや此連中は議論も碌々聴問せずノウノウと本気になりて叫び廻はりしは如何にもご苦労千万といふべし」と見える。この記事の指しているのが、「毎日新聞社の社長沼間守一氏と報知新聞社の主幹藤田茂吉氏」であったことが後日の新聞で明かされているが（『東洋新報』一八八二年三月二十五日）、もちろん改進党系の新聞は否定した。

(70)　福地は井上馨の尽力で随行に加えられたようで、公表前の情報漏洩に立腹した井上馨に対し、哀願調の弁明書簡を送っている（一八八二年二月二十六日（夜）付井上馨宛福地源一郎書簡、「井上馨関係文書」二五五―三）。

(71)　藤田一郎（一八四七～一九〇一）は下野国塩谷郡出身、奥羽戦争の際、棚倉藩に登用され、相馬で官軍に降り、一八七一年、脱隊騒動の大楽源太郎と交わり国事犯として愛知県で三年禁固となった。後年、「丸山作楽の如きは明治四年来艱難の友なり。共に獄に下り共に幽窓に読む」と述べているが、入江湑『丸山作楽』によると、丸山は一八七二年六月以降長崎県高島で獄中生活を送っており（五八頁）、藤田の言は、両者が同時期に同様の境遇にあったことを述べたにすぎないのかもしれない。一八七六年明治天皇東北巡幸に際して那須野原開墾を開陳、一八七九年宮内省御用掛として佐々木高行の奥州視察に同行し、翌年、大日本勧農義社を組織して殖産興業を唱導した（以上は、『藤田一郎先生略歴』、「藤田一郎略伝」『塩原町誌』一一一六頁以下、「藤田一郎氏大隈公と談話始末」『東京日日新聞』一八八二年三月二十三日)。研究としては、大町雅美「民権運動期における勧業家の動向」がある。藤田の政府高官とのつながりは、大日本勧農義社の活動によって培われたものと思われる。なお、藤田自身は、丸山からの立憲帝政党への参加勧誘を断り、「談論の友」となることのみを諾した。国会開設直前には一時的とはいえ、鳥尾小弥太の保守党中正派においても重要な役割を果たした(真辺将之「議会開設前夜における保守党中正派の活動と思想」)。

(72)『山田伯爵家文書』六、七～八頁。

(73)一八八二年四月十四日付伊藤博文宛中井弘書簡(『伊藤文書』六、二五三頁)。

(74)社説「立憲帝政党議綱領を読む(第九)」『東京日日新聞』一八八二年四月五日。

(75)社説「官権党と在朝党との区別を論ず」『郵便報知新聞』一八八二年三月二十八日。『明治日報』社説「可欺不可罔」(一八八二年四月一日)は、「論者は又英の在朝党と我国の在朝者流との同じからざるを喋々すれども、是決して我党党論を傷くるに足らざるなり。何となれば我廟堂諸公は彼英国内閣の如く政党出身の人にあらざるも、我廟堂諸公にして果して政治の主義を一定し、主義を以て其人物を任免黜陟せらるるあらば、是純然たる政党内閣にして、余輩が主義に合し其主義に離るるに於て豈何の妨ぐる所かあらん」と反論している。立憲帝政党中で最も守旧的と見られた『明治日報』が「政党内閣」を主張しているのは興味深い。

(76)松沢裕作『明治地方自治体制の起源』二六一頁を参照。

(77)立憲政党については、原田久美子「関西における民権政党の軌跡」、竹田芳則「立憲政党の展開と近畿の自由民権運動」。

(78)九州改進党については、水野公寿「九州改進党の結成について」、江島香『柳川の歴史　七　幕末維新と自由民権運動』第三章第三節などを参照。

(79)その前提として、政党がある程度の大きさを持たなければならないという点については、陣営を問わず共通了解が存在した。たとえば、『郵便報知新聞』は「小党は情に因て動くを得可く、大党は理に因らずんば動く能はず」、「多数の小政党に換ゆるに小数の大政党を以てするは、党派争闘の害毒を小に」する所以であると主張している。小政党なら、「一場の罵詈に逢ふも非常の痛痒を感」じ、また「小政党は二三人士の私情以て全体を動かすを得可しと雖ども、大政党は則ち然らず。利欲私情に出るの言は以て全体を左右するを得ず、必ずや正理公道に協ふの言にして衆人の同意を得可きのみ」という点が根拠とされる(社説「何に因てか政党争闘の患を防ん」一八八二年四月十八日)。立憲帝政党陣営でも、穂積八束は二つの大政党の存在が理想であるとしており、『明治日報』の社説「漸進各党の共合を望む」(三富道臣、一八八二年三月十六日)も「異論を容るること益多きの政党は其党人を得ることも亦益多きを得べきなり」と述べ、立憲帝政党の創設を、細部についての差異を棚上げした漸進主義の大政党の誕生として位置付けていた。具体的に大政党を作る方策としては、静岡改進党が、「さて政党は極めて大ならざる可からず。少数の人相会するも、何んぞ政党たるの実あるを得んや。而して人の思想の異なるは猶ほ其面の異なるが如し。斯故に数多の人を一党に集めて共に事を謀らんと欲せば、互に多少の譲与なかる可からず。是を以て四主義の中三項以上に同意せば本党の人たるを得べからしむ」と定めていることが注目される。すべての主義への同意は困難なので、主義の大半に同意できれば党員たる資格を認めるという基準を設けていたのである（『東京横浜毎日新聞』一八八二年一月十八日）。

(80)　五百旗頭薫は、福地の漸進主義の特徴を、国会開設という大目的に至るまでの過渡期に、それぞれの段階に見合った暫定的な民意表象機関を提案・演出した点に見出し、福地が明治十四年政変後に自ら政党創設に乗り出し挫折した原因を、踏破されるべき道程が終わりに近づき、福地の本領であったマヌーバーの余地が縮減したことに求めている（「福地源一郎研究序説」六四頁以下）。単独では民意の一部でしかないが、複数存在することによって初めて全体として民意表象機関たりうる政党に福地が身を投じたことは、もはや政治対立から超越的な民意表象機関の演出人たることを許されず、自ら民意の一部分たることを甘受した上で、身を以て民意表象機関の範を示す以外に道程が残されていなかったことを意味するものであり、福地の挑戦の最終段階であったと見ることも可能であろう。

(81)　社説「日本将来の予想」一八八二年一月十一日。

(82)　寄書「政党之必需」（烏山奚爾）一八八二年六月三日。

(83)　社説「全国府県会」『明治日報』一八八二年四月十一日。福地源一郎も東京府会での不如意から、一八八〇年に政党の必要性を唐突に表明していた（五百旗頭薫「福地源一郎研究序説」六九頁）。

(84)　立憲帝政党は、演説会で自らに浴びせられる野次をも、聴衆の政治思想の発展の結果であると肯定的に言及せざるをえなかった（社説「府下演説会」『明治日報』一八八二年四月七日）。

(85)　Hofstadter, *The Idea of a Party System*, ch. 3-5 などを参照。

(86)　たとえば、『明治日報』は元来、政党に否定的であったことなど（漫言「明治東洋二新聞立憲帝政党を賛成するの文を読む」（禍門狂士）『郵便報知新聞』一八八二年三月二十二日）、帝政党内部の不一致はしばしば指摘されていた（論説「政党の区別を論ず」『朝野新聞』一八八二年四月十三日）。

(87)　社説「立憲帝政党は真政党に非るなり」『郵便報知新聞』一八八二年三月二十五日、投書「政党論」（大槻貞）『郵便報知新聞』一八八二年三月二十七日。

(88)「藤田一郎氏大隈君との談話始末」『東京日日新聞』一八八二年三月二十日。大隈と藤田の関係は、先述の勧農義社以来のものと思われ、一八八一年に藤田が有栖川宮熾仁に随行して那須原を案内した際に、大隈も同行していた（『藤田一郎先生略歴』四頁）。

(89)『東京日日新聞』一八八二年三月二十三日。

(90) 一八八二年三月二十四日掲載記事、社説「改進党と自由党との関係を論ず」一八八二年三月二十七日。

(91) 社説「世間果して詭激の論無き邪」『東京日日新聞』一八八二年六月五日。

(92)「藤田氏信濃紀行」『東洋新報』一八八二年三月十二日。

(93) ただし、参照対象となった国々において複数政党が現実に存在することが、必ずしもそのような状況に対する肯定的な評価に直結しなかったことは、清朝の事例を参照することで明らかになる（三石善吉『伝統中国の内発的発展』第四章「派閥と政党」を参照）。たとえば、欧米の政党による政権交代に伴う更迭は、朋党による権力争奪より悲惨だと評価されることもあった（一九四頁）。三石が「初の本格的な政党論」（二一五頁）と評価する黄遵憲『日本国志』「礼俗志　四」九一一～九一四頁においても、その重点は人々の力が合わさることの効用にあり、政党が複数存在することには関心が向けられていない。長い朋党政治の伝統を持つ朝鮮王朝においては、栗谷李珥らによって、朋党の対立の過激化を防ぎ、事実としての複数の朋党の並存状況を解釈するための思索が深められていた（山田央子「栗谷李珥の朋党論」）。

(94) 草間時福「専制政治の下に政党なし」（『立憲政党新聞』一八八三年三月二十三日、『自由改進大家演説集』にも所収）。ここに引いたのは一八八三年の演説であるが、このような見解は当時しばしば主張されていたもので決して特異なものではない。草間はこの演説の中で、「政党なるものは関繋的のものにして自由党と謂ふは彼れ保守党に対するものなり。〔中略〕全国同一の信仰同一の政論となりたるものなれば最早政論の色別を表する政党と謂ふ可からず」と述べ、一人で「角觝」を取ることができないのと同じで、政府が言論の自由を認め「反対党」を成立させる必要があると主張している。

(95) 末広重恭「有兎爰々雉離于羅」『朝野新聞』一八八二年二月三日。馬場辰猪「政党の弊害を改良するの法策《〔ママ〕》如何」『国友会講義録』三～四頁、草間時福『政談演説集』八九～九〇頁などにも物理の比喩が見られる。なお、政治的・社会的事象を、自然科学上の原理・事象になぞらえて説明することが、当時きわめて一般的であったことについては、鳥海靖『日本近代史講義』七三頁、註八を参照。

(96) ただし、健全な競争が変じて嫉妬や罵詈雑言となり、結果として真理の発見から遠ざかることは、常に警戒の対象であった（論説「政党の争は術数を用ふ可からず」（卯木生）『明治日報』一八八二年四月四日）。政党は自己の主張を絶対的な基準として他党を排斥するため、調査や議論が不十分になるといったように、競争の効用を認めた上で、議論に基づく健全な競争を阻害する存在として政党を捉える批判も存在した（千賀鶴太郎抄訳『政党弊害論』四、九、二四頁）。

(97) 寄書「聞板垣君の凶報有感」（芝　春塢逸史）『東洋新報』一八八二年四月十一日。

(98) 寄書「競争論」（堀静山）『東京日日新聞』一八八二年四月十四日。

(99) たとえば元田永孚は、政党を「私心」に支配された存在として嫌忌した（苅部直「「利欲世界」と「公共之政」」二一四頁）。

(100) Rosenblum, *On the Side of the Angels* は政党批判の系譜として、第一章では、社会のあらゆる分裂を拒否する立場からの政党批判、第二章では、社会における多元性を認めるものの、政党は対立を創出し、増幅するものだとして否定する主張を取り上げている。

(101) 社説「政党の武器は銃剣の類に非ず」（土居通豫）『立憲政党新聞』一八八二年四月十四日。土居は古沢滋の縁者であったが密偵だとの疑惑があり、現に北垣国道京都府知事に情報提供を行っていた（原田久美子「関西における民権政党の軌跡」六四頁）。

(102) 社説「世の自ら漸進党と称する者を論ず」『立憲政党新聞』一八八二年四月二十二日。

(103) 『東京横浜毎日新聞』一八八二年一月十八日。

(104) 論説「政党の争は術数を用ふ可からず」（卯木生）『明治日報』一八八二年四月四日。

(105) 後の時期になるが、中元崇智『板垣退助』一五一〜一五二頁は、板垣退助が、「主義の上位にある国是に関しては各党派が一致すべきであり、国是を政党の主義にすべきではないと考えていた」と述べている。これも、大目的は一致しているがその実現の仕方が異なる、という政党理解の一例であろう。なお、政党の争いの範囲をいかに設定するかという問題は決して明治期日本に固有のものではない。オランダでも「アドホックでない永続的かつ明確な対立」を維持しつつ、しかも、議会制度の枠内で行動するという困難な課題に政党は直面した（作内由子「オランダにおける「政党」の成立」七五頁）。

(106) 真辺将之は、「近代日本の政党認識は、常に国家的利益というものがアプリオリの前提として存在しており、公共性・公益というものが社会的調整によって成立するものであるという発想」がなかったことを指摘している（真辺将之「政党認識における欧化と反欧化」一九八頁）。ここまでの検討から、引用文後段については首肯しがたいが、前段のように、国家的利益が単一、あるいは自明のものと考えられがちであったにもかかわらず、しかも、それが必ずしも複数性の否定を意味しないという状況が、いかに成立していたのかという点を本文では検討しようと試みている。

(107) Hofstadter, *The Idea of a Party System*, ch. 3 など。
(108) 五百旗頭薫『条約改正史』三三二頁。
(109) 鳥海靖『日本近代史講義』一六八〜一六九頁、坂本多加雄『明治国家の建設』二六頁。
(110) 一八八二年七月にも、岡崎で演説した立憲帝政党の岡本武雄が、自由党と立憲改進党は皇統を絶やそうとするものであると述べている（『愛知県史　通史編六　近代一』一八五頁）。
(111) 社説「立憲帝政党議綱領を読む（第三）」『東京日日新聞』一八八二年三月二十八日。
(112) 社説「讒誣粗暴を慎むべし」『東京日日新聞』一八八二年四月十四日。河野敏鎌は、板垣襲撃事件について、「在朝の人固より激徒を教唆せしにあらざるべしと雖も、政府正に帝政党を奨励勧誘して新聞演舌を起こし、自由党を攻撃せしめし事は事実に於て明白なれば、世人は政府の教唆なりと憶測を下すは必定の勢なり」と述べたという（『山田伯爵家文書』六、七〜八頁）。
(113) 社説「国賊の辞」『東京日日新聞』一八八二年四月十八日。
(114) 社説「政党の利益を保全すべし」『東京日日新聞』一八八二年四月十一日、社説「讒謗は政論の禍因なり」『東京日日新聞』一八八二年四月十三日、寄書「言論社の注意を請ふ」（本名只太郎）『東洋新報』一八八二年四月十六日。
(115) 党説「我党の心事」一八八二年四月十三日・十四日。
(116) 論説「反対論者に告ぐ」『明治日報』一八八二年四月三十日。
(117) 『東京日日新聞』一八八二年五月五日。『自由党史』においては、この「名実の弁」社説が板垣襲撃事件を引き起こしたという筋書きを作るために、社説掲載の日付が一ヶ月前の四月五日に改竄されている（中元崇智『明治期の立憲政治と政党』二七〇〜二七一頁）。
(118) 党説「大阪自由党の演説」『東洋新報』一八八二年四月二十日。
(119) 『明治日報』一八八二年四月十三日、漫録「一驚又一驚」（直言逸史）『東洋新報』一八八二年四月十五日。
(120) 一八八二年五月十四日社説「自由党諸氏の為めに一言す」。『郵便報知新聞』が、政党は主義が同一であってもなお「人物如何」によって分立する可能性があると述べたのは、自由党員の品格に対する批判の言であろう（社説「政党の優劣善悪は主義と人とに因て定まる」一八八二年五月十五日）。
(121) 福井淳「板垣退助岐阜遭難事件に対する諸政治勢力の対応」、村瀬信一「板垣・後藤洋行問題再考」。一八八二年四月十日付岩倉具視宛渡辺洪基書簡は、板垣襲撃事件後の「在朝在野の土州人連合」の動きについて報じ、「是にて、土人〔土佐人〕

の官民に分れ居候者を一和せしむるの機会に相成、随て一般官民軋轢を和らげ候事に相成候様相運候哉と窃に大慶仕候」と伝えている（「岩倉文書　対岳文庫」五七―七二）。

(122) 板垣は明治十四年政変後、伊藤博文への接近を頻りに試み、勝海舟に仲介を依頼したところ、勝は「老兄は久敷在野、今俄に政府に近づく不面白」と述べて婉曲に拒絶したという。しかし、宮島誠一郎の記録によれば、その後、板垣は実際に伊藤に面会した（「明治十五年党」、「宮島誠一郎関係文書」一〇六八―一四）。『藤田一郎先生略歴』には、藤田が「明治十五年二月板垣伯と伊藤侯との間だを周旋し伯をして欧洲漫遊の端緒を開きたり」とある（六頁）。なお、田中由貴乃「板垣洋行問題と新聞論争」三頁をはじめ、伊藤に会ったのは板垣ではなく後藤ではないかとする見解もあるが首肯できない。

(123) 一八八二年六月十七日付伊藤博文宛山田顕義書簡には、「先日板垣岐阜にて負傷せし以来殊に彼党過激に相成」とある（『伊藤文書』八、一五八頁）。

(124) 佐々木隆『官報』創刊と政府系新聞強化問題」一九九頁。

(125) 「政府及官吏ノ政党ニ対スル関係ニ付意見ノ議」（「公文別録・上書建言録・明治十一年～明治十八年・第三巻・明治十七年～明治十八年」）。「諸雑公文書」、「樺山資紀関係文書（その一）」書類の部、一にも同文の文書がある。この意見書には日付がないが、一八八二年四月ごろに提出されたものとする大日方純夫「立憲帝政党の結党をめぐる基礎的考察」六三頁の年代推定に拠る。

(126) 「代山県参議地方官訓令案」（『井上毅伝』六、一三八～一三九頁）。井上毅の自筆の草稿であり、冒頭に「十五年巡察官員派出之節山県参議より示す」と記されている。「樺山資紀関係文書（その一）」書類の部、二にも同文の文書が含まれている。

(127) 一八八二年四月十四日付伊藤博文宛井上毅書簡（『伊藤文書』二、三二八頁）に、「山県参議より〔地方巡察使〕各員へ被内示候心得書別紙奉供覧候」とあるのは、この文書を指すのであろう（我部政男「解題」『明治十五年　明治十六年　地方巡察使復命書』上、五三頁）。

(128) このような議院内閣制下の政権交代に伴う不安定性に対する懸念は当時広く存在した。井上毅が代草して（『井上毅伝』一、二九二～二九五頁）一八八二年五月十七日の『東京日日新聞』に掲載された社説「政党は憲法の下に立つべし」や、穂積八束執筆の社説「政治学政党編を講ず　下篇」（『東京日日新聞』一八八二年五月二十七日・二十九日）も同様である。井上馨も岩倉具視に対して、「御国も、今般国憲相立ち候とも、党派違ひの徒、政権を掌握すれば、忽ち国憲を改正する事眼前也、一度改正すれば、又、別党政府に出る時は、又々改正すべし、如此する事幾度にも及ぶ時は、幾百年も治安は保ち兼候」と述べていた（一八八二年一月二十三日の条、『佐佐木高行日記』十一、二三頁）。

(129)　原本を確認すると、この抹消部分は、元々本文に含まれていたものではなく、欄外に加筆され、再び削除されたものであることが分かる（「梧陰文庫」A―五〇二）。「樺山資紀関係文書（その一）」所収の文面を見ても、最終的な心得書の文面から、この部分が削除されていたことが分かる。

(130)　この時点でいわゆる「超然主義」が確定されたわけではなく、判断が保留されたと見るべきである。この時期の『東京日日新聞』の論説の常連であった穂積八束は、紙上で「政治学上の見解にして、立憲代議、君主政体、其物のみの理想に於て、二者孰れか望ましき歟と問はば、議院内閣は通則なり、帝室内閣は変則なりと云はざるを得ず」と断言していたほどである（社説「政治学政党編を講ず　下篇」一八八二年五月二十九日）。

(131)　社説「謬見を弁ず」。

(132)　社説「政党論二」。「梧陰文庫」A―九〇七に遺された井上毅自筆の修正入りの三つの政党論のうちの一つであるが（『井上毅伝』一、二八八～二九五頁）、大日方純夫「立憲帝政党の結党をめぐる基礎的考察」第三節は、井上毅の執筆と断定することまではできないとしている。

(133)　他紙の社説に対応する欄に「党説」という特徴的な名称を付していた『東洋新報』は、一八八二年四月二十九日に、「党説」を改め「社説」となすことを宣言した。「漸進党」の「党説」を掲げてきたが、立憲帝政党の「党説」であるとの誤解を避けるためというのが理由であった（社説「党説の名称を改めて社説となす」一八八二年四月二十九日）。

(134)　投書「政党の首領」（本間良蔵）『東洋新報』一八八二年五月二日。投書「本間氏の政党の首領論を賛す」（春塢逸史）『東洋新報』一八八二年五月五日も参照。

(135)　「樺山資紀関係文書（その一）」書類の部、三一二。

(136)　山田顕義は『明治日報』創刊に尽力しており、立憲帝政党創設にも関係していることから、このような立場を取ったことも理解しうる。

(137)　一八八二年七月十四日付の樺山宛山県有朋書簡には「曽て御談判有之候帝政党取締一事、一昨夜丸山より承候得者、過日差出居候主義を一転致候趣、〔中略〕彼是不都合の次第に立到申候」とあり混乱が生じていたことが窺われる（「樺山資紀関係文書（その一）」書簡の部、一六二）。

(138)　大日方純夫「保守主義と民権運動」六七～六九頁。

(139)　高木俊輔「立憲帝政党関係覚え書」、乾照夫『成島柳北研究』二四一～二四五頁に詳しい。

(140)　一八八二年九月二十二日付井上馨宛岩倉具視書簡（「井上馨関係文書」三二九―三）。岩倉は立憲帝政党に対して極めて批判的だったようで、西京懇親会後の十一月の書簡においても、長野、新潟の有志が極秘に政府支持の団結を作ったとの情報に対して、「亦帝政党の如き軽卒なる汚名を取候も愚の至り也」と吐き捨てている（一八八二年十一月五日付山田顕義宛岩倉具視書簡、『山田伯爵家文書』一、二五六頁）。

(141) 一八八二年九月二十二日付岩倉具視宛中井弘書簡（「岩倉文書　対岳文庫」五八―二八）。

(142) 七月十一日に京都滞在中の松方正義を訪ね「帝政党の弊〔割注―東洋社員遊説云々の弊を論じ、政府党派に関係す可らざるを説〕」を述べた府知事の北垣国道に対し、松方は「実に政府が党派に関係するは大害なり。況や今日の各党の如き浮薄無情の私党に於てをや」と述べたという（『北垣国道日記「塵海」』一八八二年七月十八日の条、四五頁）。このように政府内部の一部の人々が抱いていた立憲帝政党に対する嫌忌も影響して、会合の存在が新聞紙上で積極的に広告されなかったものと思われる。

(143) 社説「平安の大会堂」『東京日日新聞』一八八二年十月十四日。乾照夫『成島柳北研究』は福地や丸山が立憲帝政党としてではなく、立憲帝政党の集会所である「東京公同会」員として参加したことを強調している（二四一頁）。

(144) 社説「洛陽大会議」『東洋新報』一八八二年十月二十日。

(145) 社説「小異を捨てよ」『大東日報』一八八二年十月十日。

(146) 「西京大親睦会に赴くの記」『明治日報』一八八二年十月二十六日。

(147) 寄書「弁駁」（神田三崎町　紫溟会員）『東京日日新聞』一八八二年十月十九日。

(148) 『大東日報』一八八二年十月三日。

(149) 一八八二年十月二十八日付佐々木高行宛谷猛臣書簡（『佐佐木高行日記』十一、三六一頁）。

(150) 乾照夫『成島柳北研究』二四二頁は、紫溟会や高陽立憲政党などの地方政党と、福地・丸山の東京公同会という対立軸を強調しているが、本書では福地と、丸山・紫溟会の路線対立をより重視する。

(151) 『明治日報』一八八二年十月二十五日・二十六日。

(152) 『明治日報』一八八二年十月二十八日。丸山作楽自身は岳父の危篤により、紫溟会員の仕立てた船に乗って急遽帰京したため参加することができなかった（『明治日報』一八八二年十月二十四日）。

(153) 『明治日報』一八八二年十月二十八日。古荘は、明治初年に熊本反政府派の巣窟である鶴崎有終館での活動が問題視され、三年間下獄している（『肥後先哲偉蹟　後篇』七三七頁以下）。丸山も古荘も、幕末に国事周旋に奔走し、明治初年には反政府的な活動に従事して長期間下獄しているという経緯を踏まえれば、維新の志士としての自意識を強調するこのような態度の中に、一八八二年当時の藩閥政府に対する屈折した感情を読み込むことも可能であり、この一事をもってしても、単に政府に阿諛する「官権党」として片付けるには漸進保守勢力があまりに複雑な存在であることが分かる。政府が立憲帝政党とそれに連なる勢力を警戒して遠ざけたのは、政党と内閣の関係についての危惧に発するだけでなく、丸山や古荘のような経歴の持ち主が、後述の「王土論」などを掲げ、「尊王」を紐帯として結束を深めて政府に圧力をかけるような事態が再演されることを恐れたことによるという推測も成り立ちうる。

(154)『松方文書』七、三二七頁。一八八二年五月七日付松方正義宛黒田清隆書簡添付の探聞書に同封されていた「将来の策愚見」中の表現である。原本では、探聞書冒頭に「山脇から小松原への書信写」とあるのが抹消されており、『大東日報』社員の山脇巍の手に成るものと思われる（西田長寿『明治時代の新聞と雑誌』一一一頁）。なお、松岡僖一『土佐自由民権を読む』一七〇〜一七一頁によれば、確かに帝政党には神官の支持者が多いという。

(155)一八八二年十月二十八日付中井弘書簡（『伊藤文書』六、二六二頁）。

(156)渡辺村男は、小学校卒業後東京に遊学し、中村敬宇の同人社、東京師範学校で学び、青森県八戸で奉職した後、帰郷して柳川で白日会を組織した。渡辺については、江島香『柳川の歴史　七　幕末維新と自由民権運動』二六九〜二七三頁、「解題」『福岡県史　自由民権』七二〜七八頁に詳しい。

(157)渡辺村男「呈西京同志懇親会員書」（『福岡県史　自由民権』二八八頁）。宛名の筆頭には一八八二年初頭、渡辺が滞京時に懇談した丸山作楽が挙げられている（渡辺村男「明治十五年経歴記」同、二四八頁）。

(158)『北垣国道日記「塵海」』一八八二年十月七日の条、五一頁。

(159)社説「聖諭の一周年」『東京日日新聞』一八八二年十月十三日。

(160)「辛巳東行日記」（「佐々文書」九二―三）の冊子末尾には、西京懇親会の際に各地の有志者の住所等を書き留めた記録が残っている。

(161)紫溟会については、水野公寿「明治憲法体制成立期の反民党勢力」、同「反民権結社の成立と展開」、上村希美雄「熊本国権党の成立」が佐々友房や津田静一の伝記、「佐々友房関係文書」、新聞・雑誌類まで渉猟して優れている。一八八二年三月に成立した九州改進党との関わりでは、水野公寿「九州改進党覚え書」、同「九州改進党の結成について」など。熊本の複雑な党派変遷については、佐々友房「熊本各党沿革一斑」（『克堂佐佐先生遺稿』）を参照。

(162)紫溟会設立に携わった安場保和や山田信道などは、高知の反立志社勢力と並んで、明治十四年政変の際に政府内の反主流派として大きな力を持った「中正党」の主力であった（大日方純夫「一八八一年の政変をめぐる中正派の軌跡」）。

(163)「紫溟会結党激文草稿」(『井上毅伝』五、三七二〜三七四頁)。
(164)「紫溟会主旨」(『克堂佐佐先生遺稿』二二三〜二二五頁)。
(165) 井上毅は、「全体彼主意書なるものゝ末段に政府を敵視する様の事混入いたし候は小子は甚だ不満足にて、第一、主義両端にて方嚮純ならず、第二、政府の末官に列なるものにして是等の趣意に同意するは臣子の節操に害あり、第三、如是半可半否の主義を取ては已に政府に力を□する事能はず、又時流の民権にもあらず、例の熊本流の中立たるに過ぎず〔中略〕政府薄弱を著し候日に際し、政府の非を訐き自ら潔白の名に退くは丈夫の所愧也」と怒りを表明していた。また、「〔『熊本新聞』が〕聖勅を遵奉せずとの意味を顕し候は実に以ての外の事と存候。此上は小生は熊本人種に全く関係を絶ち、二三の同志と一直線に主義を貫徹し、以て天下後世に問ふあるのみと覚悟いたし候」(一八八一年十月二十七日付木村弦雄宛井上毅書簡、玉名市立歴史博物館こころぴあ寄託「木村弦雄関係文書」三―二)とも述べていた。これは、『熊本新聞』十月十六・二十・二十一日に掲げられた社説「国会開設の勅諭」が、「十ヶ年の猶予を国会の開設に与るも人民は平穏に其時期を俟つべき歟、又有司専制の政治は今より十ヶ年維持することを得べき歟。寔とに吾人の不安心なりとして聊か勅諭に疑惑を置く所以なり」などと述べたことを指す。『熊本新聞』局長の村上定は当初紫溟会に加入していたものの間もなく離脱しており、中立を標榜する実業新聞であったとされるが(伊喜見文吾(『熊本新聞』創設者)談、水野公寿『明治期熊本の新聞』九九頁掲載)、一八八一年時点では、紫溟会の主張を代弁させることのできる新聞として井上毅から見なされていたことが分かる。
(166) 一八八二年三月一日付藤田一郎宛佐々友房書簡(「大久保利通関係文書」一七五―二)。
(167) 水野公寿「反民権結社の成立と展開」三三六頁。
(168)「辛巳東行日記」(「佐々文書」九二―三)。
(169) 一八八二年三月二十四日付佐々友房宛丸山作楽書簡(「佐々文書」三五―一)。
(170) 一八八二年四月二日付佐々友房宛丸山作楽書簡(「佐々文書」三五―一)。
(171) 論説「政党論」(松田信毅)『紫溟雑誌』第一号(一八八二年三月一日発行)。
(172) 一八七〇年に十九歳でアメリカに留学、一八七三年帰朝。清国駐箚日本公使館書記一等見習、大蔵省御用掛など。紫溟会設立後は、『紫溟雑誌』などで盛んに筆を揮った(『肥後先哲偉蹟　後篇』七二一頁以下)。
(173)『紫溟雑誌』第五号(一八八二年四月十一日発行)。無署名論説だが、『楳渓津田先生伝纂』一五八〜一六一頁によると津田の執筆だという。
(174) 社説「極端に走るの害」『東京日日新聞』一八八二年三月九日・十日。

(175) 奥田晴樹『地租改正と地方制度』第三編第一章・第二章。そのほか、池田さなえ『皇室財産の政治史』第一章や、笠原英彦「皇室財産制度と宮府関係論」もこの問題について扱っている。

(176) 『明治建白書集成』七、七〜九頁、七五〜八〇頁。

(177) 幕末に熊本勤王党として活躍した。維新後は、明治八年に水戸に赴任した山田の許を水戸学に親しんでいた佐々が訪れるなど両者は親しい関係にあり（伊藤隆・坂野潤治「明治八年前後の佐々友房と熊本」）、山田は熊本紫溟会の設立にも深く関わっていた。一八八三年二月十一日付山田信道書簡は、王土論について「政府の内議は愈我党の目的とする主義にねじを廻し候模様に被窺申候。第一国土は天子の国土にして、人民の共有に非ず、人民は所用の権有る而已。従て税法も政事運用の資料に私産を出すに非ずして、仮令ば借地賃を払ふ如き生質《〔ママ〕》に致す云々との義論《〔ママ〕》盛にして〔中略〕或は勝を占るに至る可し。元老院抔も半は其論旨の由〔中略〕右論旨は我輩の兼て熱論する処にして、其基礎確立せざれば枝葉而已いじくりては決て国体を維持するの目途難相立、人民の私産を出し天子を供養するの性質にては如何に独逸の法理を引ずり込候ても、英に対すれば彼是より善きと謂に過ぎず。故に我同志の官途に在る者は当時尽力中に有之候。尤此儀は大秘密に候間、決て漏洩無之様に御了知被下候」と書き送っている（「佐々文書」六七―一一）。一八八三年六月十三日付佐々友房宛木村弦雄書簡（「佐々文書」二五―六）も山田の王土論に対する熱心を伝えている。

(178) 井上毅、竹添進一郎、古荘嘉門と共に木下犀潭門下の四天王と呼ばれた。若い頃から江戸や長崎で洋学を学び、明治時代に入ると長州の脱隊騒動や広澤参議暗殺事件に関係して長期にわたる下獄を経験した後、熊本中学校長と師範学校長を兼務し、一八八三年四月に宮内省御用掛として上京、一八八四年一月からは学習院掛を兼務した（『肥後先哲偉蹟　後篇』五一一頁以下）。

(179) 一八八三年六月十三日付佐々友房宛木村弦雄書簡（「佐々文書」二五―六）。

(180) 一八八三年六月十三日付佐々友房宛木村弦雄書簡（「佐々文書」二五―六）。

(181) 一八八三年七月九日付井上毅宛元田永孚書簡（『井上毅伝』五、二〇三〜二〇四頁）。

(182) 熊本県人ではないが、高原淳次郎と共に王土論について建白していた樋口真彦は、山田顕義内務卿宛の書簡で「先日拝借の井上毅意見書御返し申上候、本書の論旨、皇国の国土を以て天皇の御有に非ずとするが如き、実に三千年来の御国体を傷んとするの邪説にして、国家を賊害する此説より大なるはなし、豈科《〔ママ〕》らんや、方今かかる人物内閣に入込居らんとは、誠に以て驚入候次第に御座候」と井上毅を激しく批判している（一八八三年六月九日付山田顕義宛樋口真彦書簡、『山田伯爵家文書』三、五一〜五二頁）。

(183) 一八八三年十月八日付藤田一郎宛佐々友房書簡（「大久保利通関係文書」一七五―五）。ただし、憲法調査の洋行から帰国間もない伊藤博文の態度に対する懸念が記されており、藤田による説得が期待されていた。これは、「一にも二にも伊藤氏の為にす」る井上毅が、王土論に反対するよう仕向けるのではないかという懸念によるものであった。
(184) 「佐々文書」六三―三、一八八三年十一月九日付友枝庄蔵書簡。友枝も木下韡村（犀潭）門下であり、私塾での教育で名高く、県会議員も務めた（『肥後先哲偉蹟　後篇』二九〇頁以下）。
(185) 「佐々文書」二五―八。このような木村弦雄の態度はやはり批判の対象であった。高原淳次郎は、「木村の奇怪論旨も山田信〔道〕よりの来書にて初て承候。尤当人には毎々出会候へ共、直接には一向承り不申。依て山田来書後も態と尋問も不致候也。全く井毅〔井上毅〕に被魅たるに相違なし」と井上毅の影響を見ている（一八八三年九月十日付佐々友房宛高原淳次郎書簡、「佐々文書」五九―五）。
(186) 「東京府下近況探知書」（「三島通庸関係文書」四九六―一六）。
(187) 『通信雑誌』第二号、一二頁。福島事件などを念頭に置いたものであろう。
(188) 一八八三年七月七日付佐々友房宛山田信道書簡（「佐々文書」六七―一三）。
(189) 福地源一郎「新聞紙実歴」三三七～三三八頁。
(190) 一八八三年十月二十一日付有馬守孝・師富進太郎宛江頭鴻ほか（いずれも筑水会関係者）書簡（『福岡県史　自由民権』三〇四頁）。柳川白日会の渡辺村男旧蔵資料である「名古屋同志会一件綴」（同、二九六～三一〇頁）に含まれている。
(191) 明治共同会幹事「第二期大懇親会を延会せし理由」（『福岡県史　自由民権』三〇五頁）。
(192) しかし、この決定は唐突のものではなく、名古屋会の開催可否は政府内でかなり早くから問題となっていたようであり（一八八三年五月二十日付佐々友房宛木村弦雄書簡、「佐々文書」二五―五）、境野も八月に上京した際、「〔山田顕義〕内務卿は本年の大会を開くことを好まず」と洩れ聞いたという（明治共同会幹事「第二期大懇親会を延会せし理由」、『福岡県史　自由民権』三〇五頁）。
(193) 一八八三年十月二十一日付有馬守孝・師富進太郎宛江頭鴻ほか書簡（『福岡県史　自由民権』三〇四頁）。
(194) 社説「帝政党の解散」一八八三年九月三十日。
(195) 一八八三年十月三日付紫溟会事務所宛渡辺村男書簡（『福岡県史　自由民権』二九八頁）。
(196) 一八八三年十月五日付渡辺村男宛紫溟会事務所書簡（『福岡県史　自由民権』三〇〇頁）。元々、名古屋懇親会について紫溟会は積極的でなかったようであり、八月末に立憲帝政党解党の噂を聞き、名古屋会の成否を心配して紫溟会を訪れた柳川白日会員を冷淡にあしらっていた（一八八三年八月二十五日付佐々友房宛津田静一書簡、「佐々文書」六四―四）。ただ、佐々友房も十月初旬時点で延期の詳細を知らず、「今般名護屋会俄に延会せし原因未だ分らず。政府より何か指図せし事有之歟と想像せり。御聞込の次第御報を乞ふ」と書き送っている（一八八三年十月八日付藤田一郎宛佐々友房書簡、「大久保利通関係文書」一七五―五）。

（197）渡辺村男「熊本記行《ママ》」（『福岡県史　自由民権』三〇二頁）。

（198）一八八三年十月二十一日付有馬守孝・師富進太郎宛江頭鴻・松村雄之進書簡（『福岡県史　自由民権』三〇四頁）。

（199）一八八三年四月二十二日付佐々友房宛木村弦雄書簡（「佐々文書」二五―二）。木村は別の書簡でも「政党論は不景気」と書き送っている（一八八三年四月二十七日付佐々友房宛木村弦雄書簡、「佐々文書」二五―三）。

（200）佐々友房「済々黌歴史」（『克堂佐佐先生遺稿』一七四～一七五頁）。

（201）一八八三年五月三十日付佐々友房宛津田静一書簡（「佐々文書」六四―三）。

（202）一八八三年七月七日付佐々友房宛山田信道書簡（「佐々文書」六七―一三）。

（203）一八八三年八月四日付佐々友房宛山田信道書簡（「佐々文書」六七―一四）。

（204）済々黌の経営は苦しいものであり、政党解消の動きは、済々黌の経営上の観点からなされたのではないかという見方もあるが、真相は不明である（上村希美雄「熊本国権党の成立」四八頁）。

（205）一八八三年十二月十四日付佐々友房宛山田信道書簡（「佐々文書」六七―一五）。

（206）一八八二年三月一日付藤田一郎宛佐々友房書簡（「大久保利通関係文書」一七五―二）。

（207）社説「政党余言」『紫溟雑誌』第二九号（一八八二年十二月十一日発行）。

（208）これも決して明治中期日本に特異なものではない。このような反政党論の代表としては、一八世紀半ばの Bolingbroke が有名である（Hofstadter, *The Idea of a Party System*, pp. 18–22.）。ただし、しばしば言及される“a party to end all parties”というスローガンは Bolingbroke 自身の用いたものではなく、むしろ、Opposition の擁護者であったという解釈も提示されている（Skjönsberg, *The Persistence of Party, Ideas of Harmonious Discord in Eighteenth-Century Britain*, ch. 3）。

（209）「上松方正義公閣下書」（『福岡県史　自由民権』二八二頁）。

（210）一八八三年月不明五日付山田顕義宛古荘嘉門書簡（『山田伯爵家文書』五、一三三～一三四頁）。

（211）「政党の衰頽」（「樺山資紀関係文書（その一）」書類の部、八）。静岡県からの報告であり、樺山資紀日記にもしばしば登場する静岡県警部長山下秀実の手に成ると思われる。政党の衰退の重要な原因として、「無偏無党国権拡張官民調和」を掲げた福沢諭吉の『時事新報』が挙げられている。
(212)『克堂佐佐先生遺稿』二九〜三〇頁。
(213)一八八三年十一月一日付松下高道書簡（『福岡県史　自由民権』三〇三頁）。
(214)『福岡県史　自由民権』二九六頁。渡辺は、一八八三年三月に福岡県令の岸良俊介にも同じ内容を述べている（「明治十六年経歴記」三月十七日の条、同上、二五九頁）。
(215)一八八三年一月十二日付佐々友房宛鎌田景弼書簡（「佐々文書」一二一―二）。
(216)一八八三年八月二十五日付佐々友房宛津田静一書簡（「佐々文書」六四―四）。
(217)ただし、欽定憲法の建前からすれば、政党内閣か帝室内閣かという問題は天皇によって決せられるべき問題であり、たとえば、『明治日報』ですら、議院内閣制の可否については「聖天子の親裁になるべき憲法に於て定まること」と留保していた（社説「政党の軋轢」一八八二年十一月二日）。
(218)一八八三年九月十日付佐々友房宛高原淳次郎書簡（「佐々文書」五九―五）。
(219)一八八三年十月八日付藤田一郎宛佐々友房書簡（「大久保利通関係文書」一七五―五）。
(220)一八八二年八月二十七日付山田顕義宛伊藤博文書簡（『山田伯爵家文書』一、八一頁）。
(221)伊藤博文が欧州での憲法調査中に、「欧米流に心酔する」人物であるという自身に対する従来のイメージからの転換を図ったことについては、坂本一登『伊藤博文と明治国家形成』九三〜九四頁を参照。
(222)一八八三年十二月二十七日付佐々友房宛木村弦雄書簡（「佐々文書」一二五―八）。
(223)「上松方正義公閣下書」（『福岡県史　自由民権』二八一頁）。
(224)渡辺村男「明治十六年経歴記」七月八日の条（『福岡県史　自由民権』二六三〜二六四頁）。
(225)『通信雑誌』第一四号、一八八三年十月五日発行、九頁。
(226)品川弥二郎は、初期議会期における国民協会設立の際に、「福地丸山の如き帝政党にならぬ丈けの事は注意致し居候」と述べている（一八九二年五月二十九日付井上馨宛書簡、「井上馨関係文書」五一八―一）。
(227)解党後も立憲帝政党に対する期待がすぐに消滅したわけではない。『愛知日日新聞』の設立・運営に奔走した明治共同会の境野熊蔵は、一八八三年十一月になっても、福地や丸山の協力を得て山田顕義内務卿から財源を借用する腹づもりであった（一八八三年十一月二十五日付古橋源六郎義真宛境野熊蔵書簡、『新修豊田市史　一〇　資料編　近代一』一二四頁。『愛知日日新聞』については中元崇智「三河における自由民権運動と立憲帝政党勢力の動向」二四九〜二五三頁参照）。模範村として名高い三河国北設楽郡稲橋村の古橋源六郎義真の福地宛書簡にも、立憲帝政党が解党してしまえば福地や丸山を信頼した有志者の拠り所がなくなってしまうと述べられていた。これらは、立憲帝政党が民権派に対抗するための結集核として現実に機能していたことを裏面から示している（『古橋源六郎翁　付・遺稿』一三一～一三三頁）。もっとも、同時期に東京で福地と面会した境野は、古橋に宛てて「先きに政党解放《ママ》以来は福地・丸山抔の間柄も充分に政府より依頼せらるる様子にもあらず政府は避ヶ勝手の意見有之（此は世間の攻撃を恐れてなるべし）」と書き、現実を理解しつつあった（一八八四年五月十六日付古橋源六郎義真宛境野熊蔵書簡、『新修豊田市史　一〇　資料編　近代一』一三一頁）。

（228）福地は、高輪東禅寺英国公使館襲撃事件を現場で目撃するなど、生命の危険と隣り合わせの中で活動していた（福地源一郎「懐往事談」二八四～二八五頁）。同じく徳川政権下の洋学者であった福沢諭吉が暗殺の影に怯え続けたことも良く知られている（「福翁自伝」二五四～二六七頁）。

第二章　政党における結合のあり方をめぐって——一八八〇年代の政党観

はじめに

前章では、一八八一年十月の国会開設勅諭発布後に初めて出現した複数政党の並存という新たな状況に、当時の人々がいかに向き合ったかという点について見たが、本章では、そのような複数政党間競争の基礎をなす、個々の政党内部における結合のあり方をめぐる一八八〇年代の議論と実践に着目して検討を行う。この問題が重要な論点として浮上した直接の契機は、一八八二年六月三日に公布された改正集会条例による政党取締りの際に、政党内部の結合のあり方を基準として「政党」と「政社」の区別が打ち出されたことによる。すなわち、党則や名簿、党費徴収などの一定の要件を満たし、結合を強化した組織を有すると見なされた場合、それは本来の「政党」ではなく「政社」であるという論理で集会条例の管轄下に置かれ、否定的な眼差しを向けられることになったのである。そして、このような「政党」と「政社」の区別は、単なる取締り上の用語たるにとどまらず同時代の政党観にも大きな影響を与え、一八八〇年代半ば以降、「有形」組織と「無形」結合などの形に変奏されながら普及していった。

このような政党観の普及については、大日方純夫『自由民権運動と立憲改進党』第Ⅰ部第三章、山田央子『明治政党論史』第一章第三節という先行研究があるが、本書では特に、政党勢力における受容の過程、そして、このような政党観が普及したことの帰結について詳しく分析していく。

まず第一節では、集会条例改正の過程で「政党」と「政社」の区別が生みだされ、政府内、そして取締りの実務にあたる警察に共有されただけでなく、条例適用をめぐる新聞紙上での論争を通じて、政党勢力の間でも反発を伴いながら受容されていった過程を描く。続く第二節では、一八八三年以降、政党の解散が相次ぐ中で、団結強化を目指す自由党の政党観に対して、「無形」の結合を理想とする政党観が優位となったことを論じる。第三節では、一八八〇年代後半の大同団結運動においても「無形」の結合が強調され、それが複数政党への分化を帝国議会開設後に託す言説と組み合わせて用いられ、次章で見る帝国議会開設後の大転換を迎えるまで大きな影響力を持ち続けていたことを明らかにする。

第一節　集会条例改正と新たな政党観の出現

一八八二年六月の集会条例改正

一八八〇年の集会条例(1)は、国会期成同盟への対応の意味もあり怱卒の間に制定されたものであったが、第二条に「政治ニ関スル事項ヲ講談論議スル為メ結社スル者ハ、結社前其社名社則会場及ビ社員名簿ヲ管轄警察署ニ届出テ其認可ヲ受クベシ。其社則ヲ改正シ及ビ社員ノ出入アリタルトキモ同様タルベシ」と結社についても定めて、解釈によっては政党を取り締まることもできるような条文になっていた。さらに、第八条において「政治ニ関スル事項ヲ講談論議スル為メ其旨趣ヲ広告シ又ハ委員若クハ文書ヲ発シテ公衆ヲ誘導シ又ハ他ノ社ト連結シ及ビ通信往復スルコトヲ得ズ」と定めるなど、集会や政治結社の活動に厳しい制限を設けていた。

しかし、この一八八〇年の集会条例によっては、政党を取締りの対象として把捉できていなかったことが知られている。たとえば、一八八一年十月に自由党が結成されると、警察は自由党盟約第二章「吾党は善美なる立憲政体を確立することに尽力すべし」を根拠に、自由党が集会条例第二条により届け出て認可を受けるよう迫ったが、自由党がやむなく問題の第二章を削除した後は、(2)集会条例の管轄下に置く論理を持たなかった。一八八二年三月結成の立憲改進党も、念のためと称して結党を報告する文書を警察署に提出し、集会条例の管轄下にないことを一方的に宣言した後は、警察はやはり取締りの術をもたなかった。さらに、学術演説会や親睦会などの名義を借りた事実上の政談演説も横行しており、以上のような背景の下で、一八八二年春以降、内務省と参事院が集会条例改正案を立案し、元老院の議を経て六月三日に公布された。(3)

改正により、第二条「政治ニ関スル事項ヲ講談論議スル結社」の下に割注として「何等ノ名義ヲ以テスルモ其実政治ニ関スル事項ヲ講談論議スル為メ結合スルモノヲ併称ス」との文言が加えられた。また、内務卿は治安に妨害ありとみなす結社を禁止できることとされ、支社設置も禁じられるなど、以後の政党の活動の桎梏となった。

改正集会条例の中で最も大きな注目を集めたのは、上述の第二条割注であった。たとえば『朝野新聞』は、「抑も彼の政党の如きは政治思想の同じき者相結合して一体を為すに止まり、其の従事する所は其党の事務を協議履行するに過ぎず。故に此くの如きは固より政治を講談論議する者に非ざる也」と、後述の取締りを予期するかの如く、第二条割注による集会条例の適用を避けるための予防的な主張を行った。(4)そのほか、割注の文言を根拠として地方の警察が過酷な取締りを行うことへの懸念が、立憲帝政党系の新聞を含めた各紙から表明された。(5)なお、先行研究においてこの二条割注こそが集会条例改正の一つの主眼であったかのように見られることがあるが、この割注は元々の政府案にはなく元老院によって挿入されたもので、政府当路者にとっては不満の対象ですらあった。(6)このことは翻って考えれば、政府が二条割注とは無関係に、政党を集会条例によって検束する論理を編み出していたことを示している。それが、改正集会条例の明文にはないが、改正に合わせて考案され、現場で取締りにあたる警察の末端にまで共有された「政党」と「政社」の区別である。

「政党」と「政社」の区別の提起

この区別がはじめて公に提起されたのは、改正集会条例が公布される約一ヶ月前の五月二日付『東京日日新聞』社説においてであった[7]。この社説は冒頭部分で、従来、政党の善悪、すなわち「公党」と「私党」を分かつ基準として用いられてきたのが、道に集まるか、利に集まるかなどといった「心術幾微《ママ》の間に存する」不可視の人の心のありようであったことを批判する。このような基準は、現実においては、自らを「公」、政敵を「私」であると非難する自己正当化の論理としてしか機能しなかったからである。そこで、政党の善悪の新たな判別基準として導入されたのが、「政党」と「政社」の別であった[8]。

この社説によれば、「政党」は、主義を同じくする人々によって構成され、議会で「各党相争ふて真理を発見す」るのに有益であるため文明の国においては当然に存在するが、「政党の交や其淡きこと水の如し」と述べられているように、独立した個人の自由な交わりに基づく流動性に特徴があるという。これに対して、「政社」は名簿や構成員を検束する盟約などを有し、内部的な結合を強化した集団であるとされ、組織利益を専ら追求して国をないがしろにするため一国の壊乱をもたらしうるとして、非常に強い否定の対象となる。そして、「政党」とは異なり、「政社」は国法による取締りの対象とされるのである。

既に先行研究が明らかにしている通り、この社説は、井上毅の関与のもとで執筆されたものであった[9]。以下では、このような「政党」と「政社」の区別がいかに打ち出されるに至ったのかについて検討してみたい。

「政党」と「政社」という名称がこのような形で対比的に言及されるのは、五月二日の[10]『東京日日新聞』社説が管見の限りでの初出であるが、既にそれに先立つ四月二十九日に、穂積八束が行った学術演説の中でも、用語こそ異なるものの同様の区別が見られる。穂積は、「連判帳」を持ち「金円を賦課する」など、「合資会社」のように「外形の団結を専ら」にした「政談会社」を批判し、主義に基づく緩やかな結合を肯定的に評価していたのである。このような井上や穂積の主張の背後に、Francis Lieber の *Manual of Political Ethics*（初版一八三八年）の影響があると思われることは山田央子によって既に指摘されている。(11) 穂積は上述の演説の中で明示的に Lieber に言及しており、(12) また、集会条例改正直前の一八八二年五月にはちょうど政府内部で同書の政党に関する部分の翻訳が完成していた。(13) Lieber は、政党が自由な国家において不可欠であることを強調し、政府に対する自由な反対を表明するための核心的な存在として位置付けているが、同時に、「概して之を言へば党派たるものは結社す可からず」と述べ、(14) 入会許可、名簿、除名、割当金、党に対する義務、党の主張を直接的に反映する新聞などを持つ恒常的な政党組織（regular party organization）を忌避すべきものとしていた。これは、上述の『東京日日新聞』の「政社」や穂積演説における「政談会社」の構成要件とほとんど一致している。(15)

井上毅が、「政党」と「政社」の区別に結実する着想を、実際に Lieber から得たのかという点を史料から明らかにすることはできない。しかし以下で見るように、一八八二年春にロエスレルやボワソナードに対して、「政党」と「政事に関する結社」の区別を尋ねていることからして、その頃までには、およその輪郭が出来上がっていたことが分かる。

まず、井上毅の政党観の特徴をロエスレルとの対比において検討する。(16) 井上毅の「政党と政事に関する結社との区別は何々の形跡にて判然証明すべきや」という問いに対して、ロエスレルは、「政事に関する結社」が「契約に依て成立つもの」であり、「法則的」の成り立ちであるのに対して、政党は契約ではなく、「事実上の成り立ち」によるものので、「政党の党員なるものは、入党の許可を受ることとなく、又た除党せらるることなきもの」と述べる。ここでは一見、政党と「政事に関する結社」が鋭く対置されているように思われるが、すぐに一転して「政党と結社とは、大に相類似する処」があることが指摘される。それは、政党のリーダーが「党員の上に独立無上の権力を施し、会議を開き、募金を為し、党の貯金を設け、新聞紙を発行」するなど、「結社が其社則に依て実行する処のものは、政党に於ても、亦た尽く事実に依り随意に之を実行するを得」るからである。このように、外見や機能において本質的な差異を持たない「政事に関する結社」と「政党」の違いは、ロエスレルによれば前者が、「法に従て之を官に届け出て、以て国家の認定を得」れば「其社則たる、即ち社員に対し、必ず遵奉せざるべからざる所のもの」となるのに対して、後者は、政府に届け出ず国家の認定を得ていないため、その社則や名簿が社員に対して拘束力を持たないという点に求められる(17)。

後述するように、改正集会条例の運用にあたっては、ロエスレルと同様に「政事に関する結社」（あるいは「政社」）と「政党」の区別が用いられたが、その内実は大きく異なる。すなわち改正集会条例の適用に際しては、社則や名簿を有していることが政社と政党を分かつ本質的な差異であるとされ、社則や名簿を持っていれば自動的に「政社」として扱われ、集会条例の管轄下に入らなければならないという論理構成が採られたのである。これは、政党も社則や名簿を事実として持ちうることを前提とした上で、それらが社員に対して強制力を持つためには、届け出て法の管轄下に入らなければならないというロエスレルの論理を転倒したものであった。

このようにロエスレルと井上毅の見解の径庭は決して小さくない。井上の「政党」と「政社」の区別により近いのはボワソナードであると思われる(18)。ボワソナードにおいては、ロエスレルよりも、政党と「政事に関する結社」の本質的な差異が強く意識されていたからである。すなわち、井上毅が「「ポリチカルパルチ」〔割注―政党〕と「ポリチカルアソシエシオン」〔割注―政事に関する結社〕との区別、如何」と尋ねたところ、ボワソナードは、「政事に関する結社」を、「醵金・募集金・規則書・指揮者・党員の名簿・集会の場所」という六項目のうちの一つでも備えているものであるとする一方（ただし、名簿のみでは十分ではないとされる）、政党は、「目的を同ふすると、其公務政事に関する秩序に於ての志望及傾向の大同なる」ことに基づいて存在するものであると述べたのである。ボワソナードにおいて、「政党と結社の中間にあるもの、之を政事に関する集会とす」として、「臨時仮設の性質を有する」集会が、結社と政党の中間に位置付けられていることからも、政党には人々が一時的につどう集会程度の結合すら想定されていない、同主義者の集合体を指示するきわめて観念的な概念だったことが分かる。

さらにボワソナードが、「政事に関する結社の、政党の名を偽称して、巧に口実を設け、結社の規則に検束せらることを免がれんとする」という事態を警戒すべきであるという視点を示した点も重要である。「政事に関する結社」が「政党」を「偽称する」という事例は、取締りの際の具体的なイメージを提供するものだったからである。しかし、政党と「政事に関する結社」を峻別するボワソナードも、「政党は国の政事上に害なく、且勢必ず免る可からざるものと雖も、政社は国に危害なるものなりと思はざるを得ず」という井上毅の問いに対しては、「余は博識なる質問者の如く、政事に関する結社は、国の為め危害なりと迄に推論することを得ず」と同意を示すことはなかった[19]。かえってボワソナードは「政事に関する結社の如きは、顕然、国家に裨益あるものあり」と述べて、政府は政社の設立を認可すべきであるとしており、井上毅の政社への否定的態度とは著しい対照を示していた。

ここまで述べてきたように井上毅を中心として練り上げられた「政党」と「政社」の区別が、改正集会条例による取締りの中核に据えられることが政府内において共有されたのは、五月十九日に開かれた山県有朋参事院議長を初めとする関係閣僚の検討会合においてであったと思われる[20]。井上毅が、憲法調査のために洋行中の伊藤博文に宛てて五月二十日付で、「一体世間にて政党と政社の区別を知らず、各地に於て政党の名を以て結社団結し、小団結の数其幾何なる歟を知らず」[21]と、「政党」と「政社」の区別に言及しているのは、この会合において「政党」と「政社」をめぐる議論が行われたことを反映しているのであろう。なお、山田顕義内務卿は「政党は法律の問はざる者、政社は法律を以て許すべからざる者」と考え、政社を全面禁止することを主張したようであるが、最終的に容れられなかった[22]。

「政社」概念登場の意義

ここまで見てきた「政党」と「政社」の区別は、欧米に事実として存在していた政党を禁止することなく[23]、しかも、眼前で活動する自由党や立憲改進党などを取締りの対象とする論理を生み出すことに苦心していた井上毅をはじめとする政府の人々にとって、取締りの際に依拠しうる政党観として期待をもって受け止められたと思われる。名簿や社則の有無といった明確に識別可能な特徴によって、取締り対象を一義的に線引きすることを可能にするものだったからである。

政党と政社の区別に基づく新たな政党観は、立憲帝政党の『東京日日新聞』にとっても好都合であったと思われる。まず、後発の政党として組織化に遅れを取っていた立憲帝政党にとって、組織の弱さこそが正しい政党であることの表徴だと主張することが可能になった。また、政府との関係においても、上述の五月三日の『東京日日新聞』社説「政党論二」の末尾で「世人にして、已に我が内閣は政党に直接の関繫を有せられざれば政党内閣に非ざることを知り、然る上にて、其主義の在る所に依りて之が称呼を為し、現在内閣は帝政党なり漸進党なりと云ふが如きに至りては、内閣諸公の敢て避けざる所なるべきを信ずる也」と述べられているように[24]、主義による精神的な紐帯を重視し、結合の契機を稀薄化させたこのような政党観に従えば、立憲帝政党と内閣の直接的な関係が否定されてもなお、両者は同一の政党であると観念することが可能だったからである。

参事院への質問と取締りの現場への共有

しかし、ここまで述べてきた「政党」と「政社」の区別は条文に明記されているものではなく、取締り内規として用いられた概念であったという点に注意が必要である。六月三日に改正集会条例が発布されたが、この区別を取締り実務にも浸透させる必要があったのである。そこで、「集会条例愈発行相成候上は、地方の着手上、彼の党と社との区別至極必要と奉存候〔中略〕就ては政社政党区別の質問、参事院へ御差向け相成候御手順、可成迅速に御運相成度奉存候」との井上毅の示唆[25]に基づき、一八八二年六月六日付で内務省から参事院に質問が出された。この質問は、「該布告〔集会条例〕に称する結社なるものは、即ち汎然主義思想を同ふするに止まる政党をも併せて称したるもの歟、或は一団結合の体質あるもののみを指称したるもの歟。若し果して後段見解の如くならば、左の条項の実あるか又は諸項中或る一項の実あるものは、結社と認定し可然歟」として「役員を組織するもの」「社則を立て又は盟約ある者」「加名除名の規約ある者」の三項を挙げており、これに対する六月七日付の参事院回答は「后段見解の通。且諸項中一項の実あるものは結社と認定すべきものとす」となっていた。井上毅の書簡を併せ読めば、明示こそされていないものの、「政党」と「政社」の区別についての質問であることは明瞭である。なお、内務省からの質問の原案には、上述の三項目に加えて「首領を設くるもの」とあったのが削除されていた。[26]「首領無き政党あるか」という質問に対して、ロエスレルが「無し」と応答した文書も残されており、[27]首領の有無が政党と政社を分かつ境界線上に位置する問題となっていたことが分かる。自由党と立憲改進党が、それぞれ板垣退助と大隈重信を首領に戴いていたのに対し、立憲帝政党は首領を置いていなかったことを考えれば、第一章第二節で言及した通り、改正集会条例を立憲帝政党に適用するか否かという問題と密接な関係を有していたとみることができる。

参事院への質問後、内務卿から府県に宛てて改正集会条例の「実際取扱に関し」訓示が出された。訓示は、「凡そ方今政党と称するものを観るに、実際結合の体質あるものあり、又唯冥漠中主義思想を同ふするに止るものあり。其結合の体質あらざるものは該条例の立入るべきものに無之」と述べて、上述の内務省質問と参事院の回答を同封していた。[28]ここでも政党と政社という名称こそ用いていないものの、明らかにこの枠組みを用いて政党の取締りを行うべきことを指示していたのである。鳥取県ではこの訓示を警察署長に伝える内達において、[29]「但該訓示は此の際世上に漏泄し新聞誌等に掲載候ときは事実を隠蔽し条例を規避〔ママ〕する等の恐れ有之に付、他に漏泄せざる様深く注意可致候事」を要請していた。内務卿訓示は深く秘せられており、あくまでも警察内部でのマニュアルとして扱われたのである。

以上のような政府内、警察内部での「政党」と「政社」の区別についての共有を前提として、政府は、政党に対して積極的に改正集会条例を適用するようになり(30)、取締りの現場では各警察署が一様に名簿や規約の有無を尋ねていたことが新聞記事から知られる(31)。このように末端において画一的な取締りが可能であった背景には、政府内部において政社認定の基準が確定され、下達されていたことが重要であったと思われる。内務省の年次報告書でもこれ以降「政党」という用語は正式には用いられず、「政社」についての記載のみがなされるようになった(32)。ただし、この集会条例改正によって結社禁止の処分を受けた民権結社はなく、また、新たに認可を受けた結社の数も限られており、未認可のまま存続した結社も多く残されていた(33)。

集会条例適用をめぐる論争への「政社」概念の導入

しかし、以上の「政党」と「政社」の区別は、あくまでも政党取締りを行う政府側の論理であり、政党側がそれを受容するか否かは全くもって自明ではない。実際、はじめて「政党」と「政社」の区別を提起した『東京日日新聞』の五月二日社説に対する他紙からの反応はほとんどなく、政府と立憲帝政党との関係について弁明した五月一日や三日の社説に関心が集中していた。そこで次に、「政党」と「政社」の区別が政党側にも浸透していく過程について、改正集会条例適用局面において、立憲帝政党と立憲改進党が機関紙上で行った論争に着目して検討する(34)。

改正集会条例が発布されると、六月十二日には自由党幹事が京橋警察署に召喚され、大石正巳は、「自由党は別紙盟約書に掲載したる主義を以て結党したる者なるが故に政治に関する事項を講談論議致さず」と回答した(35)。自由党が恐れていたのは、政府が届けを出させた後で解散を命じるという事態であった(36)。立憲改進党の幹事も同じ十二日に京橋警察署に召喚され、改進党は集会条例の管轄下に入らないと回答したが、尋問は高圧的なものであり、改進党掌事の小野梓は甘んじて罰を受ける覚悟であった[37]。両党の態度は、改正集会条例第二条の文面を忠実に解釈して、自らが政治について「講談論議」することを目的とする組織でないと抗弁して、改正集会条例の適用を免れようとした点で共通している[38]。警視総監の樺山資紀は「各政党集会条例改正追加の範囲を免れんとす。卑劣答辞に依り」云々と憤懣を記した[39]。

このような自由党や改進党の対応について、六月十九日の『東京日日新聞』社説は、自由党や改進党が本当に政治に関する事項を講談論議しないならば、それは単なる同志の「懇親会」にすぎず、もはや「政党に非ず」と批判した[40]。これに対して立憲改進党系の『東京横浜毎日新聞』の六月二十一日・二十二日社説「立憲帝政党は政党にあらざる乎（駁東京日日新聞）」は、改進党が警察署に対して、政談に従事しないと述べたのは、集会条例の適用対象となる「政談に従事せんが為めに組織せる所謂政談社」であることを否定したにすぎず、「政途の方向冀望を同ふする者、相集まり相同して其主義を表し情交を厚する」目的で存在する「政党」たることを否定したものではないと主張した。その際、主義を同じくする人々の観念的な集合である「政党」の下で、嚶鳴社や議政会といった「政談社」が実働隊として集会条例の管制を受けながら政談演説を行うという分業構造が想定されていた。

この社説は、さらに、立憲帝政党が改正集会条例の管轄下に入ることを党員集会で決議したとの報道について（後述）、「〔立憲帝政党は〕政党たるの性質を脱して政談社となりたるもの歟」と批判した上で、突如、『東京日日新聞』が五月二日社説で提起した政党と政社の区別を持ち出した。すなわち、「政談社」と「政社」を等置して、「今日帝政党の行為を解せば、則ち該党は其組織を変更して政党たるの性質を棄てて政社と為したるや明かなり」と批判したのである。同日の『郵便報知新聞』社説も同様に、「政党」と「政社」の区別に言及していた[41]。

警察との応対においても、立憲改進党はこの「政党」と「政社」に依拠した。まず、六月二十三日に「我改進党は政党に相違無之候。然らば集会条例に依て御届可致者に有之居《ママ》哉」との伺いを出し、「書面の趣、改進党は政社と認むるを以て集会条例に届出る義と心得べし」との指令を得ると、(42)今度は、二十四日に「改進党は政党に相違無之候。右御指令によれば、政党は即ち政社にして政社は条例に準拠すべきとの儀に候哉」との伺いを出し、「再度の伺は指令の限りにあらず」として却下されていたのである。(43)

改進党系新聞に対する再反論は二十三日の『東京日日新聞』社説に掲げられたが、これは、政党と政社の区別の発明者としての自身の地位を誇った上で、結党式、規約、名簿、入党紹介人などが存在する改進党は、「名を政党に借るの政社」なのであるから、「彼の改進党にして政社の非なることを知り、純粋の政党たらんと欲せば、既往は敢て之を論ぜず、須く自今以後に於て政社の組織を解き其名簿を焚き其規約を廃すべし」と述べたものであった。

ここに至って、政治に関する事項を講談論議するか否かという集会条例適用をめぐる当初の論点は後景に退き、五月二日の『東京日日新聞』社説で提起された「政党」と「政社」の区別を前提として、改進党がいずれに該当するかが焦点となった。このような論点の変遷は、もっぱら政党と政社の区別に基づいて取締りを行っていた政府の立場と奇しくも符合するものであった。

最終的に立憲改進党は、六月二十五日の明治会堂での党員集会で集会条例の取締りを甘受することになり、その席上で大隈は、「予を初め諸君は本党の政談社にあらず、政談社にあらざれば条例の範囲外に在りと思考せしに、今此達旨あるは意外の事」と述べた。(44)小野梓は、今や「俯仰天地而不自愧之政党也、何為忌避国法哉」と述べて、以後は政治に関する事項を堂々と議論するよう党員を鼓舞した。(45)改進党が集会条例の取締りを受けることが確定したことで、緊迫した新聞論争にはひとまず終止符が打たれたのであるが、その副産物として「政党」と「政社」の区別が政党側の語彙に持ち込まれたのである。

自由党の態度

「政党」であることを堅持しながらも集会条例の適用を避けようと試みる過程で、「政党」と「政社」の区別を持ち出した改進党に対して、自由党は、集会条例の適用を忌避する点では共通するものの[46]、自らが「政党」であることを擁護することにさほどの熱意を持っていなかった。このような態度は、国会開設前の政党を「創業の政党」と位置づけ、国会開設後に政策論争に従事する「守成の政党」に鋭く対置した自由党の政党観に由来するものであったと思われる[47]。六月二十七日に警察署に出頭した自由党幹事の林包明は、「他人の、我党を政党と誤認するときは、之を紙上に公布して以て其の妄を弁ずるを以て足れりとすべし」、「世人の我党を目して政党政社と為すことを防んが為め、更に盟約書中に於て、其の然らざることを表明せば如何ん」と提案し、政党でないことを公言することも辞さないとまで述べていたのである[48]。しかしこれは不発に終わり、結局、自由党も政社として改正集会条例の取締りを受けることになった[49]。

立憲帝政党の態度

立憲帝政党は、すでに五月初旬に「立憲帝政党の主義を同くする者の為に東京に於て新に集会所を設け」るとして「東京公同会」を設置していた[50]。これは五月初旬に『東京日日新聞』紙上で提起した「政党」と「政社」の区別に対応した措置であると推測され、主義を同じくする者によって構成される「政党」としての立憲帝政党に対して、政治について講談論議する結社としての位置づけで東京公同会が設置されたのであろう。しかし、六月十九日の『東京日日新聞』が改正集会条例に従って結党の届出をなす準備に着手したと報じたように、当初、集会条例の適用を避ける意図はなかったようである。

ところが六月二十日に京橋警察署から立憲帝政党関係者が召喚されると、「立憲帝政党の義は未だ党員名簿も作り不申。尤も加入を申入もの許多有之候へ共未だ許容不致に付、現今の所にては福地源一郎、水野寅二郎〔ママ〕、丸山作楽三名の外無之候」と回答し(51)、集会条例の適用を避けようとするに至った。これが「三人政党」という立憲帝政党の渾名の由来である。六月二十八日にも大阪における立憲帝政党の機関紙である『大東日報』社長が高麗橋警察署に召喚され、三十日には、「立憲帝政党は目下組織中に御座候」「現今其名簿調製中に御座候」「同主義の者にて各自の考を以て地方遊説等致候者有之候得共、其費用等は一切自弁にて党員より募集仕訳には無御座候」と回答した(52)。立憲帝政党の豹変の理由は定かでないが、自由党や立憲改進党の忌避を見て、集会条例の適用を受けると「政党」とは異なる「政社」として否定的な烙印を押されるという感覚が生じたことが関係しているものと思われる。

しかし第一章第二節で述べた通り、政府内では山田顕義内務卿のように立憲帝政党への改正集会条例の適用に反対する意見が敗れ、七月中旬には立憲帝政党も集会条例の管轄下に置かれることとなった。機関紙の『東京日日新聞』は「其の規約を設けず、其の党員名簿を調製せず、其の会場を置かず、其役員を選挙せず、其の資本を募らず、即ち純然たる政党にして、世間に流行する政党と其設立を同くせず、〔中略〕政社にはあらざる旨を申述」したが認められなかったことへの無念さを滲ませた(53)。

このように、改正集会条例の適用をめぐる新聞紙上での論争の過程で、元来、政府の取締り上の概念であった「政党」と「政社」の区別が政党側の語彙としても浸透していった。そして、集会条例の適用を逃れるために、「政社」であることを否定するという論法が用いられたことに伴って、「政社」の特質であるとされた組織の強化に対する忌避感が広く共有されるようになった。その帰結として、否定の対象となった「政社」を反転したものとしての「政党」は、しばしば、組織化の契機を稀薄化させて浮遊する流動的な存在としてイメージされるようになったのである。

第二節　政党の相次ぐ解散と二つの異なる政党観——一八八〇年代半ばの政党

新たな政党観の普及

前節で検討した「政党」と「政社」の区別に基づく政党観は、その後、微妙なニュアンスの差異を含みながらも、「有形」と「無形」あるいは「形而下」と「形而上」の政党（あるいは「組織」「結合」）などといった対比のヴァリエーションを伴って普及していった。

本節では、政党の停滞期とされる一八八〇年代半ばの時期を通じて、「政党」と「政社」の区別に見られるような有形組織に批判的な政党観と、それとは対照的に、政党の結束を強化しようとする志向がせめぎあっていたものの、自由党を初めとする政党の多くが一八八四年頃までに解散したことによって、前者の政党観が優位になる過程を検討していく。

政党の逼塞と内向きの結束強化

改正集会条例の適用を受けた自由党と立憲改進党は大きな打撃を蒙った。自由党は一八八一年十月の結党以来、積極的に設置を進めていた三十以上の地方支部の解散を余儀なくされ[54]、改進党は府県会を足がかりとした党勢拡張を目指したが、一八八二年十二月には政府のさらなる集会条例改正により府県会議員の全国的結集を妨害されてしまった[55]。政党に対する取締りの強化により、自由党と改進党がそれぞれ異なる形で取り組んでいた地方組織網の構築は、事実上、途を閉ざされたのである。こうした政府による弾圧と松方デフレ下での逼塞の中から、政党には内向きの結束強化の傾向が生まれてきた[56]。とりわけこのような傾向が顕著であった自由党では、以下のようにいくつかの異なる要因がその背景に存在した。

まず、従来、民権陣営として不即不離の関係を保ってきた改進党との関係悪化に伴う、自由党としての意識の明確化とそれに伴う結束強化である。一八八二年秋以降、自由党のリーダー板垣退助の洋行の資金源をめぐる疑惑から新聞紙上で自由党批判を展開した立憲改進党に対して、自由党は一八八三年五月以降、党全体の方針として「偽党征伐」なるキャンペーンを大々的に展開し、両党は訣別した(57)。元々人脈面でも決して無縁ではなく、結党以来、政府や立憲帝政党に対峙する民権陣営としての自己規定に基づいて共同戦線を張ってきた両党は、その近接性ゆえに、ひとたび対立状態に入ってしまえば、互いの党の正統性を根底から否定する以外に自他を分かつ手段がなかったと見ることもできる。「偽党征伐」の経験は、それまで主に新聞や演説会などの言論に基づく緩やかな結びつきを基礎としていた政党が内向きの結束を決定的に強める契機になった。両党の罵詈の応酬は、政党に期待していた人々を幻滅させ、新聞の売上部数も減少したが(58)、政党員にとっては「理非を超えた党への献身」と帰属意識が獲得される機会となったのである(59)。

また、集会条例改正により地方支部の設置が禁止された後、自由党の秘密会においては、それを代替する党勢維持・拡大のための方策として、車夫や農業従事者、学校生徒などといった働きかけの対象ごとに担当部門を設け、幅広い地域と階層を動員することが決議されたという(60)。その際、運動会のような形式を通じた体力の向上と団結の維持・強化が指示され、実力行使の準備と見られかねないような方向性が提示されていたのである。

さらに、尖鋭化した一部の党員の間では、高官の暗殺や挙兵、蜂起の計画までもが語られるようになり、こうした過激な手段にまさに訴えかけようとしている人々の間に、生命を犠牲にすることすら厭わない全人格的で強固な団結が生じた(61)。このような「決死派」（江村栄一）の人々は、自由党本部を占拠するなど突出した行動に出て、最終的に加波山事件などを引き起こすことになる。しかし、これらはごく一部の人々の単発的な実力行使にとどまり、このような全人格的な献身を要求する結合原理が自由党全体を貫徹していたわけではない。

他方で、このような「決死派」の人々を暴発させないための、自由党という組織全体での統制確保を目的とした結合強化の方向も存在した。板垣退助は一八八三年六月に欧州視察から帰国した後、党勢不振の中で解党の可能性を示唆して党員の奮起を促しながら、党財政立て直しのための募金を推進した[62]。一八八三年八月の資金募集の檄文には、具体的な募金の使途として、新聞経営の維持、暴発しかねない壮士たちの発散の場としての練武場の設立、一大集会の開催などが挙げられていた[63]。しかし、度々の呼びかけにもかかわらず募金は不調で組織立て直しも実現しなかったため、一八八四年三月の自由党臨時大会において、板垣退助に総理として「党事を専断決行する特権」が与えられたが、これはまさに自由党本部への突き上げを強めていた「決死派」の抑制を目的としたものであった[64]。逆に言えば後述の通り、党からの行動の自由を確保したい「決死派」たちが党の検束を嫌い、解党あるいは「無形」化を主張するという方向性もすでに一八八三年以降見られていたのである[65]。

しかし、決死派を抑えきれず、加波山事件等の激化事件が頻発する中で、機関紙『自由新聞』の十月十一日の社説「自由党諸士に告ぐ」は、「其主義に党する以上は其運動の細大遅速悉く挙げて以て其主義即ち党義の犠牲たるを甘んじ〔中略〕党義の為めには如何なる痛苦も痛苦と謂はずして之を忍び、如何なる艱難をも艱難と謂はずして之を忍び、万已むことなくんば則ち其財産名誉性命〔ママ〕と雖ども之が犠牲たらしむるには鴻毛より軽んずるの覚悟なかる可らざるなり[66]」と激しい調子で述べていた。これは一見すれば、まさに「決死派」のような全人格的な結束を党員に要求しているようにも読めるが、これに続く部分で「一部の境遇困迫するの厄に罹れば軽卒にも事を起して一時の快を取る者」は「党義」を軽んじるものであると批判し、そのような行動を「妄発激動」という言葉を繰り返し用いて非難していることから見て、これは「決死派」を暴発させないための党内統制の必要を訴える必死の呼びかけであった。しかし、一部党員の暴発を抑えきれなかった自由党は一八八四年十月末に解党を余儀なくされる。

有形組織批判

このように様々な要因により自由党は結合強化へと向かったが、他の政党がすべてこのような方向に進んだわけではない。たとえば、自由党が仕掛けた「偽党征伐」に対して立憲改進党は当初、隠忍自重を旨としていたし、その後も一八八三年末からは報知派を中心に体系的な地租軽減論を展開し、政党同士の暴力的な対立から距離を置き、政策をめぐる論争を重視する姿勢を見せた(67)。

また、自由党や立憲改進党といった政党に対する批判意識から、異なる政党観を対置したのが大阪の立憲政党であった(68)。一貫して「民権」陣営の団結の必要性を説いてきた立憲政党は、「形而下の団結」すなわち有形の組織こそが政党同士の不和の原因だとして、一八八三年三月、「立憲自由の政を希望する者は、何人に拘はらず皆同党員たり。左れば、必しも名簿届出役員選挙等の手数を要せず、唯々形而上の協同一致するものと為し置かば、其規模は却て広大にして又、真正の政党とも称すべきなり」と述べて党組織を解くという大胆な行動に出たのである(69)。解党に反対した人々ですら、政党組織存続の必要性を訴えるに際して、「固より精神の一致の、形体の団結より貴きことは知り易きことなり」と前置きしなければならなかったことからも(70)、立憲政党において有形組織に対する忌避感が広く共有されていたことが窺われる。

解党に際して、立憲政党はあくまでも有形組織を解いたのみで、「立憲政党は善美なる立憲政体を希望する信仰と共に盛衰するものにして、此信仰にして嘗て我国に消滅せざれば立憲政党は万古に亘りて消滅せざるものなり」と宣言していた(71)。実際、一八八四年に入っても機関紙である『立憲政党新聞』は依然として健在であり、「立憲政党の主義目的」という言葉も当然のように用いられていた(72)。立憲政党は、有形組織に批判的な政党観を先駆的に現実化させたといえる。

立憲政党が有形組織を解いた理由としては、自由党、立憲改進党といった同主義の政党が分立して軋轢している状況を改め「各自小政党の形而下の団結を溶解して以て同主義の一大政党を鋳出するの道を謀る」こと、集会条例により政党への加入が禁じられている「学校教員生徒海陸軍人」も「形而上」の党員になれること、そして、欧米の政党が、国会の多数や内閣の地位を争ったりする「政党の行動時代」にあるのに対し、専制政治の下にある日本は「政党の理論時代」にあるため、今は国会開設に向けた準備に専念すべきであるという諸点が挙げられていた(73)。立憲政党は、自由党や立憲改進党にも政党組織を解くよう働きかけていくことになる。

結合強化の傾向を強めていた自由党でも、立憲政党の影響を受けてか、有形組織を解き「無形」化させようとする主張が繰り返し提起されるようになる(74)。その中には、党組織からの束縛を逃れようとする意図に発する主張もあり、たとえば、一八八三年四月の定期大会において、鈴木舎定は「断然自由党は名称を廃し形体を止め総て無形物にせられんことを希望す」と述べていた(75)。これに続いて、星亨が「聞く所によれば政府は集会条例の改正をして居る由。定めて酷ならんと察すれば、吾党も鈴木君の言はれん如く解かねばならざる場合に至るも難斗。其の節は自由党名目は消ても寄付党《〔ママ〕》は消へざるに非ずや」と述べていたように(76)、政府の弾圧により政党組織解消が不可避になった場合に備えてこの問題が論じられる場合もあり、有形組織解散に言及する思惑は様々であったが、いずれにせよ、組織とは無関係に政党が存続しうるという観念が広まりつつあったのである。

実際に自由党を脱し、有形組織を批判して「無形」の結合を現実化しようとする動きも出現した。『自由新聞』の主筆を務めていた末広重恭は、一八八二年秋、馬場辰猪や大石正巳らとともに板垣の洋行の資金源についての疑惑を追及し、偽党征伐キャンペーンにも批判的であったことから党内で孤立を深め、一八八三年には自由党を離れた。その後、末広は政党が「有形上の組織に因らずして思想上の一致を要すること」を強調し、自由党や立憲改進党を「有形上の組織を為し政党を以て徒党と同一なるものと見做すの誤り」を犯すものとして批判し、「契約書を作らず、党員簿を製せず、総理、常議員、幹事等の如き役員を設け」ない「無形上の結合」を対置して、「今日政党の弊害を匡済して政事社会の改良を図る」ために「独立政党」を旗揚げしたのである[77]。立憲改進党でも、一八八四年秋頃に有形組織解散としての意味合いを持つ名簿廃止論が主張され、大混乱の末、リーダーである大隈重信と河野敏鎌が脱党するという騒動が生じている[78]。

立憲帝政党解散の意味をめぐる論争

有形組織あるいは「政社」に「無形」政党を対置する観念は、立憲政党や、その影響を受けた民権陣営の政党に限られたものではなく、立憲帝政党にも受容されていた。第一章第三節で立憲帝政党が一八八三年九月下旬に解かれたことを見たが、九月二十五日に「立憲帝政党の解党」を報じた『明治日報』は、翌二十六日には「解党」ではなく「解散」であると訂正記事を出した。有形組織は解くが、無形の「党」は依然として存在することを強調する意図であったと思われる。大阪の立憲帝政党系新聞『大東日報』も、「帝政党と其主義を同くするものは種々の名称を以て全国各処に樹立」しているのであるから、「今回其結合を解きたるは、所謂三人政党を解散したるまでの事にて敢て帝政党の全体に関係するに非ず」と述べ、東京の立憲帝政党解散が、それに連なるすべての政党の解散を意味する訳ではないことを明示した[79]。

『明治日報』は立憲帝政党の解散に際して、「爾来諸君は妄りに名簿を作り醵金を募り故らに総理を選び或は異状の結党式を行ふが如き非挙を為さずして、飽くまで穏当実着なる手段を以て至純至正なる公党を組織し」、「千辛万苦其の党の政社に変ぜざらむことを謀り、団結の方法も他党と相異にし、来る者は入れ去る者は追はず、唯主義を以て合し、主義を以て離るるを旨とし、離合来去を自由にし、以て政党の政党たる所以を失はざらむと勉めたれども、勢の然らしむる所あるにや遂に官府の為、政社と認定せらるるに至れり」と、あたかも立憲帝政党の真髄が「政社」ではないという点に存していたかのように回顧している[80]。言うまでもなく、これは一八八二年三月の結党時に存在した観念ではなく、同年六月の改正集会条例発布前後に見られるようになった「政党」と「政社」の区別が遡及的に投影されたものであった。[81]『大東日報』も同様に、立憲帝政党は政社の弊害を避け、「真正の政党を興起せしむる」ために組織を解いたと述べていた。[82]

このように一八八三年になると、政党の「有形」組織を忌避し、政党を「無形」化しようとする志向は、党派を問わず広く普及していたのである。

自由党の解散とその解釈をめぐる論争

ここまで、集会条例改正後から激化事件に至る時期において、特に自由党において有力であったように結合強化を目指す方向性と、有形組織に批判的な政党観とが並存してせめぎ合っていたことを見てきた。しかし、一八八四年十月に自由党が党組織を解き、結合強化を志向する政党が消滅したことで、有形組織に批判的な政党観の優位が確定した。自由党は自ら「解党」という語を用いていたことに示されているように、すぐに「無形」結合の論理を受け容れたわけではなかったが、党外の人々によって、自由党の解党を政党の「無形」化として解釈する言説が広められていったのである。以下この点について検討しておきたい。

一八八四年十一月初旬に発表された自由党の「解党大意」[83]は、集会条例による支部設置禁止などにより、党幹部と各地党員の意思疎通に支障が生じ、「動もすれば箇々分離の方向に傾かんとする」状況となったことを指摘し、軍隊組織に類比されるような厳格な統制を必要とする「有形的組織の一大政党」を治める術が失われたことを解党の第一の理由として挙げていた。

自由党を離れ、「無形」の結合を謳う「独立政党」を立ち上げた末広重恭らの『朝野新聞』は、自由党が有形組織を解いたことを評価しながらも、「何ぞ自由党諸子が政党の本分を弁ぜず、有形上の組織に恋々たる此くの如くなるや」と、有形組織を維持し得なくなったがゆえに解党したという自由党の消極的な理由付けを批判した。[84] また、『東京日日新聞』は、解党の第一報に対して、「我国の政党の中にて団結の最も堅固なるを以て自ら称したる自由党にして、今日、俄然其の盟約書を裂き其名簿を焼き、以て全党を解散するに至りたるものは実に驚くべきの観相なり」と述べ、自由党が有形組織を解いたものと解釈していたが、[85]「解党大意」に接した後は、「今、彼の政党の主義を拡張するに方りて、世の人々をして党長の厳命に服従せしめ、敢て各自の意想を伸すことを禁ずるを以て政党に欠くべからざるの規律なりとせば、政党は武断専制を作るの利器たらざるを保せざるなり」と、「解党大意」が厳格な規律の必要性を主張したことの危険性を指摘した。[86]

これらの批判に対して、『自由新聞』は、十回近くの社説を費やして長大な反論を寄せた。まず、結党以来、自由党の組織化に尽力してきた『朝野新聞』記者が、「無形上組織の政党を利と為し有形上組織の政党を不可とするに至りたるは、昨年十月、彼等二三の士が独立党を組織したりと公言せし以後なること」を指摘したが、これは、「無形」結合を政党本来のあり方であるとする観念の普及自体が極めて新しい現象であることを言い当てている。[87]

また、有形組織を否定的に評価する観念の内容についても、「政党の利害は決して其有形なると無形なるとに由て判別すべからざること明かなり」と述べて正面から疑義を呈している。[88] イギリスの政党においても政党役員が存在するなど、決して純粋な「無形」結合ではないことを指摘し、「千万衆の集合体」である政党に役員が存在しなければ、「相案れて糸の如く全体整粛の挙動を為すこと能はず」として、[89] 多数の人々の集合体において統制の確保が不可欠であると主張したのである。『自由新聞』によれば、有形か無形かという組織のあり方は「国情民俗」にかなった形態が選択されるべきであり、「我邦人民の如きは概して政治上公同の経験智識に乏し」という理由から有形組織の有用性が強調されていた。[90]

『朝野新聞』はこのような『自由新聞』の主張に対して、「無形の団結は政党の本色にして有形の組織は即ち政党の変態なり」という前提に立ち、「自由党成立の際に於て有形の組織を取りしは一時社会の必要に応ぜしに過ぎず。今日に至って之を解散するは、即ち自然の本体に復するに外ならず。恰も流動は水の性質なれども一時天気の沍なるが為めに結晶して固形体の氷と為りしも、再び温気を受けて流動体に変ぜしと一般なり」と述べ、「社会に自由の元素ある以上は如何に其の組織を変更するとも政党の決して消滅に至るの理由なく、止だ固形体の変じて流動体と為りしに過ぎざるなり」として、有形組織の解散が政党全体の消滅を意味するわけではないと鼓舞していた[91]。

以上の自由党解党をめぐる論争についての検討から、自由党の解党を「無形」化という観点から評論した『朝野新聞』と『東京日日新聞』に対し、自由党は、有形組織の重要性を主張する態度を最後まで崩すことがなかったことが分かる。二〇世紀初頭の編纂にかかる『自由党史』は、「自由党の先覚の士」が「有形の組織に代ゆるに無形の精神的団結を以て」するために解党したと述べて、「党衆一致皆な有形団結の寸功なきを感ぜり」、「解党は精神的団結を鞏固にする所以」といった表現で自由党解党を描いている[92]。この『自由党史』の記述に基づき、自由党の解党は「無形の精神的団結」として正当化されたと述べられることがあるが、上述の検討を踏まえればこれは正確ではない。旧自由党系勢力によって、自由党の解党という出来事が、党の「無形」化という形で総括されるに至るまでにはしばらくの時間が必要とされたのである。

緩やかな結合を理想とする政党観の優位とその影響

しかし、有形組織の重要性を主張し続けた『自由新聞』は間もなく廃刊となり、現実として、有形組織を積極的に打ち出す勢力は存在しなくなった。ここにおいて、「無形」の結合が全盛期を迎えることとなったのである。

そもそも日本で政党が誕生した時点において、政党における組織や団結の契機は低く評価されるどころか、政党の重要な要素と見なされていた。一八八〇年の第二回国会期成同盟において松沢求策を中心に提起された政党創設のった。

「建議」は、「中央本部を盛大にして之を中央政府に擬し、而して各地の組合を府県庁に比し中央本部より直に各地の組合を管轄するの精神」と解説されていた通り、中央によって統制された規律ある組織体を作り出すことに主眼があった。[93]

このように、団結を政党の本質と見る政党観は、一八八二年までは極めて一般的であった。一本の矢は折れやすいが、三本の束になった矢は折れないという毛利元就の教えや、宇宙の万物は「結合して強を加へ」るなどという比喩を用いて、政党における強固な結合の意義が説かれることもあった。[94]「政党」と「政社」の区別が公に提起される直前の一八八二年四月の学術演説において穂積八束が、「予が喋々団結の密に過ぐるなからんことを弁ずるは奇怪なるが如しといへども」とわざわざ断ってから政党組織批判を行っていたことも、[95]この時点において、団結に否定的に言及することが極めて異例であったことを示している。しかし本節で見てきたような経緯によって、一八八〇年代半ばになると「無形」の結合を理想とする政党観が優位を占めるに至ったのである。[96]このような緩やかな結合を理想とする政党観が普及し一八八〇年代において優位を占めた理由としては、以下の諸点が挙げられる。

まず端的に、有形組織の解散を宣言すれば、政党の活動を厳しく制約する改正集会条例の適用を逃れることができた。立憲政党が、有形組織を解けば「学校教員生徒海陸軍人」など集会条例によって結社への加入を禁じられている人々も「形而上に就ては〔中略〕政党員たるを得」と述べていた通りである。[97]

また、自由党と立憲改進党のような民権陣営内部での分裂が深まる中で、戦線を立て直し、「各自小政党の形而下の団結を溶解して以て同主義の一大政党を鋳出するの道を謀る」[98]ために、緩やかな結合に基づく政党観が適合的であったという点も挙げられる。次節で見るように、この政党観は、帝国議会開設前にできるだけ多くの勢力を糾合しようとした一八八〇年代後半の大同団結運動にも受け継がれていく。

主要政党が相次いで解散した後、なお政党の存在を観念する際に、このような無形の結合に基づく政党観が好都合であったことも重要である。改正集会条例の制約により組織強化を望むことが不可能となった政党勢力にとって、有形組織を否定的に評価する政党観が、ちょうど自らの組織的弱体あるいは組織の不在を正当化するのに利用できたのである。有形組織を否定する政党観が、自由党の非主流派が創設した独立政党や、自由党や立憲改進党に勢力で及ばない立憲政党、そして、民権陣営に押されていた立憲帝政党といった、いずれも劣位にある勢力によって熱心に主張されていたという事実も傍証となる。(99) 実際、『自由新聞』は、末広重恭らの「独立政党」が「無形」の結合を喧伝した動機について、「勢力を自由党中に得るの望なしと自から思惟するに至れば、則ち俄かに有形上政党の弊害を指斥し且つ論弁したるもの」と、自由党内での立場が危うくなったがゆえの機会主義的なものだと批判していた。(100)

そもそもこのような有形組織批判には、同時代のアメリカで提起された革新派の政党批判、とりわけマシーンの弊害に対する批判の影響があった。(101) 明治中期の政党が、このような政党観をさほどの抵抗感なしに受け容れたもう一つの理由としては、日本の政党が揺籃期にあり、大衆を動員する組織と呼ぶに値するものを十分に発達させていなかったため、欧米で政党組織の強化によって引き起こされた弊害に対する嫌悪感や批判を外在的に共有できたことが大きかったと思われる。ただアメリカでは、この議論がそのまま反政党の議論に直結していたのに対して、日本では、組織を強化した「政社」は本来の政党のあり方ではないと否定した上で、「政社」からは区別された、緩やかな結合に基づく真の「政党」の正統性を導き出す議論として朝野を問わず受容された点が特徴的である。しかし有形組織を批判する政党観が、組織と呼ぶに値する実体を欠いていた日本で現実に対して適用される段になると、欧米の政党組織のイメージは、社則・名簿・党費徴収など一定の組織性を備えているとされた「政社」に矮小化されて投影され、このような「政社」のネガとして、組織としての実体を持たず浮遊する「無形」の緩やかな「政党」観に逢着したのである。

政府と政党勢力がこのような観念を受容した意図と戦略はそれぞれ異なっていた。政府内では、第一章第二節で見た山県有朋意見書のように、現状の自称「政党」は、実際には「真成政党」ではなく、国会開設後に本来の「政党」が初めて誕生しうるという論理が用意されていた。これに対して、立憲政党や独立政党は、「有形」組織を解散することにより、帝国議会開設前でも緩やかな結合に基づく真の「政党」が成立しうることを実践によって示そうとした。しかし、このような重要な相違にもかかわらず、政府側と政党側が揃って、緩やかな結合こそが「政党」の本来のあり方なのであるという観念を打ち出したことは、組織を強化した自称「政党」による偽党征伐や激化事件などの暴力的な行為を、真の政党の所業ではないと解釈することを可能にし、政党を否定するのではなく、救済する理路を示すものであった。戊辰戦争の軍事的な英雄として、いざとなれば旧藩の軍事力を動員することを期待されて明治初年に参議の地位に就いた板垣退助が[102]、一八八〇年代に入っても多分に地縁的な要素を残した自由党を率い、その自由党が、政党を軍隊になぞらえるようなレトリックを盛んに用いていたこと、実際に一部党員が激化事件を引き起こしていたことを想起すれば、当時の自由党は暴力から極めて近いところにある存在として党の内外でイメージされていたと思われる[103]。したがって、自由党における「軍隊」的な結束強化路線が存立基盤を失い、代わって緩やかな結合を理想とする政党観が優位に立ったことは、政党の暴力からの切り離しという課題にとって重要な変化だったのである。

また、このような観念は、複数政党の存立というイメージの受容にも影響を与えたと考えられる。独立政党を立ち上げた末広重恭は、「無形」の政党においては、「今日に於て其の主義を同うするときは入って之を賛成するも、明日に於て其の党論の社会の利益に背違すると見做すときは出でて之を駁撃するも、亦其の党員の自由」と述べていた[104]。立憲政党も同様の政党観に基づき、「其精神一たび合して政治上の信仰を同うすれば即ち其政党たるべく、其思想を一たび変じて政治上の信仰を異にすれば其の政党員に非らざるべきなり。今日甲党と政治の説を共にするものが、其説を改め明日乙党と之れを同うすることは、各人精神の向ふ所随意に之れを定むべし」と論じていた[105]。ここで描かれているのは、思考や意見に本質的な変容可能性を前提とした、極めて緩やかで流動的な政党のあり方であり、このような政党観において、政党のメンバーシップが「名簿」などによって確定しうるものでないことが強調されたのも、まさにこの理由による。

当時、「政党の旗幟を張る者は〔中略〕政治上の問題は一切自己の党論を以て可否の標準」として他党の議論を真摯に検討しないため、「党派心は政治上に於て真理討究の自由を害し、思想言論の自由を妨げ、演説の自由、刊行の自由、動作行為の自由を掣肘する」といったように、政党は思考や議論を硬直的なものとし、真理の探究を等閑視して専ら自己利益を追求する存在として批判されることがあった。(106) しかし、「無形」結合を理想とする政党観は、人々の思考や意見の流動性を前提としていたため、そのような批判を回避することができたのである。

意見の似たもの同士の緩やかな集合体として観念され、いわば議論の際の拠り所のような柔らかいイメージで把握される「無形」の政党は、政党内部での意見の複数性や、変容に対する許容度が高いため、当該政党外部の多様性、複数性に対しても寛容であり、(107) 他党に対する暴力性からも無縁であることが予想される。(108)「無形」結合を理想とする政党観は、緩やかな結合に基づく複数の政党が平和裡に共存するという状況を想像し、受容することを容易にしたといえよう。

他方で、このように組織的実体を欠いた政党に何が残されているのかという疑問も残る。自由な個人による意見の交換を通じた議論の成立、あるいはさらに進んで何らかの共通認識への到達こそを目的と見なし、その実現可能性を高く見積もることができるのであれば、もはや、人々の間に介在する構造物としての政党なるものを観念する必要自体が稀薄化してしまいかねないからである。(109) もしそうであるとすれば、このような政党観は、政党の複数性を擁護するどころか、政党の存在意義自体を掘り崩す可能性を秘めていたともいえる。

とはいえ、「無形」結合を理想とする政党観に付随するこのような難問に直面する必要は、この時点では、政府にとっても政党にとっても存在しなかった。政党にとっては、緩やかな結合を理想とする政党観に依拠して、組織に頼らない身軽な活動を展開し、多くの人々を糾合することは便宜であったし、政府にとっても、「政党」と「政社」の区別に基づいて政治結社の活動を把捉できている限りにおいて、取り立てて不都合はなかった。このような政党観が普及しえた背景には、いまだ全国レベルの議会や選挙が存在しておらず、多数の獲得を目指す政党間の熾烈な闘いとは無縁な形で政党が存在しえたという事情があったのである。したがって、一八九〇年の帝国議会開設が近づくに従って、このような政党観に内包されていた困難が徐々に顕在化していくことになる。

第三節　大同団結運動と政党組織化の再浮上

「無形」結合の謳歌

一八八三年三月の立憲政党解党にはじまり、同年九月には立憲帝政党、一八八四年十月には自由党、一八八五年五月には九州改進党が相次いで解党したことで、有形組織を有する政党の活動は下火となった。しかし、この時期にも、全国で有志者たちの懇親会が開催されていた。特に、旧立憲政党を中心として、一八八三年から一八八五年にかけて関西で繰り返し開催された懇親会においては、地方政党の水平的なつながりに基づき、中心を持たない無形の〈広域地方結合〉を発展させようとする試みがあったことが明らかにされている(110)。これは、中央から地方に向けて組織するという自由党や立憲改進党の垂直的な「有形」の結合に批判的な立場から提起された構想であり、一八八〇年代後半の大同団結運動を準備することになった。

一八八六年になると旧政党勢力立て直しの気運が高まった。『自由新聞』廃刊後の旧自由党系メディアにおいて中心的な役割を担っていた『燈新聞』では、四月八日に社説「小団結に区々たることを休めよ」を掲げ、四分五裂していた旧政党勢力の再結集を呼びかけた。この社説は、「政党」は「其邦国の何たると将た其主義の何たるとを問はず皆無形組織にして、夫の会社類似の有形的のものは之れなきなり」と、「無形組織」こそが政党の真のあり方であることを述べた上で、「往年我邦に初めて政党の起れるや、皆此政党の本旨ならざる有形団結を用ひたりと雖も、〔中略〕唯一時の方便として斯の如く有形の組織を為したるに外ならざれば、名は政党といふと雖も、其実は一種の政社たることを免れざりき。要するに是一時の仮観にして永遠の実象にはあらざりしなり」と、政府による一八八二年の改正集会条例の際の論理を完全に受け容れて「有形団結」の「政社」に否定的に言及し、「余輩は有形政党の解散したるを見て其能く時勢を看破し政党の本質を全ふしたるを喜び、我邦の前途に於て同主義者の大団結をなすの道を開きたることを慶」すとまで述べていた。『自由新聞』が一八八四年の自由党解党後も「有形」組織への固執を見せ続けていたことを想起すれば、この『燈新聞』社説は、旧自由党勢力が「無形」結合の論理を受容したことを示していた。そして、唯一解党していなかった立憲改進党に対しては、「今日の要は旧時の有形政党が社会に及ぼしたる弊害を一掃し勉めて真成の政党を東洋に造出するより急なるはなし。何ぞ区々たる小異に拘泥し特種の名称を固守して自から誇負するの時ならんや」と、有形組織の解散と大団結を呼びかけたのである。有形組織批判と「無形組織」が、「大団結」ひいては「真成の政党」を可能にする装置として用いられていることが分かる。

一八八六年十月の懇親会

このような大団結の呼びかけは、星亨らによる立憲改進党との交渉、さらに、嚶鳴社に近い『朝野新聞』の末広重恭の参与を経て、一八八六年十月の懇親会に結実した(11)。結局この懇親会に改進党は参加しなかったが、その後、島田三郎が自由党員とともに遊説を行うなど、懇親会準備の過程で旧自由党と立憲改進党、特に嚶鳴社グループの関係は深まった。

懇親会当日の挨拶の中で星亨は、会の趣旨が「小異を捨て大同を取るの主義」にあることを宣明し、「既往の政党は先づ有形上の組織を為し主義の懇親を後にしたるが故に、茲に一党を組織するときは頓に他と隔絶したる一物を現し人をして異類視せしむるが如き形跡あり」と「有形」組織の弊害を反省した上で、「事を為さんには宜しく無形上の懇親を先とすべし、懇親既に成らば団結は自然に生ずべし」と「無形」の懇親の必要性を強調していた。発起人加藤平四郎も「有形団結の弊に考へて後来は主義上の結合を取るべき旨を述べ、名簿も必要ならざれば以後は之れを廃すべし」と述べたと報じられている(112)。星や加藤が編集に当たっていた『燈新聞』も懇親会直前に掲げられた社説において、過去の政党が有形組織を解いたことを肯定的に評価した上で、「将来其止を得ざるの時に至て相分離するは今より其利害を判定すべきに非ざるも、志士が今日の注意は、互に旧時の関係を除却し至公至平只大同を取て小異を争ふの弊を戒むるに在るか」と述べていた(113)。これらの言説は、さしあたっての「大同」を優先させることを主張するものであり、将来の政党の分化の可能性は留保されているものの、この時点での分裂には極めて警戒的であった。そして、政党の分裂の原因が「有形」の組織に帰せられたことと対をなして、「大同」の実現の鍵は「無形」の結合に求められた。元々は政党観の一つとして打ち出された「無形」結合の主張が、大同団結運動においては、「政党」概念と対抗的に、政党とは異なる組織のあり方、いわば〈非政党路線〉を支える言説として機能することすらあったのである。

しかし複数の人々を糾合しようとすれば、大同を掲げようと、無形の結合を主張しようと、そこには不可避的に組織化の契機が含まれる。この懇親会においても、組織化のあり方や程度をめぐる対立が存在した。

懇親会が旧自由党の再組織を目指すものではないかという観測が広く行われていたことは、『燈新聞』が「自由党は再興を謀らず」という記事を掲げたり(114)、懇親会の趣旨について「各政党の解散以来久しく集会等の設けもなく、随て全国有志者の交通も絶へ互に不便を感ずるの有様なれば、従来の政党の如きものに非ずして、只漠然時に臨んで集会し、杯酒の間に懇親を結び互に都鄙の事情を交換せんとの発意に出たるもの」などと説明していたことからも窺われる。[115] 実際、この懇親会を一場限りのものとするのではなく、より持続性を持った組織にしようという志向があったことは、懇親会のための準備会としておそらく十月上旬に開かれた会合の決議事項として、「本会成体を為す〔ママ〕までに三、四会は東京に開設すること。然る後、各地方に輪次開会すること」と定められたことからも分かる。[116] しかし、懇親会を具体的にどのような方向に発展させていくのかについては旧自由党内でも意見の相違が存在した。この会合の趣旨は「政党組織」にあると報道されることがあったように、[117] 一方には、組織強化を求める人々がいたようであるが、他方で、高知県から上京した弘瀬重正が土佐派の意見として「社会も無形の団結あるを以て、此有様にては有形のものを組織するに至らず」と述べたように、組織強化を嫌う人々もいた。組織強化に反対する言葉として「無形」の団結が対置されており、ここでも「無形」という語は、政党組織とは異なる行き方を漠然と指示するものとして用いられている。

「無形」の結合という語から導かれうるのは懇親会の開催程度のものでしかなく、それ以上に何か具体的な構想を立ち上げる力はなかった。しかしだからこそ、議会開設に向けた人々のつながりを作り出そうとする際に、組織化に歯止めをかけて結合の外延を曖昧化し、さしあたって複数の「政党」への分化の先送りを可能にする「無形」結合のイメージが、訴求力を有したと見ることができる。

結集を媒介するもの

「無形」結合が流行となったこの時代に、人々を結び付ける事実上、唯一の媒介となっていたのが、新聞であった。立憲政党解散後もその機関紙である『立憲政党新聞』がしばらくの間、健在であったことは既に述べたが、自由党の場合、当初、地方への通信を担当していた『自由新聞』が一八八五年三月に廃刊すると、見光社の『自由燈』、そしてその後継紙の『燈新聞』が自由党系の糾合を担うこととなった。[118] 最盛期の一八八五年には『読売新聞』に次ぐ発行部数を誇っており[119]、先述の一八八六年十月の懇親会も、見光社がとりまとめを行っていた[120]。

しかし探聞書では、一八八六年末から見光社の財政窮乏などによる廃社に向けた動きが観測されていた[121]。一八八七年一月上旬には、激化事件に関与した活動家の弁護等の多額の費用に充てるためとして、星亨と加藤平四郎を中心に『朝野新聞』、『毎日新聞』などその他の新聞を巻き込んで義捐金募集が計画されたが[122]、その広告を差し止められたことにより蹉跌し、三月になると社運回復の見込みが立たないまま廃社への動きが加速した。この際、星亨が「本社を廃するとせば、各地方より上京する旧党員の集会する場所無きのみならず、何所に向て人を尋ぬべきや、実に困却するならん」と述べ[123]、また、地方有志者からも「吾旧自由党員の事情は何に因て社会に広布すべきや。止む無くんば雑報計りにても宜しきを以て維持したきものなり。更に起すことは至難なることなれば、どうしても保存せらるべし」という声が上がったことも報じられており[124]、政党の有形組織が解散された状況下で、新聞社が果たしていた役割の大きさを窺うことができる。最終的に、『燈新聞』は『めさまし新聞』に引き継がれた。

さて、一八八六年十月懇親会で約束されていた次回会合の時期が迫ってくると、一八八七年四月十七日付で在京有志者の書簡が発せられ、大阪事件の公判に合わせて出京してくる人々もおり、「東西交通の便利」もあるという理由で、五月十五日より大阪で開催されることとなった[125]。大阪事件公判に合わせての開催であることからも、旧自由党の人々の糾合を主としたものであったことは明らかである。この懇親会の流れで開かれた五月十七日の会合では東京に通信部を置き、各地方に通信員を出すことまで構想され、翌十八日の会合では「今度の会合をして永遠に維持し、以て全国到る処政治思想あるの輩は皆な此会合員たらしむべしとの目的にて、毎年両三回便宜の地に開会すべしとのことを約せり」と報じられている。その際、次会の期日と場所を即決すると、その場に居合わせた人々のみに限定されるという誤解を生じかねないため再度通知することとされ、選出されたのも幹事そのものではなく幹事周旋人という念の入れようであった[126]。固定された人々による閉ざされた組織化に対して極めて警戒的で、開かれた結合を演出することに腐心している様子が窺われる。

しかし、「無形」結合や「大団結」の強調にもかかわらず、人々を結集する際の紐帯としては、関係者の裁判や死刑執行などのイベントの存在ゆえに、激化事件が前景化しがちであった。[127]『燈新聞』の発行母体である見光社が懇親会事務を担っていたことに示されているように、大団結の呼びかけが現実に旧自由党の範囲を超えて新たな結合を創出することは極めて困難だったのである。

三大事件建白運動と後藤象二郎の登場

ちょうどこの懇親会と時を同じくして、板垣退助辞爵問題が生じた。[128]当初、受爵を固辞した板垣の清廉を喧伝していた旧自由党の星亨と土佐派は、板垣が最終的に受爵すると窮地に追い込まれたが、政府の条約改正問題が苦境から脱出するための機会を提供した。帰朝した谷干城農商務大臣の条約改正反対建白意見書の提出などもあり、旧自由党にとどまらない幅広い勢力の連合が可能となったことで、政党解党後、初めて政府との全面対決の機会を得た在野勢力は勢いづいた。土佐派は板垣受爵による威信の低下を埋め合わせようと三大事件建白運動に邁進したが、一八八七年十二月の保安条例によって東京から追放された。ここにおいて、旧自由党系勢力の多くは地方での活動に専念することになり、東京における大同団結運動中枢では、再起の機会を窺っていた後藤象二郎が主役の座に躍り出た。「未だ自由党員となりたることあらず」と述べ、すでに解党している自由党と改進党との角逐が続いているのは「幽鬼の相撲つ」のと同じだと揶揄した後藤は、[129]旧自由党をめぐるしがらみを超えた大団結を実現するのにふさわしい首領として登場したのである。

雑誌『政論』における大同団結の論理

大同団結運動は、最も広く定義すれば、一八八〇年代半ばの政党の停滞状況を脱却し、できるだけ広く人々の結集を実現しようとした運動である。しかし大同団結運動の中には、必ずしも相互に矛盾はしないがニュアンスの異なる二つの志向が含まれていた。第一は、藩閥政府に対するトータルな対決を実現するための大団結の実現を最も重視する志向である。第二は、一八九〇年の帝国議会開設後に焦点を合わせ、議場で多数派を獲得し政権を担当しうる政党の育成を重視する志向である。両者はできるだけ多くの勢力を糾合し、そして最終的に藩閥政府に代わる「政党内閣」の樹立を目指すという点では共通していたが、前者においては、藩閥政府の一刻も早い打倒を目指す過激な主張が繰り返され、藩閥政府対在野勢力という対立構図が国会開設運動や旧自由党を彷彿とさせるものであったのに対し、後者においては、一八八〇年代前半の旧自由党との距離が執拗に強調され、具体的な政策構想を備え、資産を有する地方有志者によって積み上げ式で構成される穏健な政党が構想されていた(130)。このような二つの志向は、後藤象二郎の資金援助により、その側近たちを中心に大同団結運動の機関誌として創刊された雑誌『政論』においても、しばしば截然と区別されることなく混然と論じられており(131)、大同団結が、ときに急進的に、ときに穏健に見えるという振れ幅の大きさは、このような二つの志向に対応するものであったと言える。この点に着目しながら、大同団結運動の政党観について、『政論』の論説を素材として少し詳しく検討してみたい。

まず、第一の志向は、議会開設後の複数政党による競争状態の創出の大前提として、藩閥政府を早急に打倒する必要があるとして、在野勢力の結集を最大の急務とし、政党の分化については将来の課題とするものである。たとえば、「藩閥勢力掃蕩論(132)」では、藩閥党派を「打破掃蕩」する役割を、大同団結運動を通じて形成されるであろう「国家党」に期待している。藩閥政府の打倒が不可欠であるのは、漸進、急進、保守の諸政党が、主義の異同にもかかわらず「議院内閣」と反「藩閥主義」を共有しているという点で、議場で競争する「政敵」たりうるのに対し、「議院内閣」

を否定する藩閥政府とは「同一憲法の下に併立すべからざる」からであり、「藩閥政治破れざれば公議政体立たざるの理なるを以て〔中略〕他日は各其主義を以て輿論を制し施政の実行を争ふべき政派と雖も、公議政体を建立する最後の手段としては是非共に連合一致して彼の藩閥政治の弊を一掃」しなければならないというのである。[133] 将来の複数政党への分化は留保されているものの、当分の間、分裂の顕在化は藩閥政府打倒という議会政治の前提条件の創出を阻害するものと見なされるのである。[134]

このように大団結の創出を最優先し、複数政党への分化に警戒的な第一の志向に対して、第二の志向においては、旧自由党の「自由主義」のような曖昧な「主義」ではなく、財政や教育など具体的な政策レベルでの「主義」を明らかにして、政党としての政策能力を高め、政権担当能力を示すことが重視されていた。[135] これを額面通り受けとれば、政策の差異によって政党の分化が促進されるため、第一の志向との乖離が極大化するように思われるが、実際には、具体的な政策論の強調は政党の分化を促す論理としてではなく、かえって「主義」を棚上げした連合を正当化する論理として機能していた。[136] 実際、後藤に近い大江卓が、主義に固執して政党が分立することを「一人一己の私見」を張るものであると批判していたように、第二の志向も結局、政党の分化を促進する論理としては機能せず、ここに大団結に基づく藩閥政府との対決をめざす第一の志向との整合性の鍵が存在したのである。

自治党構想と複数政党競合の再出現

このように藩閥政府との全面対決を掲げて大同団結運動が一世を風靡する中、現実には、複数政党の並存状況が再び出現しつつあった。一八八八年初頭に、立憲改進党の大隈重信が条約改正に失敗した井上馨の後任外務大臣として入閣したことで、立憲改進党は、その別動隊として大同団結運動への浸透を図る犬養毅らの朝野派を除いて大同団結運動から距離を置くに至った。政府内でも、大同団結運動に対抗するため、井上馨を中心とする「自治党」構想が浮上しており、一八八八年後半には少なからぬ影響力を有するに至っていた(137)。井上馨は、自治党と立憲改進党とを結合して政府党とすることまで考えていたが(138)、これは町村を活性化する利益供与を自治党が担い、改進党の大隈が条約改正を成功させるという役割分担により、大同団結運動の勢いを封じることが可能だと考えられたからであった(139)。

他方で、井上馨の自治党構想とその政府与党としての公認要求の背景には、大隈外務大臣の存在を通じた立憲改進党の党勢拡張に対する警戒心もあった。井上馨は一八八八年夏の黒田内閣入閣交渉の際に、総理大臣が施政の方向を明言すべきことを申し入れたが、その際、「世間改進党中の者追々面会候処、何も大隈の意見のみ政府に屹然したる様想像する者不少、其説流伝も甚敷相考へ申候。何分一個人の説内閣に被行候様、使世間令〔ママ〕感触候半不可然候間、総理大臣をして公言せしめたる方可然奉存候」と述べていた(140)。政府が方針を明言しないがゆえに、主張を公開している立憲改進党の大隈の影響力が過大評価されがちになるというのである。

一八八九年一月二十四日の内閣訓令により、「凡そ官吏たる者は自今其職務外と雖も公衆に対し政事上又は学術上の意見を演説し又は之を叙述することを得」とされ、「官報公告」を除く新聞や雑誌雑報で「政務を叙述」することを禁じた一八七五年七月七日付太政官達百十九号と、官吏の講談演説を禁じた一八七九年五月の太政官達が廃止されたことは(141)、第一章で見た立憲帝政党創設時の福地源一郎の念願の実現であり、官吏の言論が大幅に自由化されたことで、自治党構想にとって追い風になるかと思われた。しかし、自治党が勢力を増すにしたがって井上馨の「徒党」なのではないかという猜疑が深まっていき(142)、一八八九年四月には党名を公表し正式に旗揚げするという観測もあったものの(143)、最後まで黒田内閣の公認与党としての地位を認められることはなく、不満を抱いた井上は再び政府から距離を置いてしまった。

大同団結派の機関誌『政論』においては、当初、政府の政党化を望むような論説が掲載されていたが(144)、井上馨の自治党構想が盛んになると、「主義を以て成り立たずして情実を以て成れる」藩閥政府が政党化することは不可能であると批判し、井上が真に政党創設の必要を感じたのならば、藩閥を構成原理とする政府から下野すべきであると主張するに至っていた[145]。藩閥政府は議会制の基本原理を共有しえない殲滅対象と見なされていた以上、藩閥と大同団結運動の関係を政党間の競争関係と見なすことは不可能だったのである。しかし現実には、大同団結運動が建前としていた、在野勢力の総結集による藩閥政府との全面対決という図式はすでに崩れ、大同団結派と改進党、自治党による複数政党間の競争が再演されつつあったのである。

大同団結運動と政社化問題

一八八九年二月の大日本帝国憲法発布に合わせて上京した全国の府県会議長を自派に引き入れようと各党が盛んに運動したことが探偵によって報告されていたように[146]、政党間競争が激しさを増す中、各党派の曖昧な組織を強化し、境界を明確化させようとする動きが一部の人々の間で生まれてきた。大同団結運動の政社化と呼ばれる問題である。

たとえば大同団結運動の指導者の一人である大石正巳は、「此の大同団結は大同主義によって団体せしものとは雖ども、実に未だ以て結体を結了せしものにあらず。又政党にも政社にもならず」という現状認識に基づき、「後来、全国の人と謀り政社政党に進めんとするには漠然と寄り漠然と去りては纏り付かざる事故、世話方を定めることを相談せり」として[147]、大同団結運動の組織強化に乗り出したが、大井憲太郎や内藤魯一を中心に政社化に反対する勢力も多かった。この背景に、一八八九年初頭に恩赦で出獄してきた人々を多く含む旧自由党系勢力と、その不在を奇貨として後藤象二郎のもとで大同団結運動を進めてきた旧国友会系の人々の対立があったことは確かである。これに加えて、政社化により集会条例の検束を甘受して公然と活動するか否かという構想対立が存在し[148]、さらに、政党の結集の中核となる「主義」にいかなる内容を想定するかという政党観の相違も関係していた。結局、一八八九年五月上旬、両派は政社派の大同倶楽部と、非政社派の大井憲太郎を中心とする大同協和会に分裂してしまったが[149]、その後も大同団結運動の組織構想が明確になったわけではなかった[150]。

たとえば、政社派の人々によって作られた大同倶楽部の性質は依然として曖昧なままで[151]、政党としての組織整備に邁進しようとする勢力も存在したが、『朝野新聞』は、「大同倶楽部は諸党混同の者」であり、「直に議院の実務上に適用すべき政党たるを得ざるは勿論の事なり。但し此の如きは我国現今の諸党皆な然り、独り大同派のみにあらざることを記憶せよ。将た此等の実地運動に至て始めて真正の政党を顕出することを得べし。即ち今の諸党は実に之が筌蹄たる者と謂ふべし」、「若し能く前途を慮り、議院に臨みて始めて友となり敵となる事を悟らば、斯る無益の争競に役々たらざるに至らん」と述べていた[152]。一八九〇年の帝国議会開設を目前に控えたこの時期においても、多数派形成を優先させ、分化した複数の「真正の政党」の成立を議会開設後に託すという、これまでも繰り返されてきたナラティヴを見出すことができる。

その後、分裂した大同倶楽部と大同協和会、両派の和解に乗り出した板垣がその挫折後に創設した愛国公党、九州の諸勢力を基盤とする九州同志会、さらに大隈重信の条約改正の挫折により下野した立憲改進党まで巻き込んで、複数党派間での「連合」か、さらに一歩を進めて「合同」を目指すのかをめぐる複雑な駆け引きが、一八九〇年秋の帝国議会開設直前まで繰り広げられた[153]。政党の組織化をめぐる焦点は、「有形」と「無形」の対立から、「連合」と「合同」へと移りつつあったのである。最終的に、立憲改進党を含まない形で九月中旬に立憲自由党が成立するが、このことは政党間関係が極めて流動的な状況のまま議会開設が迎えられたことを意味している。これに対応するかのように、政府側においても、議会開設を前に取り組んできた政府支持勢力の獲得がほぼすべて失敗に終わり、後藤象二郎と陸奥宗光を介した自由党土佐派との細々とした繋がりのみを最後の頼みの綱として議会開設に臨むことを余儀なくされたのである[154]。

集会及政社法の制定

こうして議会開設を間近に控えて政党間競争が再出現したが、一八八二年の改正集会条例に基づいて行われてきた政府側の政党取締りも、発布されたばかりの明治憲法にふさわしいものでなければならないと考えられ、その見直しの必要性が徐々に認識されるようになっていた。たとえば一八八九年初頭、集会や結社の取締りにあたる内務省の松方正義兼任大臣は、「集会条例の範囲内に於て公明なる取締を為すは勿論なれども、陰密の手段を用て言論を防制するが如き所為は穏当ならざるを以て此等の手段は廃止すべき旨」を警視総監に訓諭していた。依然として集会や結社に対する警戒を保ちながらも、言論活動の極端な制約には自制的にならざるをえなかったのである[155]。このような中で、元老院議官などからも集会条例改正を求める声が上がり、一八八九年四月には政府でも末松謙澄県治局長や小松原英太郎内務大臣秘書官らを改正調査委員に任じて調査を開始し[156]、七月には内務次官芳川顕正が、洋行中の山県有朋内務大臣に集会条例の改正案を送付していた[157]。これは、新聞紙条例や出版条例が同年二月の憲法発布に先立って改正されているにもかかわらず、集会条例は改正されないままで、「自然憲法の精神に抵触する条項も有之」との考えに基づき、「情勢の許す限りは成るべく言論の自由を得せしむることを期」したもので、内務大臣の結社禁止権などは存置されているものの、政社間の連絡通信や支部設置についての制限の廃止が予定されている点が目を惹く草案であった。ただし実際には大掛かりな改正は行われず、同年十二月の集会条例第七条の改正により、予備役と後備役の軍人に対する制約が緩和されるにとどまった。

議会開設が目前に迫った一八九〇年半ばになると再び集会や結社に関する議論が活発化し[158]、六月二十日付で「集会結社法」が枢密院に下付された[159]。原案第十四条には「集会ニ於テ憲法ニ対シ紛更ヲ試ミルノ講談論議ヲナスコトヲ得ズ」という文言が入っていたが、枢密院の修正によって削除された[160]。代わって、枢密院での修正により第二十九条として、「政社ニ於テハ法律ヲ以テ組織シタル議会ノ議員ニ対シテ其発言及表決ニ付議会外ニ於テ責任ヲ負ハシムルノ制規ヲ設クルコトヲ得ズ」という条文が出現しており、(161) 次章で分析する党議拘束の問題を予告していた。最終的に成立した集会及政社法では、従来の結社の事前認可制が事後届出制に緩和されたものの、「未成年者、女子、及ビ公権ヲ有セザル男子」は政社に加入することを禁じられ、また内務大臣による結社禁止権や、政社による文社の設置や他社との通信連絡も改正前から引き継がれていた。結社については、依然として厳しい制約が課されることとなったのである。

小括

一八八二年五月に提起された、「政党」と「政社」の区別は、後者に対して、結合を強化した好ましくないものとして否定的評価を下す一方で、真の政党は意見の一致に基づく同主義者の緩やかなつながりに基づいて成立することを主張するものであり、集会条例改正に伴う取締りの過程で行われた新聞論争を通じて広く流布することとなった。

しかし、このような政党観がすぐに受容されたわけではなく、自由党は、改進党に対する偽党征伐や、財政窮乏による厳しい党運営の中で結束強化へと向かった。これに対して、立憲政党は自由党に代表される「有形」組織を批判して自ら党組織を解くことで「無形」結合を現実化させようとし、自由党を離れた末広重恭らによる独立政党もこのような潮流を支えた。そして一八八四年十月に自由党解党により、政党を「無形」物としてみる観念の優位が確立したのである。

一八八六年頃からの大同団結運動においては、「無形」の結合という観念が、政党の外延を曖昧化してより多くの人々を糾合するために用いられるようになった。大同団結運動は、藩閥政府とのトータルな対決構図を創出することを目指したが、一八八八年頃には、立憲改進党と自治党も含めた、複数政党間競争とも言うべき状況が再出現しており、競争激化の中で一部の人々が組織強化を目指したことで、一八八九年五月に大同団結運動は分裂した。この後、帝国議会開設までの一年の間に、分裂した諸勢力や立憲改進党の間で「連合」と「合同」をめぐる複雑な駆け引きが繰り広げられ、政党勢力は、極めて流動的な状況で議会開設を迎えることになった。このことは、政党の組織化と分化という課題が、一八八〇年代にしばしば見られたナラティヴの通り、議会開設後に持ち越されたことを意味していたのである。

（1）　集会条例については、森山誠一「集会条例（一八八〇）制定過程の一考察」が、プロイセン結社法とボワソナード起草案の比較対照により条文の来歴を明らかにしている。また、中原英典「「集会条例」立法沿革序説」（上）（中）（下）は、一八八〇年集会条例の前史から、一八八二年改正後の動向までを通観して論じている。その他、集会条例に関する研究として、大木基子『自由民権運動と女性』第三章、稲田雅洋『自由民権の文化史』第九章。

（2）　寺崎修『明治自由党の研究』下、第二編Ⅰ。

（3）　以上の内容は、中原英典「「集会条例」立法沿革序説」（下）、大日方純夫『自由民権運動と立憲改進党』九〇〜九二頁、天野嘉子「集会条例改正案審議と公布後の法運用」。なお、警視総監の樺山資紀は「午前十一時内閣山県殿へ面会、集会条例意見を陳す。既に昨日元老院決議せりと、遺憾なり」と日記に記しており、一八八二年の集会条例改正の過程においては蚊帳の外に置かれていたようである（「日記　一四」六月二日の条、「樺山資紀関係文書（その一）」書類の部、三一二、難読箇所については後年の写しである二六八―四も参照した。以下同様）。

（4）　論説「読第二十七号布告」一八八二年六月六日。

（5）　社説「秘密探偵の害」『東洋新報』一八八二年六月八日、社説「集会条例」『東京日日新聞』一八八二年六月六日、「第二十七号の布告を読む」『東京横浜毎日新聞』一八八二年六月七日、論説「乞地方警察官之注意」『朝野新聞』一八八二年六月十五日。このような危惧の存在は、政府内部でも理解されており、たとえば社員一人の条例への抵触をもって結社全体を解散させたりすることがないよう注意が払われていた（「集会条例につき実際取扱に関し訓示（蒟蒻版）」京都府立京都学・歴彩館所蔵「訓示内達類」）。なお、『東洋新報』社説「秘密探偵の害」は、「彼党の探訪は此党のなす所ろ〔ママ〕にして、此党の探訪は彼党の探訪する所となる。何ぞ殊更に探偵を秘密に発するに及ばんや」として、政党の相互監視・牽制が探偵の役割を不要とすると述べている。

(6) 中原英典「「集会条例」立法沿革序説」(下)、二三〜二四頁。

(7)「政党論　第二」『東京日日新聞』一八八二年五月三日

(8) 山田央子『明治政党論史』四八〜四九頁。

(9) 大日方純夫「立憲帝政党の結党をめぐる基礎的考察」第三節。第一章で言及した『東京日日新聞』での穂積八束社説と同じく「梧陰文庫」A—九〇七に自筆修正入りの草稿が含まれている(『井上毅伝』一、二八八〜二九〇頁)。

(10)「政治学政党編を講ず」『東京日日新聞』一八八二年五月五日。この演説の典拠を含め、『東京日日新聞』での穂積八束のの活躍については、長尾龍一「八束の髄から明治史覗く」二八二〜二九〇頁を参照。この時期、各地で集会・演説に対する取締りが厳しくなっていたにもかかわらず、東京大学在学生によるこの学術演説会が『東京日日新聞』で広告されたことは、大きな注目を集めていた。中野目徹『政教社の研究』(九〇〜九二頁、九九頁、脚註六六)によると一八八二年四月二十六日付で、文部大書記官浜尾新から、東京大学総理加藤弘之宛に、学生の政談演説をやめさせるよう通牒があったという。『郵便報知新聞』は、この演説会の弁士の東京大学法学部片山清太郎、文学部の穂積八束は既に立憲帝政党に加盟しており、卒業後は「官権新聞」への入社の約束が成立しているとの風説を紹介している(一八八二年五月二日)。

なお、「佐々文書」中の、表紙に「政党考」と記された井上毅旧蔵の綴(七八—一、後述)に「日日新聞より写取」として、参事院罫紙にこの穂積八束演説を書写したものが含まれている。一八八二年五月時点での両者の関係は不明だが、井上が穂積演説に注目していたことは確かである。ただし、これが、両者の政党観の何らかの影響関係を意味するのかについては判断する材料を欠く。

(11) 山田央子『明治政党論史』五四頁。Hofstadter は Lieber のこの著作を、政党についての最初の体系的な書物であり、その後も長く政党についての標準的文献として読まれ続けたと評価している(*The Idea of a Party System*, p. 258)。同書では、政党の定義に始まり、政党組織、Opposition の意義、Independent の機能までもが論じられているが、その内容の多彩さゆえに、受容のあり方もまた様々であった。たとえば、Opposition について扱った箇所は(後述する当時の二つの邦訳では訳出されていない)、「博士リーベルの所謂る《〔ママ〕》、施政の主義に就て争を為さずして唯政府の改革を計る者は即ち徒党(ファクション)なり。此の如きの党にして其心に計る所を以て行為に顕はす者は、是れ叛党なり、国家を変乱せんとするものなり」と主張した人々がいたと指摘されているように(社説「正邪論　第二」『東京横浜毎日新聞』一八八二年七月二十二日)、反政党の理論として援用されることすらあったが、逆に Lieber を引用して政党の必要性が説かれることもあった(社説「政党弁」『東洋新報』一八八二年七月二十二日)。

(12)『東京日日新聞』五月二日。政党組織についての部分では、明示的にはLieberに言及していないが、影響は明白である。なお、明治十三年度まで東京大学で政治学を担当していたフェノロサはLieberの別の著作(*On Civil Liberty and Self-Government*)を参考書として挙げており、これらの書が高田早苗や市島謙吉といったフェノロサの講義を受けた東京大学の学生を通じて小野梓にも読まれていたことが知られるなど(山下重一「フェノロサの東京大学教授時代」一五七〜一五八頁)、Lieberの著作の多くは日本でも広く読まれていた(山田央子『明治政党論史』二一五頁、註八)。

(13)『明治政府翻訳草稿類纂』四二、二九五〜三三六頁。太政官参事院翻訳課の手になり、「請求局部」は「財務部」、主査(翻訳担当)は大石勉吉、一八八二年五月十一日に「受領」、五月十八日に「調済」となっている(一〇頁)。一八八三年には中山寛六郎の翻訳『政党』が出版されている。

(14)中山寛六郎訳『政党』二四頁。原文は、"To speak briefly, a party ought not to be a society" (p. 420)。

(15)上述の参事院訳では、この要件はほとんど省略されて訳出されていない。ただし、Lieberは"it [a sound party] should have its strength in physical organization" (p. 418)と述べているように決して政党における団結の契機を全否定していたわけではない。

(16)『近代日本法制史料集』四、一五五〜一五八頁。日付は不明だが(「ロエスレルA」とする)、この資料が含まれている「羅斯列児氏答議第五号」という綴の他の文書はすべて一八八二年のものであること、また、後述の一八八二年五月初旬のボワソナードへの質問文言と共通する点が多いことから、一八八二年春頃の執筆にかかると推定する。「樺山資紀関係文書(その一)」書類の部、四は警視庁罫紙に筆写された同文の書類である。

(17)「佐々文書」中の表紙に「政党考」と記された綴(七八―一、先述)に含まれている、日付不明の別のロエスレルとの問答録では(「政党に関する問答」、「ロエスレルB」とする)、一見、政党と政社の区別がより鮮明なものとなっているように見える。たとえば、「政党は素と是れ思想を同くするものの仲間なれば、厳密なる組織規則等を設ることは実際に行はれ難きのみならず、若し強て之を設るときは却て為めに弊害を生ずるの恐あり」などとあるのがその例である。しかしその直後で、やはり、政党と政社の類似性にも言及されている。この綴には井上毅蔵書印が捺されていることから、井上毅が郷里熊本の人々に共有したものと考えられ、本文中で検討した「ロエスレルA」や後述のボワソナード答議、ビードンやアッペルに対する、「官吏」の政社加入や、警察、軍人の政党への干渉に関わる質疑もこの綴に含まれている。日付が判明している史料はいずれも一八八二年三月から六月にかけてのものであること、問答の内容が相互に密接な関連を持っていることから考えて、「ロエスレルA・B」のいずれも同時期のものと考えることを妨げる材料は現時点では存在しないように思われる。なお「ロエスレルB」は、一九〇〇年の治安警察法制定の際の参考とされた「政党に関する問答録」(「有松英義関係文書」)なる綴にも収められており、『国家学会雑誌』八七―九・一〇に翻刻が掲載されているが、当該翻刻は史料ごとの切れ目が不明瞭であるため、これを参照した先行研究では、一八八二年三月二十七日付のロエスレル答議と誤解されていることがある。

(18)『近代日本法制史料集』八、八九～九〇頁。ただし、ボワソナードの答議の日付は五月一日と二日であり、五月二日の『東京日日新聞』社説への直接的な影響を想定するのは困難である。集会条例適用段階での「政党」と「政社」の区別の概念的洗練に寄与したものと考えるのが自然であろう。なお、厳格な対応が取られたフランスの十九世紀後半の結社法制については、村田尚紀「フランスにおける結社の自由史試論」参照。

(19)一八八二年五月二日付の答議(『近代日本法制史料集』八、九一～九二頁)。

(20)元々、五月十九日に参事院議長山県有朋から太政大臣三条実美に上申されていた集会条例改正案(甲号)は、翌二十日に「乙号」に差し替えられた(「集会条例改正追加ノ件」、「公文録・明治十五年・第五巻・明治十五年六月・太政官(内閣書記官局～巡幸御用掛)」)。この点については、中原英典「「集会条例」立法沿革序説」(下)も参照(二〇～二二頁)。なお、「甲号」は第二条の修正から判断するに、「社員名簿」ではなく、「役員名簿」を届け出ることとしていた井上毅による早い段階の改正案(「梧陰文庫」B―一〇六二)が参照された可能性がある。社員(あるいは党員)全員の出入りを一人洩らさず正確に把握するのは困難であるため、役員(政党幹部)のみで足りるという考え方である。政党を集会条例で把捉できない理由が、党員の出入りの激しさによる外延の曖昧さに求められていたことが分かる。

(21)一八八二年五月二十日付伊藤博文宛井上毅書簡(『伊藤文書』一、三三九頁)。

(22)一八八二年六月十七日付伊藤博文宛山田顕義書簡(『伊藤文書』八、一五八頁)。

(23)この点、手塚豊『明治刑法史の研究』(下)、三二六～三二七頁で紹介されている「元老院における集会条例改正意見書(明治十六年)」は、政党こそが暴力を助長すると考え、政党を完全に禁止しようとする点で特異なものである。

(24)この社説も井上毅の関与の下で掲載されたものであるが、引用部分は、「梧陰文庫」A―九〇七所収の草稿では削除されていたのが、新聞掲載にあたって復活されたものである(『井上毅伝』一、二九二頁)。

(25)一八八二年六月二日付山田顕義内務卿宛井上毅書簡(『井上毅伝』四、六三三頁)。

(26)この質問の原本は未発見であるが、「有松英義関係文書」には、治安警察法(最終的には一九〇〇年に成立)制定時の参考資料として用いられた同文の資料の写しが残されている(「集会条例改正追加布告参事院へ質問」、「有松英義関係文書」一三八―一二)。抹消部分の存在はこの文書によって判明し、上から重ねて「本項内務卿〔山田顕義〕参事院にて削除せらる」

と書かれている。内務省警保局『警務指令録　甲』一四～一五頁には、本文の三項目だけが掲載されている。なお、国立公文書館所蔵参事院文書の中の「単行書・類聚説明録・第三巻」の同文の文書には、上述の三項目に加えて「募金をなすもの」という項目が掲載されている。史料間の異同の原因については明らかにしえないが、募金の有無も政党と政社の区別を判断する際の境界事例であったようである。

(27)「ロエスレルB」(「有松英義関係文書（八）」(翻刻) 一五二頁)。

(28) 従来、この訓示は、「梧陰文庫」(B―一〇六六) 所収の文面が知られていたが (中原英典「「集会条例」立法沿革序説」(下)、二九～三〇頁など)、文書の性質が判然とせず、実際に訓示が出されたのかどうかは定かではなかった。京都府立京都学・歴彩館所蔵「訓示内達類」所収の六月八日付「集会条例につき実際取扱に関し訓示 (蒟蒻版)」を確認したところ、「梧陰文庫」のものと全く同じ蒟蒻版に、六月八日の日付と「京都府知事北垣国道殿」という宛名が書き込まれたものであり、「梧陰文庫」の史料は実際に地方官に出された訓示の控であることが判明した。これは、「此際マノヌケ候様の事有之候ては、政府の威信に関係いたすべきに付、詳細なる訓条御発布可相成との御趣意に奉伺」と井上毅が山田顕義内務卿に書き送っていたように、山田が主導して出されたもののようである (一八八二年六月二日付山田顕義内務卿宛井上毅書簡、『井上毅伝』四、六三三頁)。なおこの訓示の中では、募金についても第七項で言及されていたが、あまりに厳格な取締りにならないよう、「訓示第七項募金云々の儀は後来永続貯蓄すべき為め募金するものは認可せざるの謂にして一時の会費席費等に充つるに過ぎざる募金を為すは妨げ無之儀と可相心得」と内達があった (「集会条例改正追加ニ付内務卿訓示中募金ニ関スル件内達」、鳥取県公文書館所蔵「本県内達留」所収)。

(29)「集会条例改正追加ニ付一層注意シ景況報告スベキ旨内達」(鳥取県立公文書館所蔵「本県内達留」所収)。

(30) 大日方純夫『自由民権運動と立憲改進党』九二頁。

(31)『東洋新報』七月五日の大阪立憲帝政党についての記事などを参照。ただし、取締りに際して政党と政社の区別に基づく用語法は必ずしも一定していなかったようである (山田央子『明治政党論史』四八頁)。

(32) 大日方純夫『自由民権運動と立憲改進党』九八頁。

(33) 萩原淳「明治・大正期日本における政治結社の規制」五五頁。その他の条文についても抑制的な運用が見られた。たとえば学術演説会で、外国の事例や過去の歴史に仮託して政治に関する議論が行われる現状を憂慮した内務卿山田顕義の代理松方正義は、「総て政談と称するものは〔中略〕古今内外の差別なく此条例に拠らしめ候様致度」と述べ、「政談」の内容を最大限に拡張解釈して取り締まろうと考えたが、結局、「政談」に含まれるのは「本邦現今の政治に止る」ことが達せられた (「集会

条例中説明ノ件」、「公文録・明治十五年・第六十巻・明治十五年十二月・内務省一」)。
(34) 以下、自由党に対する集会条例の適用過程については、寺崎修『明治自由党の研究』上、第一編I―四にも詳しい。
(35) 『朝野新聞』一八八二年六月十四日。
(36) 「自由党員集会条例に依り警察署へ喚問の件に付臨時会合の景況」(「三島通庸関係文書」四九六―六)。
(37) 小野梓「留客斎日記」一八八二年六月十六日の条。
(38) 寺崎修は、地方部解散を避けるために自由党が集会条例適用を回避しようとしたと解釈する(『明治自由党の研究』上、九五頁)。
(39) 「日記　一四」一八八二年六月十四日の条(「樺山資紀関係文書(その一)」書類の部、三一二)。
(40) 投書「改進党は無主義なり」(春塢逸史)『東洋新報』一八八二年六月二十日、投書「政党の変性を嘆ず」(折戸亀太郎)『東洋新報』一八八二年六月二十三日なども同様の内容である。
(41) 「政党は持論を同ふせる人々の集合体なり。政社は同論者の相集て其議論を実行することを勉むる所の集合体なり」と述べている(社説「駁東京日日新聞」『郵便報知新聞』一八八二年六月二十二日)。
(42) 「自由党並改進党調書」(「憲政史編纂会収集文書」四二三)。
(43) 『東京横浜毎日新聞』一八八二年六月二十七日。
(44) 『東京横浜毎日新聞』一八八二年六月二十七日。
(45) 小野梓「留客斎日記」一八八二年六月二十五日の条。
(46) 自由党の集会条例改正に対する態度について、寺崎修は、六月十二日から開催されていた自由党臨時大会で集会条例改正への対応が真剣に論じられた形跡がないことから、事態が深刻に捉えられていなかったのではないかと指摘している(『明治自由党の研究』上、九六頁)。
(47) 大日方純夫『自由民権運動と立憲改進党』六九～七〇頁。
(48) 『朝野新聞』一八八二年六月二十九日。
(49) 東京の進徳館に籍を置いていた自由党員の高津雅雄は郷里の父に宛てて、自由党が政社と認定されたのに伴い、「学校の教員生徒共の政社に加入することを得ざるに付、不得止右副寮長兼室長は辞退」と書き送っている(一八八二年七月一日付高津例太郎宛高津雅雄書簡、洲本市立淡路文化史料館所蔵「高津家保管文書」一三二一―一〇)。高津のように集会条例の適用によって影響を受けた党員は少なくなかったものと思われる。

(50) 東京都公文書館所蔵「福地源一郎より東京公同会設立之届」。本来、管轄警察署に結社届を出せば足りるが、福地はことさらに東京府知事にも届け出ている。
(51)『東京日日新聞』一八八二年六月二十日。
(52)『東洋新報』一八八二年七月五日。
(53)『東京日日新聞』一八八二年七月二十一日。
(54) 寺崎修『明治自由党の研究』上、一五七頁。
(55) 伊藤隆「明治十年代前半に於ける府県会と立憲改進党」一五七頁。
(56) 山田央子は、この時期の自由党において、〈自発的結社〉の契機が後退し、大義への全人格的な没入と献身を特徴とする〈盟約共同体〉的な性格と、「日常的な共同体的結合」が相互に補い合いながら前景化し、時に軍隊のアナロジーまで持ち出されたことを指摘している（『明治政党論史』第一章第二節）。
(57)「偽党征伐」については、大日方純夫『自由民権運動と立憲改進党』八〇〜八五頁。
(58) 五百旗頭薫『大隈重信と政党政治』三八頁。
(59) 五百旗頭薫「藩閥と政党」八五頁。
(60) 江村栄一『自由民権革命の研究』二四八〜二四九頁。
(61) たとえば、一八八二年の福島事件の際の無名館誓約が、「吾党は吾党の目的を達するが為め、生命財産を抛ち、恩愛の繫縄を絶ち、事に臨みて一切顧慮する所なかるべし」、「倶に同心一体の働をなすべし」、「誓詞に背戻する者ある時には、直に自刃せしむべし」などとあるのがその好例である（『自由党史』中、二五五頁）。山田央子のいう〈盟約共同体〉の典型的な事例だと言える。
(62) この募金が、一八八四年十月の自由党の解党につながることについては、寺崎修『明治自由党の研究』第一編Ⅲに詳しいが、江村栄一は、自由党解党の背後に募金問題だけでなく、党内統制確保の不可能など複合的な要因を想定しており（『自由民権革命の研究』二五三頁）、本書の叙述も江村説を参考にしている。
(63)『自由党史』中、三四一〜三四四頁。
(64) 江村栄一『自由民権革命の研究』二五二〜二五三頁。
(65) 江村栄一『自由民権革命の研究』二四九〜二五〇頁。大日方純夫は、実は解党（あるいは政党の「無形」化）が、一八八三年に洋行から帰国した後の板垣退助のみならず、「急進派」によっても望まれていたという重要な事実を指摘した（『自由民権運動と立憲改進党』四五〜四七頁)。

(66)「自由党員諸士に告ぐ」『自由新聞』一八八四年十月十一日。

(67) 五百旗頭薫『大隈重信と政党政治』第一章第二節。

(68) 以下、立憲政党については、原田久美子「関西における民権政党の軌跡」に多くを負っている。

(69)「立憲政党の議事」『自由新聞』一八八三年三月三十日。

(70)「立憲政党の議事」『自由新聞』一八八三年三月三十一日。

(71) 社説「立憲政党の決議の趣意を明にす」『立憲政党新聞』一八八三年三月二十一日。

(72) 原田久美子「関西における民権政党の軌跡」六七〜六八頁。

(73) 社説「立憲政党の決議の趣意を明にす」『立憲政党新聞』一八八三年三月十八日〜二十一日。

(74) 大日方純夫『自由民権運動と立憲改進党』四五〜四六頁。

(75)「四月廿日の景況」(「三島通庸関係文書」四九六—一二)。

(76)「四月廿日の景況」(「三島通庸関係文書」四九六—一二)。寄付の受け皿となる党という意味であろうか。

(77)「末広重恭演説　独立政党の必要なるを論ず」『朝野新聞』一八八三年九月二十六日・二十九日。「独立政党」については、真辺美佐『末広鉄腸研究』第一章第二節に詳しい。独立政党は愛知の愛国交親社や金沢の盈進社と交流があり、地方でも一定の支持を獲得したようである(「明治十七年五月廿二日記」、「井上馨関係文書」六五五—一)。

(78) 大日方純夫『自由民権運動と立憲改進党』第Ⅲ部第一章。

(79) 社説「東京立憲帝政党の解散」一八八三年九月二十七日。

(80) 社説「立憲帝政党の解党」『明治日報』一八八三年九月二十五日。

(81) これに対応して、たとえば一八八二年十月の論説であるが、「改進党を創立するや、首として結党の式を行ひ、名簿を調製し、金円を募集し、専ら外形を整備して俗眼を驚かさんことを勉め、政党の資格を棄てて政社の体に陥り、遂に我立法官をして政社の規則を設けしむるの地を為すの結果を招きたる」と、あたかも改進党の「政社」化が、集会条例改正を招いたかのように論じられることすらあった(論説「報知新聞社虚を吠ゆ」(渡辺安積)『東京日日新聞』一八八二年十月二十四日)。後の時点から「政党」と「政社」の観念を投影して一八八二年時点の政党に言及することは、「元来政党と政社は別なものである。然るに集会政社〔ママ〕法に服従した結果、初めて名簿を作る政党が日本に於て成立つたのである」と述べた立憲改進党の尾崎行雄にも見られる(『学堂回顧録』四二頁)。尾崎の回顧は誤りで、一八八二年結党時の改進党の内規第三条は、入党の際には三名以上の党員の紹介を経て名簿に登録することを定めている（『明治政史』上、四一六頁）。

(82) 社説「東京立憲帝政党の解散」『大東日報』一八八三年九月二十八日。

(83) 『自由新聞』一八八四年十一月二日。

(84) 社説「自由党の解散」『朝野新聞』一八八四年十一月五日。

(85) 「自由党の解散」『東京日日新聞』一八八四年十月三十一日。

(86) 「自由党の解党大意てふ者を読む」『東京日日新聞』一八八四年十一月八日。

(87) 「読朝野新聞」『自由新聞』一八八四年十一月七日。

(88) 「弁妄」『自由新聞』一八八四年十一月十五日。

(89) 「読朝野新聞」『自由新聞』一八八四年十一月八日。

(90) 「弁妄」『自由新聞』一八八四年十一月十五日。

(91) 「真成なる政党の成立を望む」一八八四年十一月十二日。

(92) 『自由党史』下、七五頁、八四頁。

(93) 「国会開設論者密議探聞書」（『明治文化全集　第二十五巻　雑史篇』一七五頁）。「建議」が批判の対象としていた原案の「大日本国会期成同盟規約」において、国会期成同盟が、「各府県有志組合」によって構成される積み上げ式の組織とされ、中央本部の役割は各地との連絡通信にとどまるなど、全国の結社の共通の〈場〉として構想されていたのとは対照的である。大日方純夫は、権力の専制に対抗するための団結強化の目的で、「政党」が国会開設運動に導入されたとしている（『自由民権運動と立憲改進党』二四頁、五八～六三頁）。また、政党は一時の目的ではなく、永続的な目的を紐帯とすることも強調されていた。一八八〇年十一月十一日の懇親会における嚶鳴社の草間時福の演説は、「自由党は永遠に存在する公明正大の政党なり。尊攘論者若くは国会論者も一時の目的に過ぎず」と述べている（沢辺正修「東行記事第三報」『久美浜町史　資料編』六〇一頁）。

(94) 丸山名政『国会之準備』五四～五五頁は、様々な比喩を駆使して政党による人々の団結の重要性を説いている。

(95) 「政治学政党編を講ず」『東京日日新聞』一八八二年五月五日。

(96) 念のために付言すれば、有形組織に批判的な政党観から、緩やかな結合に基づく政党イメージが必ず導かれるわけではない。たとえば先述のように、少数精鋭による突出的な行動を企図していた旧自由党の一部の急進派たちは、夙に有形組織を解いて無形化することを主張していたが、これらの人々の間の結合が緩やかなものだったと見なすことはできない。その後も、たとえば、一八八九年末の自由党再興の時期に大井憲太郎が「精神無形の結合」について述べ（『明治政史』下、一一三頁）、板垣退助も「千古不磨の主義上に於て無形の結合は旧に仍て異ならず」と語っていたように（同、一一九頁）、旧自由党系の人々はしばしば「精神」や「主義」に基づく「無形」の結合を強調したが、これらは極めて内向きで強固な結束を想起させるものだったのである。しかし、この時期に「無形」の結合として広く受容されたのは、自由党の「精神無形」の結束路線ではなく、立憲政党や独立政党が理想とした主義や意見の一致に基づく緩やかで流動的な政党観であった。

(97)　社説「立憲政党の決議の趣意を明にす」『立憲政党新聞』一八八三年三月二十日。

(98)　社説「立憲政党の決議の趣意を明にす」『立憲政党新聞』一八八三年三月十八日。

(99)　独立政党についての五百旗頭薫『大隈重信と政党政治』四〇頁の記述に示唆を受けた。

(100)　社説「読朝野新聞」『自由新聞』一八八四年十一月八日。

(101)　Rosenblum, *On the Side of the Angels*, Ch. 4 を参照。日本でも、同時代のアメリカの政党組織批判の著作はすぐに翻訳されて流布していた。たとえば、同書で言及されている Albert Stickney の著作は、政党批判の書として政府により『政体新説政党論』として翻訳されていた（真辺将之「政党認識における欧化と反欧化」一七二頁）。

(102)　大島明子「一八七三（明治六）年のシビリアンコントロール」八〜九頁。

(103)　松沢裕作『自由民権運動』は、板垣の指導下にあった立志社の「潜在的な軍隊」（六八頁）としての存在感は西南戦争によって失われたものの、その後も、自由党において「武」の要素が否定されえなかったことを描いている（たとえば一八八〜一九〇頁）。

(104)　「末広重恭演説　独立政党の必要なるを論ず」『朝野新聞』一八八三年九月二十六日。

(105)　社説「立憲政党の決議の趣意を明にす」『立憲政党新聞』一八八三年三月二十日。

(106)　千賀鶴太郎抄訳『政党弊害論』二〜三頁、九頁。

(107)　斎藤純一『政治と複数性』第一章で述べられている、個人の内的複数性のデモクラシーにおける重要性とパラレルに把握することができる。

(108)　『東京日日新聞』が、軍隊組織にも類比される「有形」組織の必要性を強調した自由党は、政党を「武断専制を作るの利器」たらしめんとするものであると批判していたことも傍証となる（社説「自由党の解党大意てふ者を読む」一八八四年十一月八日）。

(109)　このような特質は、中華民国初年の章士釗が「政党」を「造」るための「預備機関」として「政見商権會」を創設したのと比較すれば明らかになる（張玉法『民國初年的政黨』一九頁）。「政党」は必ず明確な主張を持ち、自らの手でその主張を実行することを目指すものとされるのに対して、「政見商権會」はある問題についての様々な見方をいずれとも立場を決めることなく発表でき、また政権を目指さず、自らの主張を誰が実行しようとも意に介さないものとされる。「政見商権會」が将来の二大政党制を構成する対立を生み出す役割を担うものとして位置付けられていたことに示されているように、明確な主張の担い手である「政党」と、議論の場としての「政見商権會」は、はっきりと切り離されていた。

(110) 出水清之助「民権政党停滞期における「無形結合」路線の論理と展開」。このような地方を基礎とした結合は、政党の再建構想の一環としての性格と、より直接的に政党自体への対抗的な構想としての性格の二つを併せ持っていた（出水清之助「自由民権期における「地方団結」と政党運動」）。

(111) 福井淳「大同団結運動について」一六〇〜一六三頁。

(112)『朝野新聞』一八八六年十月二十六日。

(113) 社説「全国有志大懇親会」『燈新聞』一八八六年十月二十二日。

(114)『燈新聞』一八八六年九月十八日。

(115)「有志懇親会」『燈新聞』一八八六年十月十七日。

(116)「三島通庸関係文書」五三五―二〇―イ。後ろの弘瀬の発言もこの史料からの引用である。

(117)「三島通庸関係文書」五三五―二〇―ホ。

(118) 麻生三郎「大同団結運動と星亭」一八三頁。

(119) 麻生三郎「大同団結運動と星亭」一九一頁。

(120)「有志懇親会広告」一八八六年十月十九日に「見光社内懇親会事務所へ御報知相成度候」とある。

(121)「三島通庸関係文書」五三六―一一―イ。

(122)「三島通庸関係文書」五三六―二七―イ・ロ。

(123)「三島通庸関係文書」五三六―三六―イ。

(124)「三島通庸関係文書」五三六―三六―ハ。

(125)「三島通庸関係文書」五三七―九。

(126)「三島通庸関係文書」五三七―一九―ロ。

(127) 加波山事件の顕彰運動については、大内雅人「明治一七年　加波山事件再考」。激化事件の旧自由党系の人々における位置づけの変化は興味深い。たとえば一八八四年九月の加波山事件の発生当時、『自由新聞』は事件関係者を「暴徒」と呼び、「彼の暴挙の責を我党の領袖先進に帰せしめんと試み、其甚きに至りては暴徒数十名の挙動は即ち自由党の挙動なりとの感覚を世人に与へんことを力め」ている他紙を批判し、「公同利益と言へる一点に就き偶然相合したる億万無数の政党員中の兇暴過失」について「責を世論に受くるの道理非ざるなり」といったように、自由党と事件との関連を否定することに躍起であったのが（社説「自由党を傷けんとする卑劣手段を笑ふ」『自由新聞』一八八四年十月二日）、一八八六年になると、激化事件は、旧自由党の人々の結集の紐帯となっていたのである。ただし、一八八二年の福島事件に関わって獄死した田母野秀顕がすぐに顕彰の対象となり、それが決死派を鼓舞して、さらなる激化事件の発生の背景になったとされるように（田﨑公司「自由党と明治一七年激化状況」）、激化事件がすべて同時代の否定の対象であったわけでは決してない。激化事件の全体については、高島千代「激化事件研究の現状と課題」を参照。

(128)　辞爵問題については、中元崇智『明治期の立憲政治と政党』第I部第一章第二節参照。

(129)　『明治政史』上、五六八頁。

(130)　鳥海靖「帝国議会開設に至る「民党」の形成」、同「雑誌『政論』における政党組織の構想」などで強調されているのはこの後者の志向である。これに対して、五百旗頭薫『大隈重信と政党政治』第一章第三節は、二つの志向の間を揺れ動く後藤象二郎の姿を描き出している。

(131)　大同団結の目的として、「藩閥政治を排斥する為めに必要なる事」、「国会に勢力を得る為めに必要なる事」が並列されることがしばしばあったように、この二つの志向自体が矛盾するわけではない（論説「大同団結の必要」『政論』第七号、一八八八年九月六日発行）。

(132)　『政論』第五号（一八八八年八月六日発行）。

(133)　「大同団結は兎も角も一旦は之を為さざる可からず」（大同生）（『政論』第五号、一八八八年八月六日発行）。

(134)　この論説においては、各地方における団結もそれが孤立したものである限り、「土地の団結」にすぎず、「其観、彼の藩閥主義に近似せるものなきにあらず」と批判の対象となる。少し強く読み込めば、大同団結運動は、各地に割拠する地縁に基づく諸地方結社の全国的結合、融合が実現して初めて、地縁から解き放たれた自由な分化の前提条件が整うというヴィジョンを有していたと言えるかもしれない。

(135)　鳥海靖「雑誌『政論』における政党組織の構想」八三頁。

(136)　塩出浩之「帝国議会開設前後の諸政党と大井憲太郎」五九頁は、「むしろ彼らは「主義」を回避していたのであり、それは一党で多数派を形成するためであった」と述べている。
(137) 自治党については、坂野潤治『明治憲法体制の確立』第一章第一節一、御厨貴『明治国家形成と地方経営』第二章第二節～第四節。
(138) 坂野潤治『明治憲法体制の確立』一四～一五頁。
(139) 御厨貴『明治国家形成と地方経営』一八二頁。
(140) 一八八八年八月二十九日付伊藤博文宛井上馨書簡（『伊藤文書』一、二三九頁）。
(141) 「官吏職務外ト雖モ政事上又ハ学術上ノ意見ヲ演説シ又ハ叙述スルコトヲ得」（「公文類聚・第十三編・明治二十二年・第四巻・官職三・選叙任罷・官吏雑規官舎附」）。
(142) 御厨貴『明治国家形成と地方経営』二一六頁。
(143) 「機甲第一五号」明治二十二年二月一日付探聞書、宮内公文書館所蔵「警視庁報告　一機甲第十三号他　明治二十二年一月～三月」。
(144) 論説「在朝の政治家は政党を組織するの意なき乎」『政論』第二号（一八八八年六月十五日発行）、論説「政治家は其政略を公示せざるべからず」『政論』第四号（一八八八年七月十五日発行）。
(145) 論説「官吏の政友募集」（『政論』第九号、一八八八年十月六日発行）。
(146) 「機甲第三六号」一八八九年三月六日付探聞書、宮内公文書館所蔵「警視庁報告　一機甲第十三号他　明治二二年一月～三月」。
(147) 「八十七」一八八九年四月二十八日の大同団結派会合についての探聞書、宮内公文書館所蔵「警視庁報告　二十二年分目録　第五十七号他　明治二十二年四月～十一月」。
(148) 大同団結運動から距離を置いていた板垣退助は、大同団結運動の分裂問題をこのように解釈しており、それが、両派の和解を目指す一八八九年後半の板垣の行動の基底にあった（宮内公文書館所蔵「警視庁報告　二十二年分　目録　第五十七号他　明治二十二年四月～十一月」）。
(149) この問題については、「同派の委員が去月〔四月〕廿八日両国中村楼に集会して起草委員を選定してより唯々折り折り二三新聞の誤報を伝ふの外更らに寂然として声なき有様なり」と報じられたように（『日本』一八八九年五月七日）、新聞報道は僅少であった。
(150) 非政社派の大井憲太郎が、一八九〇年初頭には再興自由党を立ち上げたことも、大井が非政社たることにさしたる思い入れを有していなかったことを示している。
(151)　大同団結運動を政党と解釈すべきか否かという問題をめぐる当時の多様な見方については、真辺美佐『末広鉄腸研究』第二章に詳しい。
(152)　社説「大同派の前途如何」『朝野新聞』一八八九年五月十六日。この時期の『朝野新聞』は犬養毅らにより、立憲改進党の分派的な立場から大同団結運動を主導していた（五百旗頭薫『大隈重信と政党政治』七七頁以下）。より大同団結運動に批判的な立場からではあるが、板垣退助も、大同倶楽部のような「主義」を欠いた「事実問題」による結合は、新しい政治問題の発生に対応できないとして、「聯合体」ではあっても「政党」ではないと見ていた（真辺美佐「大同団結運動末期における愛国公党結成の論理」五八頁）。徳富蘇峰は、時代の進展に伴って「雑駁」な政党が「精微」に赴くという政党観に基づいて、後藤の大同団結運動の曖昧さを批判していた（花立三郎「大同団結運動と熊本改進党」五九頁）。
(153)　諸勢力が「連合」や「合同」を主張した際の戦略や政党観については、塩出浩之「帝国議会開設前後の諸政党と大井憲太郎」Ⅰ―三、張翀「帝国議会開設前後の大同派」に詳しい。
(154)　御厨貴『明治国家形成と地方経営』二七七頁。
(155)　一八八九年二月八日付山県有朋内務大臣宛警保局長清浦奎吾報告書（「中山文書」六―一二〇）。軽率な言論取締りを戒めていたことについては、末木孝典『選挙干渉と立憲政治』二一七頁も参照。
(156)　一八八九年四月十六日付山県有朋内務大臣宛警保局長清浦奎吾報告書（「中山文書」六―一二〇）。
(157)　一八八九年七月十五日付山県有朋宛芳川顕正書簡（「中山文書」六―一四〇）。
(158)　一八九〇年七月末の集会及結社法の制定過程については、大日方純夫『自由民権運動と立憲改進党』第一部第三章二が、すべての結社に対する取締りの可能性を残そうとする内閣の思惑を描いている。
(159)　「集会結社法」（「枢密院御下附案・明治二十三年」）。
(160)　「枢密院決議・一、集会結社法・明治二十三年七月二十一日決議」。
(161)　この条項は一九〇〇年制定の治安警察法第七条に引き継がれる。

第三章　帝国議会開設と政党の〈一体性〉

はじめに

第一章第二節に掲げた山県有朋意見書に典型的に見られるように、議会開設前の政党は「準備の政党」にすぎず、議会開設後になって初めて「真成政党」の成立が可能となるという言説は広く流布しており(1)、大同団結運動においても複数政党への分化は、しばしば議会開設後に託されていた。政党に関わる実践において、一八九〇年の帝国議会開設という出来事には大きな期待と負荷がかかっていたのである。しかし、帝国議会が開設されれば果たして本当に「真成政党」なるものが出現するのかという点は未知の事柄に属していた。

政党にとって、帝国議会が国会開設運動以来の待望の舞台であったことは確かである。しかし同時に、議会の不在を与件としていた当時の政党にとって、議会開設は従来の活動スタイルからの転換と、新たな存在意義の証明を迫られる必ずしも望ましからざる画期でもあった。「政党」という装置が、日本の議会制度下において果たして有効に作動しうるのかという点は、予算審議や立法作業の成否などとはまた別の次元の問題として、それ自体が初期議会期における一大論点だったのである。

帝国議会開設直後の政党を取り巻くこのような状況の中で、とりわけ重要な論点として浮上したのが、党員を党の外部から区別しうる一体性（以下では、単に政党の〈一体性〉と呼ぶ）を、いかなる形で示すかという課題であった。政党の一体性の問題は、政党内部における結合のあり方に関わるものであり、その意味で一八八〇年代前半以来の議論の延長線上にあるものであったが、議会開設に伴ってこの点が再び論争の対象となったことには、以下のような背景があった。(2)

議会開設前の全国レベルでの政党の活動は、機関紙を通じた論争、演説会、建白活動などが中心であり、時間的にも空間的にも散発的なものにとどまっていたため、政党は漠然としたスローガンの下に党員を糾合していれば十分であった。大同団結運動の政社化問題に見られるように、時折、組織化への志向は見られたものの、党員の結合の内実が試される機会は稀だったのである。

しかし帝国議会が開設されると、その議場は全国政治の焦点としてひとえに衆目を集める特権的な空間としての位置を占めることになった。議員たちの議場における一挙手一投足が新聞によって速報され、そこで発せられる言葉はすべて公式の議事録によって一義的に確定され、特別な意味を持つことになった。帝国議会の議場を通して個々の議員の活動が明瞭に可視化されるようになったことで、議員の発言のニュアンスの微細な差異までもが敏感に識別されるようになったのである。このことは旧自由党の系譜を引く立憲自由党や立憲改進党のように帝国議会開設前からの前史を有する政党の側からみれば、議会開設前には可視化されることのなかったような党員たちの差異、意見の分岐が露わになり、党員の糾合がますます困難になったことを意味する。政党に所属する個々の議員にとっても、時に、同じ政党に所属する議員が自らと異なる意見を議場で披瀝する場面に遭遇することは、政党に所属するという行為の意味につき再考を迫るものであった。(3)

こうした事情によって、帝国議会開設後、政党のメンバーシップを帝国議会の議場においていかに表現するかという点、すなわち政党の一体性の問題がより鋭く意識されることとなったのである。しかし、「真正の政党」たることを証明するために、「政社」の所為であるとされた外的な拘束や強制に基づく結合ではないことを示しながら、しかも同時に、議場において何らかの意味での一体性を可視化して表現しなければならないという課題は極めて困難なものであった。

既存の政党に対して批判的な立場から大成会なる団体を結成した議員たちも、異なる角度から類似の問題に直面することになった。当初は、政党からの独立を強調し、組織強化に対して極めて警戒的であった大成会の議員たちも、やがて、自由党や改進党と効果的に対峙するためには、議場で繰り広げられる自由な議論を通じて意見が分岐し拡散していく傾向に対して、何らかの統合の方向性を示すことが不可欠であると考えるようになった。ここにおいて、会としての一体性をどのような形で表現するのかが課題とならざるをえなかったのである。

以下では第一節と第三節で、立憲自由党において政党の〈一体性〉の問題が先鋭的な形で現れた「党議」をめぐる党内闘争とその帰結を、そして第二節と第四節で、政務調査団体として出発した大成会が議場での経験を積む中で、徐々に組織強化を模索するに至る過程を検討する。

第一節　自由党における「党議」の争点化

自由党における〈一体性〉の問題

政党は誕生したものの、全国レベルの議会はいまだ存在していなかった一八八〇年代、改進党が早くも、議会開設後に通用する政策能力の形成を重視していたのに対して、旧自由党は、国会開設の確実な実現や憲法制定をこの時期固有の課題として、自らを議会制度下の政党とは異質な存在であると考えていた(4)(5)。それゆえ、旧自由党の系譜を引き、国会開設運動以来の人的関係に基づく大所帯を抱えて一八九〇年九月に成立した立憲自由党（以下、「自由党」）は、改進党に比べて、議会開設に伴う断絶をより鋭く感受せねばならなかった。自由党がその錯綜した結党の経緯を、「主義政策を理由としては毫も説明する能はざりし」(6)と揶揄されるような組織であったことも、党員が何に基づいて自由党の旗印の下に結集しているのかという政党の一体性の問題をなおのこと切実なものとした。議会開設後の政党の〈一体性〉の問題を論じるにあたって、自由党を主な検討対象とする所以である(7)。

このような状況の中、第一議会の自由党において、議会制度下での政党の一体性の具体的表現として重要な役割を担うことになったのが、党員の遵奉対象としての「党議」であった。本章では、「党議」をめぐる党内論争を跡付けることによって(8)、自由党の一体性に対する観念の変遷を検討していくが、これは以下のような意図による。

第一に、以下で詳述するように「党議」はその具体的な内容についての了解こそ存在しなかったものの、議会開設直後には既に、「党議」には必ず従わなければならないという規範意識が党員たちの間で共有されており、「地域政党の連合体」(9)としての遠心性に悩まされ続けた自由党において(10)、「党議」は、求心性を喚起する稀少な観念として極めて重要な意味を有していた。それゆえ、議会開幕時点において組織体としてのまとまりが全く自明ではなかった自由党が(11)、議会制度下において「党議」を軸として再定義・再編成される過程を明らかにすることができる。

第二に、「党議」をめぐる議論は、ある個別の決議の党員に対する拘束力の有無といった具体的な問題と、党員の政党に対する義務といった政党のあり方の根本に触れる問題との接点において展開されたため、「党議」に着目することによって、党員たちの政党観の次元と、現実の党内過程の次元を架橋することができる。「党議」の所在をめぐる論争の収束に伴い、議会開幕時に存在した多様な政党観も収斂し、現実の政党のあり方が当初の流動性を失って徐々に固形化していくと見ることができるのである。

第三に、「党議」に着目することで、傍流と見られがちであった、緩やかな結合を理想とする政党観の自由党内における影響力の再評価を試みる。先行研究においては、政党勢力の目指した政党内閣制が議会内での安定した支持基盤を必要とすることから、幹部の統制下での厳格な党規律の成立を論理的必然とした上で[12]、板垣退助や星亨らが構想、推進した代議士中心の規律ある党組織が高く評価されることがある[13]。もちろん、このような構想の重要性は言うまでもないが、党議拘束に反対して緩やかな結合に基づく政党像を理想とした人々の主張もまた、第一議会時点では、議会開設以前からの政党観に連なる極めて有力な潮流だったのである[14]。

立憲自由党の成立と臨時評議員会

一八九〇年九月十五日、立憲自由党の結党大会が開催された。大同団結運動から分裂した大同倶楽部、大同協和会（→再興自由党）、愛国公党の三派と、新党成立の仲介役となった九州同志会から成る立憲自由党は、「互に調和しがたき許多の異分子を抱合する所の大政党」であった[15]。党大会では、事前の協議会を経て提出された主義、趣旨書、綱領など党員の結集の核となるべき文書の採択についてすら異論が噴出し、喧囂の中でようやく決議される有様であった[16]。このとき同時に、政費節減、地租軽減などを定めた十項目の「党議」も決議されている[17]。ここでの「党議」は、綱領の実現のために議会への提出が期待される政策内容を列挙したものであったが、いまだ抽象的なものにとどまっており、その具体的な実現方策についてのフリーハンドを確保するため、「時に応じ変に従って緩急前後の取捨を為す」ことについての留保が付されていた[18]。

議会開幕を目前に控えた十一月中旬には、各府県から二名ずつの代表者が出席して自由党臨時評議員会が開催された[19]。臨時評議員会は、「党議に関する重要の事項を評議する者とす」と定められ[20]、議会での方針の明確化を目的とした機関であったが、議場での行動が束縛されることを懸念して設置に反対する代議士が多く存在した[21]。

この臨時評議員会においては、地価の低廉な地域について地価引き上げを定めていた原案が削除されるなど激しい論争が展開され、立憲自由党の機関紙の一つである『大同新聞』でさえも、「殊に重大なる事実問題に意外の反対者を発見し、之が為めに一驚を喫したる人々も少なからざりし」と述べたほどの状況であった(22)。しかし結局、「地租は五厘を減ずる事」、「官制を改革し各省局を便宜に廃合する事」などの条項が可決され、九月十五日に決議された〈第一議会党議〉実現のための方策がさらに具体化された。

なお、臨時評議員会決議の末尾には、代議士のフリーハンドを確保することを目的として、「以上の決議は臨時評議会《ママ》に於て我党の綱領党議に遵由し評定せる者にして、本年初期の帝国議会に提出すべき要件を列挙するものなり。固より該決議は大略の方針を示すものにして、之を議案となし帝国議会に提出するに当り、其方針に背馳せざる以上は、事項の変換、提出の先後等は一に我党議員の意見に任すべきものたり」との留保が付せられていた（以下、「臨時評議員会決議末文」）。これに対して、院外の有力者である小山久之助は、「議員諸氏が他日議会に臨み政府并に他党に対して一歩も譲らざるの覚悟にて所謂強硬策を執るべきを議決し置きたし」と述べて多数の賛成を得たが、決議には記載せず議事録に記録するにとどめられた(23)。臨時評議員会決議末文の「事項の変換」という文字を拡大解釈すれば、臨時評議員会決議は骨抜きになりかねず、小山の発議はそのような動きを牽制するためのものであった。これ以降、自由党内の議論はこの臨時評議員会決議を参照点として展開されていく。

「党議」の所在をめぐる論争の勃発

初の議会は一八九〇年十一月二十五日に召集されたが、自由党では、果たしてすぐに臨時評議員会決議をめぐる論争が勃発した。院外の代表である常設委員と議員団の代表である整理委員(24)による協議の結果、田畑のみ地租を五厘減ずる地租条例改正案を自由党議員が十二月十一日付で議会に提出したのである(25)。十一月の臨時評議員会において、田畑の地租のみを五厘減とし宅地山林の地租は軽減しないとの案が否決されていたため(26)、自由党院外団体の二七会は、「吾党の代議士は吾党評議員会の議決を侮蔑したるもの」であると激怒し、幹事に対して抗議を行った。これに対して、十三日には河野広中と林有造が自由党議員を代表して、自由党幹事と大井憲太郎（非代議士）に向かい、「元来代議士は党議に従ふべき固よりなりといへども、事項の変換の如き、代議士の権内にあるものと信ずる」と述べ、「『地租五厘減を定めた』評議員会の議決は、吾々代議士は堅く遵守すべきは固よりのことにして、此度帝国議会へ建議なしたるものは、決して党議に反したるものにあらずと信ず」と回答した。これに納得しない二七会は、至急臨時評議員会を開いて協議することを要求し(27)、十五日には、自由党幹事も、自由党の議員団である弥生倶楽部に対して、「二七会の請求あると否とに拘らず、本党の党議は正当の順序を経ずして変更すべきものに非ざれば、地租の動議は山林原野も田畑と同様に五分を軽減する事に改正して、以て党員、党議を重ずるの実を明にし、我党の平和と鞏固とを図られたき旨」を申し込んだ(28)。弥生倶楽部はこれに対して、党議違反ではないと再度抗弁し、自由党幹事の勧告を聞き入れなかったため(29)、十八日の常議員会では(30)、二七会員の求めに応じ、「我党評議員会の議決を帝国議会に行はれしめんが為め」翌年一月に党大会を開催することが決定された(31)。

以上の経緯から、次の二点が明らかになる。まず第一に、議員であるか否かを問わず、自由党員の間で、「党議」には必ず従わなければならないという規範意識が既にこの時点で存在していた(32)。第二に、しかし、自由党幹事あるいは院外党員が認定した「党議」と、代議士にとっての「党議」が一致していなかったことに示されているように、先例を欠く第一議会にあっては、どの決議が「党議」なのかという点、あるいは「党議」の具体的な内容については、自明でなかった。それゆえ、ある決議が党員に対して拘束力を持つ「党議」であるか否かを、各人が自らの選好に従って主張する余地が存在したのである。

ただ、この時点で「党議」には従わなければならないという規範意識が存在していたこと自体、興味深く重要な事実である。この点については、「党議」という語が有していた二つの異なる潜在的なイメージが、どちらも「党議」への服従を当然に導き出すものであったことから説明可能である。

第一に、「党議」が「党義」に通じることである。「党義」は、「主義」や「綱領」などと並んで政党に所属する人々の結集の核として観念されることがあり、第二章でも引いた自由党解党直前における、「其主義に党する以上は其運動の細大遅速悉く挙げて以て其主義即ち党義の犠牲たるを甘んじ〔中略〕党義の為めには如何なる痛苦も痛苦と謂はず」などの用法がその例である(33)。この場合、政党に所属することは、当然に、「主義」や「綱領」と並んで「党義」への自発的な同意を前提とするから、「党義」あるいは「党議」に対する否認などという事態は起こりえない。しかし、「党議」をこのように政党の結集核として位置付ける場合、党員の意見が分岐し、相互不一致の可能性が高まる具体的な事項は、「党議」たりえないことになる。

第二に、「党議」という語が、党内における議論の結果としての合意内容を指して用いられることもあった。この場合、党内における決定手続きが重要な意味を持つことになる。たとえ、自分の意見と異なるものであっても、党内において一定の手続きを経て決定された事項については、それが党員の議論の結果であるという理由で「党議」として服従の対象と見なされるのである。

もちろん、「党議」という語の有するこれらの異なる二つの潜在的なイメージは、多くの場合において区別されず、また、意識されることなく用いられていたと思われる。しかし、この後、「党議」という言葉が論争の対象となる際には、これらの二つのイメージのどちらを重視するかという差異が、各人の政党観の対立と結びついて先鋭的な形で顕在化することとなる。

臨時評議員会決議の拘束性の否定

さて、十二月中旬には自由党の末広重恭が、体刑を存置した新聞紙法案と出版法案を議会に提出したが、これは「集会新聞出版諸法律の刑罰は体刑を廃する事」と定めた十一月の臨時評議員会の決議に抵触するものであった。立憲自由党の機関紙の一つである『自由新聞』は、「右は全く末広重恭氏一個の資格にて提出せしものにて、自由党としては別に其の党議に従ふて編制せし立派なる改正案あるよし」と嘯いたが[34]、院外団はこれを見逃さず、末広を「党議」違反として攻撃した。

このような中、十二月二十一日に十一月以来の臨時評議員会が開催され、弥生倶楽部が提出した地租条例改正案と、末広重恭が提出した言論関係法案の内容が、「党議末項〔臨時評議員会決議末文〕の事項の変換を許したる範囲内のもの」であるかどうかが議論された結果、地租条例改正案のみ追認された[35]。これを承けて二十三日の弥生倶楽部総会では、既に議会に提出された言論関係法案を末広に撤回させるよう働きかけることが決まった[36]。しかし末広は、「議員たるものは政治上の事件に関し議員外の者より意見を支配せらるる筈なし。元来政党と云ふものは固着体にあらずして意見合すれば合同し、意見合はざれば別るるは当然なり。今度諸君と別るるも、又明日時事問題に因て合する時節もあるべければ、何も深く心配するにも及ぶまじ」と述べて撤回要請を拒否した[37]。

年が改まり、党内の末広非難の声が一層高まると、一八九一年一月十四日、末広は「蓋し我党を結合する鉄鎖は、結党の際に愛宕館にて議定いたし候主義目的〔一八九〇年八月二十五日の新党創立相談会での決定事項〕に外ならず、夫の評議員会の議決の如きは、党中の参考に備ふるに過ぎずと確信いたし候」と記した脱党通知書を提出し、単身、自由党を去った[38]。

末広は、前年十二月の弥生倶楽部の集会でも、臨時評議員会は「議員と議員外の人々との円滑を謀」り、「自由党中にある議員に向ふて希望を述ぶる」ために設置されたにすぎないと考えていたところ、種々の政治上の決議を行って、「不思議にも、是れは党議なり、是非とも我々〔自由党議員〕の服従せざる可らざるものなり」と主張するに至ったことを批判していた[39]。末広にとって、政党の結合の「鉄鎖」は、結党の際に定められた主義や綱領といった抽象的なものにとどまるべきであり、具体的な政策内容を定めた臨時評議員会決議は、党員が遵奉すべきものとしての「党

議」たりえなかったのである。(40)

末広の批判は、自由党の政党としてのあり方という根本的な問題にまで及んだ。自らが主筆を務める『国会』新聞の紙上において、「主義目的によりて相集まることそ政党の本分なれ、政事上の細目までも之を議定し議員をして之に服従せしめんとするは公党に非ずして私党なり。議員を蘇言機視するものなり、議員を木像視するものなり」と述べたのである。(41)

ここで重要なのは、末広が一八八〇年代以来の持論である、党員が緩やかに結びつく政党像を掲げることにより、議会活動の細目に至るまでを「党議」と称して強制する自由党のあり方を「私党」として批判し、臨時評議員会の議決に反する法案を提出した自らの行動を正当化した点である。(42)臨時評議員会決議への服従拒否という極めて具体的な問題が、議会制度下での政党のあるべき姿という高次の問題と連動することとなったのである。

自由党に対する「私党」批判

このように自由党の「私党」性を糾弾し、異なる政党観を対置したのは、末広のみに限られた話ではない。議会開設前、後藤象二郎に近い大同倶楽部に属していた人々の中には、議会開設後まもなく自由党を離れた者が多かったが、これらの人々にも同様の傾向がみられる。第一議会前半は、議会制度下における政党のあり方についての多様なイメージが存在する極めて流動的な状況であったため、自らが選択したある具体的な行動を正当化するために、政党観という高次の問題を持ち出すことは非常に有効な手段だったのである。

たとえば、予算委員長の地位にありながら、予算委員会の査定案よりも穏健な減額を主張して一八九一年一月初旬に脱党した大江卓も、前年十一月の「政党と国会議員との関係を論ず」と題した論説の中で、「国会議員なるものは全国の代議士にして一地方又は一政党の代理人に非ず」とした上で、「若し夫れ国会議員にして議場に上るの前に於て、一々政党員の内意を聞き細大の事、皆政党員の議決に従はざるべからざるものとせば、一国民の公利公益を代表すべき国会議員をして、政党の私利私情を発露するの器具たらしむるに至らんのみ。況んや其政党は主義目的を以て相離合すべきの大義を忘れ、感情の為めに支配せられて相争闘することも、亦之れ無きに非ざるに於てをや。若し此の如くんば有為闊達の士、不羈独立の人は遂に政党を有害視して自ら運動を為すに至らん」と述べていた(43)。

立憲自由党創立に不満を抱いて、国民自由党を結成した人々についても同様である(44)。結党後に公にされた「政党革新の意見」なる文書においても(45)、既成政党に対する批判の主眼は、一八八二年以来の政党と政社の区別に依拠したものであり、国民自由党は、今後、「政社的の組織を捨て、真正なる政党の成立を期」すと宣言していた。

このように、結合を強化した「政社」とは異なる、緩やかな結合こそが本来の政党のあり方であるという一八八〇年代以来の政党観については、議会開設後のこの時点においても幅広い合意が存在していたのである。第一議会において、院外団の要求を議員団に貫徹させようと奔走した大井憲太郎の影響下にあった自由党機関紙の一つ『江湖新聞』ですら、国民自由党の既成政党批判に対して、「今日の政党が政社の組織をなし、法則的の約束となれるは自から求めて斯の如く為したる者にあらず、〔中略〕日本政府が苛酷なる法律を設けて、強て之れに服従せしめたるものなり」と、「政社」への否定的な評価をそのまま共有した上で、政府の結社取締りの望まざる結果であると弁明せざるを得なかったのである(46)。

このように、末広や国民自由党の人々の主張は、当時の人々にとって、きわめてなじみ深く、説得力のあるものであった。この後も、自由党内において、強制力を用いた団結の強化や「政社」的なあり方を批判する言説は繰り返し登場する。しかし、末広や国民自由党に走った人々の脱党により、このような言説は、自由党の現状に対する批判としては機能しても、現実の自由党のあり方に対置されるような、実現可能性を有した政党像としての存在感を喪失していったのである。

第二節　大成会と結合強化の模索

大成会の創設

政党観や政治的野心など様々な理由に基づき、自由党や改進党といった既存の政党から距離を置いて大成会[47]に参加した議員たちも、議会開設後、政党から完全に無縁であり続けることの難しさを痛感し始めていた。

大成会は一八九〇年七月初旬の選挙後、旧自由党や改進党から距離を置く議員たちが交流を重ねる中から誕生した[48]。七月中旬以降、当選した全国の代議士たちが、楠本正隆や芳野世経などの名士の許を行き来しており[49]、帝国大学出身の議員たちも独自の結集を試みていた[50]。西京でも、報徳運動で名高い静岡選出の岡田良一郎が七月二十三日に、田中源太郎、石原半右衛門、松野新九郎など、穏健な実業家の集まりである京都公民会所属議員と会合して、関西での懇親会開催を打ち合わせていた[51]。以上のような潮流が合流して七月二十五日に[52]、芳野世経、俣野景孝、元田肇、増田繁幸らが「独立党を組織せん」として星ヶ丘茶寮に集会し[53]、「現存各政党に対し厳正中立を守ること」、遅くとも八月二十日までに「同志大懇親会」を東京で開くことを申し合わせた[54]。

東京での会合参加者は、関西の人々とも気脈を通じることを決め、京橋区八官町に事務所を置いた。大谷木備一郎、大東義徹らが八月二十日開催予定の会合準備の庶務を担うこととなったが、建前上はあくまでも在京者一同を委員とし、大会案内状も「東京在住の同志一同の名義を以て発送する事」とされていた[55]。従来の政党に見られた垂直的な関係に対する批判から、会員同士の水平的な関係が強く意識されていたものと思われる。ただ、この時点では後の自由党や改進党も新政党創設に向けた混乱の中にあったため、「中立」主義者たちは、「進歩党」とも気脈を通じて活動することを申し合わせるなど状況は流動的であった[56]。

予定されていた「中立」議員の会合は予定通り一八九〇年八月二十日から二十二日にかけて開かれ、会名を大成会とすることとなった。規約は一部の語句の修正があったのみで可決されたが、異論が全く存在しなかったわけではない。一部の会合者は「中立主義者の会合は党派にあらずして組合とでも云ふを適当と認む」などと主張し、分裂も危ぶまれたのである。(57)

集会者のうち有力な一派は「中立党同盟案」という対案を提起したが(58)、この案は、まず「此同盟は既成の政党に加盟せまじき事」を掲げた上で、「中立議員は同盟団体として一定の政治方針を持せざるにより、政社法に関係ある組織を為さざる事」と述べ、一八九〇年七月末に発布された集会及政社法に「政社」として拘束されることに強い警戒を示していた。また、「政務調査」は「一貫したる団体の政治方針を定むる為にあらず」、「同盟員各自の参考に供するのみ」と強調している。さらに、「同盟員は団体を為さざるが故に、同盟員多数の説を以て政治主義を束縛せらるる事無かるべし」として、あらかじめ党議拘束の道を断っていた。

結局「中立党同盟案」は採択されなかったが、成立した大成会規約においては、第二条で「衆議院中の同志者より成る」と定め、第三条で「本会員は政事上の実際問題を研究し其結果を以て議政の方針とす」とした上で、第四条で部門を分けて「実際問題の調査に従事す」とされた。組織としては、幹事は設けず、会員から「会務の掌理を託」される任期一年の常務委員三名が置かれるにとどまった。また、第七条で「本会は毎年帝国議会開会前総会を開き本会に関する重要の事項を議定す」と定められたように、第一議会限りの組織ではなく、今後も毎会期ごとに存続することが前提とされていた。

集会及政社法の適用をめぐって

しかし、政党から距離を置こうとする人々が、かえってそれ自体として一つの強固な集団と化してしまうことへの警戒感は強かった。中立を標榜しつつも大成会からは距離を置いた楠本正隆が、「余はかねて小党分裂を憂ふるものなれば独立の名を藉て別に一旗幟を立て諸党派に抵るが如きことは、どこ迄も不同意」と述べていた通りである。[59]

このような観点から問題となったのが大成会の趣意書の公表である。趣意書を発表すれば、何らかの意味で凝集性を有する集団だと見なされる恐れがあったからである。この会合に出席していた岡山兼吉は、[60]「趣意書を発表するに於ては既に中立にあらず、一の政党なり」と主張し、[61]粟谷品三も、大成会が政社と認定されれば退会せざるをえないと述べていた。[62]このような会員の動揺は、一部の会員が警視庁に問い合わせ、大成会は政社ではないとの回答を得た旨を報じると沈静化したという。[63]最終的に可決された大成会の趣意書は「已成の政党以外に立ちて其派流を分たざりしは、中正の大主義に則るにあらざれば吾人真正の目的を達する能はざるを信じたるが故のみ」といったものであったが、この程度の内容ですら大論争を惹起したのである。

実は、八月二十三日付で警保局長清浦奎吾から警視総監田中光顕宛に「帝国議会議員のみの団体を設けて政務調査等を為すときの取扱方別紙の通内定相成候間、為御心得写一通及御送付候也」として、「帝国議会議員が議院に於て発言せんとする旨趣を以て政務の調査を為さんが為、倶楽部等を設け集会協議を為すが如きは、仮令団体を組成するの形あるにもせよ、其会員は公衆を集めずして単に議員に限り、且治安上取締の必要なしと認むるものは政社の取扱を為さざる」こと、「議員相互に前項に記する必要の為集会するものは、仮令其議員は何政社又は某政党に加入し居るに拘はらず、政社法二十八条〔政社ハ委員若ハ文書ヲ発シテ公衆ヲ誘導シ又ハ支社ヲ置キ若ハ他ノ政社ト連結通信スルコトヲ得ズ〕連結を以て論ずべきの限り」でないことが通知されていた。[64]これは、時期から見て、大成会の結成に関連した伺であると思われるが、[65]議員が議場で発言する準備として政務調査のために団体を形成するという新たなカテゴリーを設けることによって、大成会を政社法の取締りの外に置くことが決定されたのである。[66]

ただし、このような警察組織内部の通知は秘匿されているため、大成会が政社なのではないかという疑念が完全に払拭されたわけではなかった。八月下旬の各紙には、当局者は大成会を政社と見做していないという記事が掲載されたが、その理由としては、「元来政社なるものは汎く公衆を吸収するの性質を有するもの」だが、大成会は議員しか入会できず、また公衆に向かって政治を講談論議することを目的としないという点、また「唯各議員が議場に於て実地職務を行ふが為の準備として政務を調査し議案の審議をなす為めの寄合所たるに過ぎず」という点が挙げられていた。(67)九月上旬には園田安賢警視庁第三局長が「大成会に付政府に於て当初種々の議論ありしには相違なきも、結局同会は政社の範囲外にあるものと認められ政府の方針も之に決し居ることなり」と語ったことが報道され、ようやく憶測に終止符が打たれた。(68)

大成会が政社か否かという点が問題の焦点となったことに明らかであるように、この時点で、政党を語る際の枠組みとしては、依然として一八八二年以来の「政党」と「政社」の区別が確固たる地位を占めていた。(69)この区別の背後には、議会開設後になってはじめて、主義に基づいて自由に離合する真の政党が成立しうるという見方が存在したが、政府内部にもこのような観点から警察の取締りに批判的な人々がおり、たとえば、「陸奥宗光関係文書」所収の史料は、政党と政社の区別に依拠した上で、政社の連結通信を禁じた政社法第二十八条の束縛により、政党が自由に活動できず、結果として自由な連合の組み替えが妨げられ、「純乎たる政党」に近づく機会が奪われるという本末転倒の事態が生じることを警戒していた。(70)井上毅も、「今也議会開設の日に臨み、在野の人は猶政社の結合に汲々たるのみならず、或は政社を以て議員の思想の自由をも束縛せんとし、警察官は又一の誤解を履み、政党自然の集合をも、必政社法律の区域に駆り入れ之を制御したり〔傍注―大成会に於けるが如し〕。是れ我が憲法史上一の可笑事状なれども、今日まで誰れありて一人公然と其の非を鳴すものなし」と、政党勢力のみならず、取締りにあたる警察をも併せて激烈に批判していた。(71)議会開設直前になっても、期待されていたような「政党」が出現しないことへの焦慮を見て取ることも可能だろう。

以上、大成会の結成までの経緯を見てきたが、大成会の成立に政府の関与が全くなかったわけではない。高橋義雄が大正期に山県有朋から聞き取ったところによれば、「〔明治〕二十三年総理大臣として政局に当りし時、君の友人なる渡辺治等に大成会なる者を組織せしめ」たという。[73] 時代を経ての回想であるため注意が必要であるが、渡辺治が議会開設後間もなく早世したことや、山県の総理在任中という限定、さらに初の議会という特別な出来事についての回想であることなどを考え合わせると、山県が他の時代と混同した可能性は低く、信憑性の高い証言だと思われる。渡辺治が初めて大成会の会合に出席したのは組織計画が進展した後の八月二十日であり、[74] ここまで見てきた経緯からも山県が大成会を上から作らせたというのは正確ではないが、山県が中立議員の動向を横目で見ながら、渡辺治を通じて何らかの影響力行使を目指したことは確かであろう。[75]

[72]

組織改革の試みと京都公民会議員

自由党や改進党といった政党に対して批判的であるにもかかわらず、大成会なる集団を設ける理由として会員が挙げたのが、議員が単独ではこなすことのできない議案調査を大勢で分担して行い各議員の参考に供するというものであり、それゆえ政務調査は大成会にとって重要な意味を持つことになった。政務調査は当初、「外交軍務教育」、「内務」、「財務」、「法律」、「農工商務」の五部に分けて行われ、担当は会員が自らの希望を申告することとされたが、[76] 地元へ戻る議員も多く、決して順調ではなかった。

十月上旬には大成会の大会が開かれるはずであったが、結局、地方からの上京者が少なかったため「曖昧茫乎の内に集会」となった。[77] 開会劈頭、大成会の八名の委員の存在について、非難の意を含んだ質問が投げかけられ、何らかの垂直的な関係を想起させる役職に対する反感が一部の人々の間に根強いことを窺わせた。会員たちは、早くも大成会の不振という認識を共有しており、機関となる新聞紙や雑誌の欠如がその原因として指摘されていた。

しかし、幹事五名、評議員若干名を置くという組織改革案、そして議事規則を設けるという案はいずれも退けられ[78]、唯一可決されたのは「政務調査心得」のみであった。これにより議事は月・火・金曜日に開かれ、在京会員は必ず参加することとされた[79]。激論となったのは、大谷木備一郎の提出にかかる「本会は毎年帝国議会開会一ヶ月前より帝国議会閉会に至るまで続《〔ママ〕》き総会を開き政務及び会務を評議す」という案で、長期間にわたる会合が団結の強化を想起させるためか京都公民会の田中源太郎から強い反発が示され、会合に要する多額の費用を忌避する観点からも批判が出て廃案となった。

また、中村弥六提案の「本会は帝国議会議員中の同志者より成るものとして貴族院議員をも加入せしむべし」という組織拡大案についても賛否両論が入り交じる事態となった。法案は両院の賛成がなければ成立しないのだから、貴族院議員とも気脈を通じるべきだという賛成意見もあり、大谷木備一郎などは「今や政党内閣の実を挙げ、上下両院立法の権を掌握するの暁に達し、我会は進で盛大を期せざる可らず」と「政党内閣」まで持ち出して賛成したが、ここでも田中源太郎が「官尊民卑の余弊頭脳に浸染せる有位有爵者」に対して、「身自ら微弱なるが如く他党に譲て屈する如きは不面目の到《〔ママ〕》」と痛論して、脱会まで示唆したため廃案となった[80]。

このように十月の会合においては組織拡大のための改革案はいずれも否決され、組織拡大に熱心な大谷木備一郎らと、いかなる意味でも結合強化を警戒する京都公民会選出議員という対立構図が鮮明となった。京都公民会議員が政党からの距離を常に強調せざるをえなかったのは、すでに四月から独自の政務調査を行い、独立した組織として活動していた京都公民会と大成会の関係が問題となりうるからであった。大成会結成後、京都公民会の常議員会で浜岡光哲は、「大体議場に立つには政友相結託するにあらざれば到底一己一人にて勝《〔ママ〕》ち議場に制することは能はざるなり。故に成るべく多数の政友を得るは今日の急務なり」と述べて大成会への参加を正当化し、「他党と相結託するは如何」との疑義に対しても、「大成会は政党政社にあらず」と弁明していた。石原半右衛門も、大成会は「素より党派の如き団体にあらざれば誰を挙げて首領となすがごとくなく、各自分免許の首領の如き量見」なのだから問題ないと述べ、独立独歩を執拗に強調していた(81)。結局、「国家問題に対する〔京都公民〕会員の意見を実地に施行すべき機関」として大成会を位置づけることによって両者の関係は整合的に解釈されたが(82)、この後も京都公民会選出議員は大成会の反主流派として存在感を発揮し続けることになる。

さて、唯一可決された政務調査手続きについては、大会後、より詳しい手順が定められ、部内で分担を定めて調査を行った上で調査書を作り、各部ごとの取纏め委員を通じて常務委員に提出することとされた。また、部として別の部に意見がある場合は、意見書を相手方の部に提出できると定められた(83)。会員個人の参考に供するための政務調査というにとどまらず、大成会としての統一性のある政務調査を行うために、徐々に各部の調査の集約手順が制度化されようとしていたことが窺われる。

このように徐々に組織としての一体性の必要性が感じられるようになったのには、制度的な要因も作用していたのかもしれない。十月末の『大同新聞』には「独立議員殿の頓悟」という記事が掲げられ、ある政党嫌いの議員が、議院法第四十八条(84)により質問のためには三十名以上の賛成が必要であると書生に教えられ、「到底独立で三十名の賛成者を得ることは覚束ないからとて茲に始めて政党の利便を悟った」という挿話が掲載されている(85)。ここで重要なのはこのような話の真偽ではなく、主義に基づく結合などといったこれまで繰り返されてきた「真正の政党」イメージとは別に、議事運営において不可欠なものとしての政党イメージが生まれつつあったという点である。大成会における政務調査手続きの整備もこのような観念の変化の文脈上で理解することができるであろう。結合強化に最も警戒的であった京都公民会の田中源太郎ですら、「党議」や「政綱」を持たず、「党を結」んだわけではない大成会の既成政党との差異を強調しながらも、会員の間で譲歩して「議政の方針」を定めようとしていたのである(86)。

大成会と各派交渉

この政務調査手続きに基づいて大成会の各部では熱心に政務調査が続けられ、十一月中頃に開かれた総会はほとんど政務調査報告会の様相を呈した。さらに、議会開会が間近に迫ると、立憲自由党、立憲改進党、大成会の三派で衆議院規則についての打合せが開始された(87)。初回の十一月十七日の会合についての各紙報道の多くは、会集者が個人の資格で会合していることを強調したが、「各派一致の団体」を作る計画が存在すると踏み込んだ報道もあった(88)。十一月二十二日には議事規則の審議を終え、「三派中緊要の調査に係る事件は、此議院規則を調査せし如く会議を開くの約を結」んだともいわれる(89)。しかし議会への提出に際しては、三派から三名ずつの内訳で、議会の各部から一名ずつ計九名の起草委員を選んで共同提出する手筈になっていたにもかかわらず、大成会から委員を出すはずの第三部では自由党から石坂専之介が選ばれてしまい、大成会は不満を抱いた(90)。

議長選挙についても、大成会は当初、議長は津田真道、副議長は芳野世経と考えていたが、「正副議長とも同会員より当選せば同会将来の為め面白からざる結果を呈すべし」との遠慮から一部の票が流れた結果、中島信行が当選したという(91)。また、全院委員長には改進党の島田三郎を推し恩を売ろうとしたが、改進党が何らの見返りも提供しなかったため、大成会は失望したという(92)。逆に、予算委員選挙に際しては、改進党の島田三郎や尾崎行雄などが大成会に提携を申し出たが、田中源太郎は、「党派に偏せず同委員に適当の人を選挙せば可なり」と断ったとされる(93)。このように大成会と自由党、改進党との間には、共同の議案調査や議長選挙等を通じた協調の可能性が存在したものの、結局、安定的な連合関係は成立しなかったのである。

しかし、この時点において、政治党派の結合は、決して唯一無二の特別な位置を占めていたわけではなく、議員の多様な人的結合のあり方における有力な一局面とでも言うべきものであった。したがって、党派間関係が安定しなくとも、その他の様々な人的結合のルートが開かれていた。

たとえば、学閥は有力な結合形態であり、十一月十七日に築地の寿美屋で開かれた慶應義塾出身議員の懇親会には多数の有力者が出席しており[94]、より早い時期には、帝国大学出身議員の集会も報じられていた[95]。そのほか、地価修正による地価引き上げの対象となりかねなかった東北選出議員たちも早くから党派を超えて頻繁に会合を重ねており[96]、旧藩主や県知事の下に県選出議員が集うなど[97]、党派を超えた集会の機会は決して乏しくなかった[98]。

議場以外の場で党派を超えて議員全体の関係性を深めようとする動向も存在した。十一月十日に帝国ホテルで開催された衆議院議員懇親会は二〇〇名以上を集め[99]、両院の超党派議員の会合も十一月四日、十三日、十八日、二十二日と、毎回幹事を代えて開かれた[100]。京都公民会議員はこのような党派を超えた結合に期待を寄せており、松野新九郎は「大成会と各党派との関係に就ては各々譲り合ひをなすの都合なり。其は近来実事問題の続々顕はるるに随て或は意見の合するあり、合せざるあり。依て主義の如何に係らず各々党派の懇親会を開くは後日議場に立つ日利益する処あらん」と述べていた[101]。

国民自由党の加盟問題と大成会の組織改正

このような党派間関係が固定化されていない状況を奇貨として大成会に接近したのが、国権派と、立憲自由党から離脱した日曜会が結成した国民自由党であった[102]。佐々友房や古荘嘉門が大成会に入会を申し込むと、当初は国民自由党の政党色の強さが懸念され反対も少なくなかったが、議長選挙で国民自由党が熱心に大成会候補を支持したことで反感が和らいだという[103]。

しかし、ここでも国民自由党の加盟に強固に反対し続けたのが、京都公民会所属議員であった。たとえば田中源太郎は国民自由党加盟問題が表面化する以前から、「此党は自称して、権謀術数は行はずと云ふと雖ども、随分之れある様子なり」と酷評しており、国民自由党は、精神的結合を謳っているが、「此の精神的結合が実に恐るべきなり。

何んとなれば他の各政党は主義によりて相党するものなれば、主義合すれば相結んで党をなし、主義合せざるときは脱すれば其迄なりと雖ども、彼の異分子集合の精神的の結合に至りては権謀術数の行はるる甚しければなり」と指弾した上で、「立憲自由党の方却て正しきなり」とまで痛論していた[104]。京都公民会議員は、国民自由党の大成会への加盟を許すならば退会するという強硬姿勢を貫き、最終的にこの問題は佐々や古荘の入会申請撤回という形で落着したのである[105]。

国民自由党入会拒否は、政党色の強い人々を排除し、あらゆる党派から距離を置くという大成会結成当初の純粋性を守るためのものであった。しかし、もはや大成会が入会を望む会員を広く受け入れる緩やかな組織ではなく、明確で強固な境界を持つ組織であるということを、かえって内外に印象づけることにもなった。この問題を契機として杉浦重剛や芳野世経などの有力者を含む若干名が退会し[106]、「大成会の分裂は必然の事なれども、分裂する方却て同会の基礎は確定し始めて正統の大成会も出来得る事ならん」といったように[107]、大成会内部の雑多な分子が篩にかけられ、より高い凝集性を持った組織として再編されるという見方も存在したのである。

国民自由党加入問題の余波は組織改革にまで及び、八月の大成会創設時に議決された規約の改正が行われた。まず選挙による幹事が設置され、「本会の事務及政務に関する事項を托す」こととされた[108]。また、入会手続きも厳格化され、常務委員が幹事に申請を伝達し、幹事会で審査した上で、会員の同意を得ることとなった。幹事が設けられた背景には、議会開会後、機敏な運動ができない大成会に不自由が感じられるようになったという事情もあったようである。大成会の有力者である牧朴真が第一議会閉会後に語ったところによれば、大成会は当初、「政党でもなく政社でもなく、唯我々議員同志が集つて即ち政務の調査を為す一の倶楽部にして、他の議員外の人を入れず又警視庁に届を出すでもなし、真の調査所」であったが、議会開会後、「議会の運動上」において、「政務調査所」にとどまれば「機敏なる運動」ができず、意見を貫徹できないことを経験し、「運動を機敏」なものとするため、大成会の規則を改良して、幹事を置き一切の運動を任せることになったという。[109] この発言からも、十二月の規約改正は、大成会の「調査所」としての性格からの変容として捉えられていたことが分かる。

この時に内規改正も問題となった。改正原案には、「議院各部に評議員壱名を互選すべし」、「評議員は毎日議会開会前及閉会後幹事と與に談話室に会話すべし」、「評議員は商議の事件を其時に神速に部員に通知すべし」、「評議員会の評決は部員は可成服従すべし」、「若し服従し不能ときは其旨評議員に通告すべし」と記されている。[110] これは各部に新設される評議員を軸とした上下の意思疎通経路の設定であり、大成会を議場での進退まで共にするより強固な団体へと転換させようとするものであった。大成会の湯本義憲は、この内規案の「服従すべし」という表現に反発を覚えたようで「賛同すべし」と修正しているが、最終的な内規の文面は知ることができない。

大成会としての意思決定を統一していこうという志向は内規改正にとどまらなかった。十二月中旬に大成会は会内部の予算調査委員として田中源太郎、佐々木正蔵、湯本義憲らを挙げたが、[111]「衆議院の予算委員たる人々と同会の予算委員とにて協議する仕組を設けんとの議」もあったと報じられており、[112] 大成会内部での予算調査の結果を、衆議院の予算委員を通じて貫徹させようとする志向を窺い知ることができる。大成会内部の予算委員と大成会所属の予算委員との打合せは実際に開催されていたことが、一八九一年一月三日付の大成会幹事の通知から分かる。[113]

第三節　予算問題と自由党の「党議」

代議士総会決議の拘束力をめぐって

さて、第一議会の焦点は予算問題であった。衆議院予算委員会での議論は紛糾し、ようやく年明けの一八九一年一月八日の本会議で政府原案から約八〇〇万円の大減額を施した査定案が報告された。これに先立ち自由党の代議士による院内会派である弥生倶楽部は、七日に弥生館で会合を開き査定案への対応を協議した。衆議院予算委員長の大江卓と予算委員の竹内綱が減額の大幅な圧縮を主張し、また、菊池侃二も官制に立ち入らない七一六万円の減額を提案、松田正久が折衷案を提案するなど議論百出したが、結局、多数決により査定案を支持する者が過半数を占めた(114)。

党機関紙の一つである『立憲自由新聞』紙上で星亨は、この七日の決議が「党議」であると宣言したが(115)、臨時評議員会決議と同様、この七日の弥生館決議も「党議」としてすんなり受容されたわけではなかった。査定案反対派の多くは、この決議が「党議」ではないと主張したのである。

一月八日、査定案反対派の井上角五郎、堀越寛介、天春文衛、伊藤謙吉らは弥生倶楽部幹事に対し、「本月七日弥生館にて弥生倶楽部の惣会あり、予算案に付決議有之候得共、右は我党の綱領党議に相渉ること無之と存候間、猶議会にては自己の信ずる説を主張可仕」との照会書を提出した(116)。これに対して幹事は、「政費節減の程度は党議〔臨時評議員会決議末文〕に依て議員諸君の決定すべき所に相成候処、去る七日我党議員総会に於て予算委員査定案に〔ママ〕採用することに議定相成候上は、其総会の決議は即ち党議に有之、依て右議決に抵触すべき説は党議に背き候儀と思考仕候」と回答した。元来、代議士のフリーハンドの確保を目的としていた臨時評議員会決議末文が、議員団に党全体を代表して「党議」を決定する権限を付与したものとして読み替えられ、今や「党議」によって代議士を拘束するための根拠として持ち出されたのである。

立憲自由党結党時から独自の動きを示し、国民自由党参加の噂もあった井上角五郎は、その後も幹事の指示に従わず十四日の常議員会で除名されたが、「本月七日弥生倶楽部総会の予算案に付決議せしは、固より一時の決議にて、〔中略〕何分小生は党議と見做し不申候」、「依て議会にては生の信ずる処を主張可仕」との訣別の書簡を弥生倶楽部幹事に発した(117)。「党議」であるか否かを論じていることから、井上も「党議」に服従しなければならないという規範を共有していたことが確認できるが、井上は弥生倶楽部の決議を「党議」と見做さない理由について、「果して之をして党議ならしめば、在来とても如斯決議は度々有之、而して党員の之れに背戻したる例も亦多し。即ち在来党議に背戻したる党員甚だ多しとの譏を世間に招き可申と存候」と述べていた。自由党議員の集まりである弥生倶楽部の決議は従来拘束力を有していなかったにもかかわらず、一月七日の決議のみが突然、拘束力を持つ「党議」であるとされたことの恣意性を問題視したのである。

「党議」の決定手続きを問題視したのは井上角五郎だけではない。先の一月七日付の幹事への照会書の連署者でもあった『自由新聞』社長の堀越寛介は、査定案よりも減額を圧縮した菅了法（無所属）提出の予算修正案に、当初、賛成者として名を連ねた自由党員のうちの一人であった。堀越は、「予算節減金額の多寡は議員の意見に一任する事を党議に於て認め居る」と前年十一月の臨時評議員会決議末文を持ち出して、自らの行動は「党議」違反ではないと抗弁した上で、弥生倶楽部の決議を「党議」と見做さない理由として、「若し弥生倶楽部の決議を以て党議とするの説、是なりとせば、我党の党議は悉く弥生倶楽部に於て変更改革するを得べし。如此くんば我党其弊害に堪へざるべし」と代議士のみによる決議を「党議」と見做すことの問題点を指摘した[118]。弥生倶楽部の一月七日決議の内容に満足している院外党員にとっても、その決定が代議士のみによってなされたものであるという手続上の疑義についての指摘は共感できるものであったと思われる。

しかし、堀越が菅案への賛成を間もなく撤回した理由として挙げている通り、七日の弥生倶楽部での決議が出された直後から、党の様々な場で査定案支持が追認されていった。まず、自由党の院外団体である二七会は、七日の弥生倶楽部の決議後すぐに査定案支持を表明し、査定案支持を明言していない代議士を個別に訪問して態度決定を迫ることになった[119]。七日の弥生館における議員団の決議の性質は、十四日の常議員会でも問題となり[120]、堀内賢郎（代議士）は、この場で改めて七日の決議を「党議」とみなすべきかどうか、最終的に決定すべきであると発議した。これは、党の公式機関である常議員会で決着をつけようとするものであったが、星亨は、常議員の権限外であると述べて議論を封じた。一月十六日の議員総会では、予算査定案に同意する議員は連判状に署名すること、議場では記名投票を主張すること、無記名投票が行われることになった場合は、投票を明示することなどが決議され、議員に対する査定案支持の圧力はますます強化されることとなった[121]。

議員への査定案支持強制の正当化

しかし、政党における強固な結合が否定の対象とされ、緩やかな結合が理想とされていた当時にあって、議員の査定案支持を確実なものとするために用いられた様々な手段は、決してそれ自体としては正当化されえなかった[122]。そこで、代議士の「党議」への服従に際して強調されたのが、「徳義」であった。

たとえば、査定案の実現可能性を悲観的に見ていた自由党の林有造は、七日の決議が「党議」であることを前提とした上で、「党議」が確定した以上、政党に所属する者は議場において異見を述べないことが「徳義」であるが、それでも「党員にして、党議に服従し能はざるものありて、私見を吐露して議場の輿論を喚起せんとするに於ては、屑く断然脱党して別動体を組織し、以て勝敗を争ふより別策なしとす」と述べていた[123]。

一月十日、林有造、竹内綱、片岡健吉の高知県選出代議士が板垣退助邸に集会して脱党の意思を明かすと、板垣は、「今や党議と確定せし上は、意を抑へて黙従せざるべからず。是れ代議制度の国に於ける政治家の徳義なり。足下等誠に良心を欺くに忍びざるものあらん。然して政治家は単独の働きを許さずとの原則ある上は、箝黙して党議に屈従せざる可らず」と述べ[124]、党議に従うことが「政治家の徳義」であると説諭した[125]。

板垣は「党議」に従わなければならない理由について、以下のように説明している。

一つは、それが党員の輿論だからである。『自由新聞』紙上で、「自己の本心に信ぜざる事に従ふは良心に背くの嫌あるが其は如何にや」との問いに対して、板垣は、「国会の議場に於て決議せし事に就ては縦令反対の意見あるも一たび其案の通過せし以上は之に服従すればとて敢て其良心を枉ぐるとは言はず。適ま〔ママ〕に以て輿論を重んずる議員の徳義として称揚するに足るべし。而して党派の決議は恰も小国会の如くにて、其議決に服従するは又以て党員が政党に対する道義として称揚すべきなり。如何ぞ良心を枉ぐると申さるべきや。所謂尺を枉げて尋を直くするとの古語も此処の一段を指したるものに候はずや」と応じている(126)。また、林有造を説諭する際には、「諸君にして、若しも党議に反し、党内窃に別動体を組織せんとするに於ては、他日現政府が輿論に反対の政策を行ふ時に際し、之が攻撃の論拠を何れの処に求めんとする乎」とも述べている(127)。政党を「小国会」に喩え、政党における輿論として位置付けられた「党議」への服従義務を導き出したのである(128)。

もう一つ、「党議」への服従義務の根拠とされたのは、政党の戦術上の必要である。板垣は、「政党の運動は恰も戦軍の如く、其進退は軍隊の如くならざるべからず。彼の士卒たるもの、一々軍略を聞かざれば進退せざるが如きことあらば、遂に軍議を失して勝を制すること能はざるべし。政党も亦如斯党議を定むるの場合等に於て、一々全党員の同意を得て而して後ち運動するが如きことを為さば、常に他党の為めに制せらるるを免かれず」と述べたことがあった(129)。政党の外敵に対する勝利に必要な機動性を確保するため、一部の党員の不同意が存在しても、「党議」への絶対的な服従が正当化されたのである。このような軍隊組織と政党との類比は、一八八〇年代半ばに激化事件の中で党の羈束を逃れようとする決死派を抑えるために持ち出された比喩を想起させるもので、それが議会開設後に「党議」への服従を正当化するレトリックとして蘇ったのである。

「党議」相対化の模索――自由党穏健派の動向

逆に言えば、「党議」への服従を要請するこれらの根拠が存在しないとなれば、「党議」の絶対性を切り下げることが可能になる。すなわち、「党議」が党内の「輿論」ではないと見なされるか、あるいは、藩閥政府や他党などの外敵に対する戦術上、自由党の「党議」が不利に働くと見なされる場合である。「党議」決定手続きの不備を指摘した先の井上角五郎や堀越寛介の議論は、「党議」が党内の輿論ではないと主張したものだと解釈できる。また、以下で見るように、党としての戦術上、「党議」が拙劣であると主張することで、「党議」の束縛から逃れようとした人々も存在した。

　政府にとっても妥協可能な予算審議を目指した自由党内の穏健派（以下、「帝国ホテル派」(130)）は、査定案支持が「党議」であることを前提とした上で、査定案よりも減額を圧縮した予算修正案の提出をなおも試みていた。帝国ホテル派は一月八日には、「縦令党議とならざるも、断然之を議場に提出せんとの決議」をなし、「茲に注意すべきは党議に戻るの嫌ひなきやの問題なり。然るに此予算案たるや最も重大なる事柄なれば、縦令表面上は党議に戻るにせよ、我々の精神に於ては正義を旨とし公平なる発議をなし、以て党勢を張るにあれば、毫も恥る処なし。且つ自由党目下の有様にては、党議にのみ拠るべきにあらず」と申し合わせた(131)。これは、「査定案は全く議院内に於て勢力なき」という判断に基づくものであり、帝国ホテル派の有力者は「何とかして我党より提出の案、勝を得たりとのことを世間に云はしめんとの意志よりせしものにして愛党心に出でたるに外ならず」と弁明している(132)。帝国ホテル派は、査定案支持という「党議」に反する自らの行動を正当化するため、「愛党心」を強調し、「党勢を張る」、「勝を得」るという「党議」遵奉より上位の価値に訴えかけたのである。

　一月十六日、ついに帝国ホテル派の予算修正案が自由党の松田吉三郎の手によって議場に提出された（以下、「松田案」）。七日の弥生倶楽部の決議が各所で追認され、査定案支持の「党議」化への気運が高まっていただけに、帝国ホテル派の行動は自由党内を激しく動揺させた。しかし、提出者を含めて三十九名を数えた松田案賛成者の除名は、自由党代議士の三分の一以上を失うことを意味したため容易ではなかった。帝国ホテル派の行動は、この点を見越してのものだったと思われる。

しかし、帝国ホテル派が危惧していたように、徐々に「党議」としての実体を獲得しつつあった査定案と松田案の関係が問題になる。そこで考案されたのが、査定案が敗北した場合の次善の策として松田案を提出しておくという説明であり、松田案は「予備査定案」と通称されることとなった(133)。これにより、帝国ホテル派の行動は、さしあたって「党議」違反との非難を免れたのである。しかし、査定案を支持する自由党から、別の修正案が提出されている状態はやはり不自然であり、松田案の置かれた不安定な状態は続いた。

このような不穏な情勢の中、事実上の機関紙『自由新聞』に一月十八日に掲載された栗原亮一の社説「我党の諸士に訴ふ」が、査定案支持という「党議」の再検討を主張するという事件が起こった。この社説は、七日の代議士総会の決議が「党議」であることを認めつつも、「党議として之を守るに於ても、此を以て我党議員の衆を纏むるに足らず。盛んに異議の起り甚しきは全党の離合にも関する」という悲観的な見通しを示し、「多数を以て勝を制するは代議政体の智」なのだから、党内の統一を達成するためには、「我党を愛するの心を以て」「党議」を再議に附す必要があると主張したのである。

院外団や常議員会での追認、帝国ホテル派の予算修正案を黙認するための論理の考案などにより、七日の議決が徐々に「党議」と見なされつつあったことを思い起こせば、この社説は、際どい均衡の上に成立していた七日の議員団の決議＝「党議」を打ち砕くものであり、査定案支持派が激怒したのも無理からぬことであった。十九日の臨時党大会では、千田軍之助（非代議士）が、「今日此紛雑を見るに至りたるは、党議を確定するに当り其方法宜しきを得ざるに起因するものなれば、更に大会に於て之を再議すべし」と「党議」決定手続きを蒸し返したのに対して、「自由新聞論なり」との野次が飛ぶという一幕もあった(134)。しかし、栗原の社説に抗議するための談判委員が選出されると、『自由新聞』の庇護者の立場にあった板垣退助は、自由党からの分立届を提出するという強硬な態度に出た。結局、星亨ら自由党幹事が事態収拾に動き、『自由新聞』社説は栗原の個人的見解を表明したものにすぎないということで落着した。

「党議」としての予算査定案支持

分立届を出して引き留められた板垣の威信は高まり(135)、「党議」の再確立に向けて主導権を取り始めた。二十八日には、板垣が帝国ホテル派の代議士たちに松田案の撤回を働きかけることとなり(136)、同日の議員総会では、帝国ホテル派と査定案支持派の代表委員が協議することが決まった(137)。

翌二十九日の議員総会では、石田貫之助が、前日の決議事項について、「我党の党議たる査定案には我党議員は異議なく同心戮力其実を挙ぐるに務むる事」、「「ホテル」修正案の趣意を提出者より弁明する事あるべしと雖も吾党の輿論たる査定案を論難せざるは無論たるべし」、「吾党中査定案論者は予備案に同意するの義務なし」などと報告し(138)、板垣退助も、「ホテル派の方にても党議に服従するの決心」だと述べた。その後も議論は紛糾を続けたが、結局、新井章吾が査定案一本化の動議を出し、翌日の採決前の円満な事態収拾を目指して、党幹事の西山志澄が帝国ホテル派に根回しすることが決まった(139)。

予算をめぐる党内の混乱に最終的な決着がつけられたのは、三十日の議員総会においてであった(140)。この場で、帝国ホテル派の菊池侃二は議決の延期を求めたが、板垣の一言で採決が断行され、松田案は十七名の賛成者を得たが敗北し、査定案を「党議となし一致の運動をなすこと」が決定されたのである。翌日、板垣の立ち会いの下で帝国ホテル派の会合が行われ、ついに松田案を撤回することとなった(141)。

一月三十日の議員集会が査定案支持を「党議」として決議したこと自体は、決定的な意味を持つものではなかった。一月十八日から二十一日にかけて開催された党大会の決議中にも、「我党党議として決議したる予算委員査定案」との文言があったが(142)、この大会決議ですら絶対的なものではなかったのである。しかし三十日の決議については、そこに至るまでに、井上角五郎らのように一月七日の決議が「党議」であることを最後まで容認しない者が脱党し、あるいは除名されたこと、林有造のように査定案に不満を抱く自由党有力者が七日の議決に黙従したこと、二七会で査定案支持が表明されたこと、十四日の常議員会で七日の決議が「党議」として事実上追認されたこと、「党議」の再議を訴えた『自由新聞』社説事件が解決されたこと、そして松田案を支持した帝国ホテル派が賛成を取り消したことなど、数々の段階を経たことで実効性を有するものとなり、初めて党員一同が査定案支持で一致したのである。

これは自由党にとって重要な瞬間であった。査定案支持が自由党代議士の義務であるということは、議場での議案に対する賛否のレベルに「党議」を設定することについて、党員一同の了解が成立したことを意味するからである。議会開幕以来の「党議」の所在をめぐる論争は、ここに決着を見たといえる。

「党議」確定後の自由党

一月末に、査定案支持を「党議」とすることでようやく一致を見た自由党であるが、時折波風が立つことがあった。二月七日の自由党代議士の会合では、天野三郎が予算査定案中のある項目について、政府原案通りに復活させるという意見を提起したところ、鈴木昌司が、「査定案党議と一決せし上は、各自皆一致の運動に出づべきは党員の徳義にして、若し其内の一員自説を立てんとせば、折角の査定案も終に成立すべからず。苟も愛党心あるものは、此の如き自説は提出せざること」と述べ、天野が「予を以て愛党心なきものとなすか」と怒って退席するという一幕があった(143)。二月十三日の議員総会でも、高等中学存廃問題を自由問題とする提案が出されたが、会合の議長を務めた松田正久は、「査定案は今日の如く恰も破竹の勢を以て議場を通過するに、何を苦しんで斯の如きことをなさんや。仮令些々たる不完全の事ありとするも最早動かすべからざる今日に方り、小事情のために是等の事を変更するは我党の本質にあらず。徹頭徹尾査定案を以て一律の運動するは当然のことと思ふ」と述べて一蹴した(144)。一ヶ月近くの紛糾を経て査定案支持が決定されたことで、党内には、これ以上の煩雑を避けようとする雰囲気が強まっていた。査定案全体を守ろうとすれば、個々の款項を修正しようとする動きにも敏感にならざるをえなかったのである。

次なる焦点として浮上したのが、政府への予算廃減要求手続問題であった。憲法第六十七条は、議会が政府提出の予算原案に修正を加える場合、政府の同意を必要とする費目について定めているが、どの時点で政府の同意を得るべきかという点についての明確な規定は存在しなかった。衆議院の確定議前に政府に対して同意を求めるべきとの説を支持する者には、早い時点で政府との協議の道を開くことを目指し、政府に対して妥協的な「軟派」が多く、貴族院の予算審議が結了してから、衆議院と貴族院で合同して政府の同意を要請すべきとの説を主張する者には、政府に対して強硬な人々が多かった。自由党では、査定案支持への一本化を祝って二月一日に築地の寿美屋で懇親会が開かれたが、この席上で政府への予算廃減要求手続問題が議論され(145)、貴族院の予算審議が終わった後、政府に対して同意を求めることが決定された(146)。査定案の「党議」化に対応した強硬手段が採用されたのである。

土佐派の裏切り

大成会は、自由党や改進党に対抗するため、一月以降度々、査定案廃棄や予算廃減要求手続についての緊急動議を提出しており(147)、危機感を強めた自由党は、不意打ちによる不覚をとらないよう代議士に対して繰り返し出院を促していた(148)。しかし二月二十日、天野若円（大成会）から、査定案について衆議院の確定議前に政府の同意を求める緊急動議が出されたところ、自由党から林有造や片岡健吉ら旧愛国公党所属議員を中心とする同調者が出て、可決されてしまった(149)。世に言う「土佐派の裏切り」である。

しかし、天野動議可決の時点においては、状況は依然として流動的であり、この先、事態がいかに進展するかは未知数であった。造反して天野動議に同調した林有造らは、動議可決により政府との交渉の端緒を開き、党内に留まって自由党全体を政府との妥協へ導こうと画策していたようである。

天野動議可決後の二十二日の自由党代議士総会には林有造も出席しており、必死の弁明を行っていた[150]。林によれば、二月一日の寿美屋での懇親会において、衆議院の確定議前に政府に同意を求めるべきことを主張したが、同意者が少なく消滅したため、その日の決議が「党議」になったと信じていたという。しかし、二月五日に坪田繁（大成会）が提出した緊急動議の審議に際して、自由党の三崎亀之助が、林と同様の説を議場で公然と主張したため[151]、「不審」を抱いていたところ、幹事の西山志澄が「本問題の如きは党議にあらざれば、三崎の異論も其侭に附す」と告げたため、林も自分の主張を貫徹しても「党議に妨げなきもの」と考え、折良く出された天野若円の動議に賛成したにすぎないと述べたのである。

ここで林有造が問題にしているのは、二月一日の寿美屋での議決が「党議」であるか否かという点である。林は、政府への予算廃滅要求手続という、「党議」とは無関係の問題について党の多数派と異なる行動をとったにすぎず、「決して党議を外にし自己の運動を自由にせんとするの意志ありて之れに賛成したるにあらざれば、査定案を徹底せしめんとのことに至ては予て事務所に申通し置きたる如くにて少しも変心なし」と強調していた。これは事を穏便に済まそうとする党主流派の解釈でもあった。天野動議翌日の二十一日の代議士会議では、天野動議において「反対派に投じたるは党議外の運動なれば、余り厳重に取扱はざることとし、査定案には終始一致せしむるの方法を取ることにすべし」との意見が優勢であり、天野動議と査定案支持を切り離して扱うことで事態が収拾されようとしていた[152]。

しかし、決裂を避けようとする造反組と党主流派の弥縫策はすぐに破綻した。先の二十二日の代議士総会において、政府への予算廃滅要求手続の具体策を尋ねられた林は、特別委員の選任という案を提示した。これに対して、「若し予算につき査定案を譲りて政府に折合ふ意なれば、委員を設くるの必要あり。之に反し飽迄査定案を以てし、査定案を貫かんとなれば、委員を設くるの必要なし」との指摘がなされ、林の政府との妥協の底意が暴露されたのである。

衆議院の確定議前に政府に査定案への同意を求め、自由党を政府との協議の場に引き出すことで、査定案支持という自由党の「党議」の枠内で強引に局面転換を図った林らの目論見は外れた。林は、二十三日付の書簡で大蔵大臣松方正義に、「到底、是迄の自由党の不法の挙動にて、少も譲合候見込無之」と自由党内の説得工作が失敗に終わったことを告げ、「遂に明日は分離す」と脱党の決意を表明した(153)。天野動議賛成組の脱党は二月二十四日のことであった(154)。

天野動議を転機として局面は一変し、衆議院は即座に政府に対して査定案への同意を求め、二十四日付で政府が不同意を表明すると、特別委員九名を選んで政府との協議に入った。自由党脱党組からは、三崎亀之助、林有造、片岡健吉が委員に選出され、硬派としての証を立てようと必死に削減額の上積みを試み、最終的には六三一万円の減額で政府との妥協が成立した。

以上の経緯のうち、ここでの関心にとって重要なのは、「土佐派の裏切り」が、査定案支持という自由党の「党議」を前提として、政府への六十七条費目廃減要求手続という裏道からの妥協を目指したものであったという点である。これは、紆余曲折を経て確定した予算査定案支持という「党議」が、自由党において変わらず絶対的なものであったことを示す事実だからである。

同時に、「土佐派の裏切り」は、第一議会における自由党の「党議」の複雑さを示す事件でもあった。第一議会にあって、「党議」は制度上一義的に確定できるものではなく、予算査定案の「党議」化過程で見られたように、ある決議が様々な場で確認、追認され、徐々に多くの党員の間で「党議」であるという観念が抱かれるようになるといったものであった。しかし、「党議」であると信じられていた決議に反する行動をとった代議士が処分されないなど、ある決議が「党議」であることを疑わせるような事態が生じた場合、その決議は「党議」としての力を失うに至った。第一議会において、「党議」は確かに存在していたが、複雑な過程を経て形成された際どい均衡の上にかろうじて成立していたにすぎなかったのである。

ここまで述べてきたように、第一議会における「党議」をめぐる論争は、「党議」の設定されるレベルが徐々に下降していく過程であったということができる。一八九〇年九月十五日の結党大会の際に決議された〈第一議会党議〉が、十一月の臨時評議員会決議、そして、翌年一月の予算査定案支持決議という形で徐々に具体化されていき、最終的に、議場における議案に対する賛否のレベルに、党員の遵奉対象としての「党議」が設定されること、すなわち党議拘束についての了解が成立するに至ったのである。

「党議」をめぐる共通了解成立の背景

最後に、第一議会という議会開設後の極めて早い時期の自由党において、「党議」についてこのような形での了解が成立した背景について考えてみたい。

立憲改進党において〈一体性〉の問題が浮上しなかったのは、その党内統制のあり方によるものであった。創設以来、大隈の声望と政策能力を活かして穏健な地方のシンパを惹きつけることに重きを置いてきた改進党は、政策に精通した幹部が「政策サロン」で意思決定を行い、それを一般党員が遵奉するという党内構造を有していたからである(155)。

これに対して、地方団体の寄せ集めのような自由党では、有力幹部であっても、全党に睨みを利かせることは不可能であった。リーダーシップの欠如を補うことのできるような、党所属の見返りとして党員に提供しうる物的資源もほぼ皆無であった。自由党は慢性的な財政難に苦しみ、中央から地方に派出する遊説員の費用にも事欠く有様であったため、党員は選挙時でも党からの資金援助を期待できなかった(156)。また、当分の間、政党の政権獲得の見込みがなかったため、党員に官職を斡旋することも不可能であり、地方利益要求の実現に政党が資することも困難であった。政党は予算編成に関与できず、法案成立には貴族院という関門が存在し、また、地方利益はしばしば超党派的な団体によって媒介されたからである(157)。それゆえ、この時期の自由党員にとって、自由党に所属することのほぼ唯一の意義は、国会開設運動以来の系譜を継ぐと考えられた自由党の下に集うことで、政府に対決的な自らの旗幟を鮮明にできるという点にあったと考えられる。

このような状況を党幹部の側から見れば、党員に対する統制手段をほぼ何も持ち合わせていなかったことを意味する。(158) そうだとすれば、第一議会という極めて早い段階で党議拘束が成立したという事実は、ますます不可思議な現象に思われてくる。(159) しかし、この点については、議会制度下における党議拘束が、党幹部にとってのみならず、一般党員にとっても便宜だったという観点に立つことによって、以下のように説明できよう。

議会開設前は、漠然とした反政府意識を自由党の旗印の下に糾合することが比較的に容易であった。しかし、議会開設後はそのような状況に変化が生じる。議会という場は、議論を通じて、各人の意見を分岐させていく機能を一面において有しているからである。このような議会の機能が発揮されてしまえば、国会開設運動以来の人的関係に基づく党員の意見の多様性が明らかになり、自由党は分裂しかねない。それゆえ、政党が議会開設前後の断絶を極小化しようとするならば、多数決という手続きの求心力により多様な意見を統合し、(160) 量的な関係に還元してしまうという議会のもう一つの機能を利用する必要があった。

これは、自由党の幹部層のみに妥当する話ではない。先述のように、自由党に所属することの唯一の意義が、旗幟を鮮明にすることにあったとすれば、幹部以外の一般自由党代議士にとっても、議会制度の遠心分離的機能によって、自由党の内包する多様性が白日の下に曝され、自らの立場がますます不鮮明になることは決して望ましいことではなかった。

このような、党幹部と一般代議士とを問わず存在した議場での一体性の表出願望を議会制度下において実現するための装置が、党議拘束であった。むろん、代議士たちは、「党議」の内容を極力自らの選好に一致させようと激しく闘争したが、ひとたび、ある決議が党内の多数の支持を得ていることが明らかになれば、その「党議」に従うことを選んだのである。

もちろん、第一議会の自由党において厳格な党規律が実現したわけでは決してない。自由党においては、この後も度々、党議をめぐる紛争が生じたし、それは自由党の系譜を引く憲政党、立憲政友会においても同様であった。しかし、ここで重要なのは、「党議」をめぐる論争が理想の政党像をめぐる対立と連動して展開される状況が、早くも第一議会で終焉したということである。以後は、決定された「党議」の内容に異論が唱えられることはあっても、政党観と結びついた党議拘束への原理的な批判が党内闘争を規定するようなことはなくなった。これは、議会制度下における政党の一体性が、議場における特定の議案に対する投票行動の一致として示されることについての了解が、自由党内で成立したことを意味するのである。

第四節　大成会の組織改革

予算問題と組織改革の気運

前節では、帝国議会開設のインパクトを受けて、自由党において党議拘束が開始されるに至る過程を見てきたが、このように議場での一体性を高めた自由党に対峙する大成会においても変化が模索されつつあった。

予算委員会が強硬な査定案を報告することが明らかになると一八九一年一月以降、大成会は自由党内の穏健派や国民自由党とも提携して、査定案の衆議院通過阻止のために積極的に動いた。一月十一日、十四日には大成会、国民自由党、大江卓グループなどが会合して打合せを行ったことが報じられており(161)、大成会員の佐々木正蔵は、このような「温和派の有志」の会合について「頃日は予算案議事に付二大政党を生み出さんとするの勢あり」と記している(162)。予算問題を通じて、新たな連合が成立しつつあったのである(163)。これに伴って、大成会所属者に対する自称あるいは他称としてそれまで用いられてきた「中立」あるいは「独立」議員に代わって、「吏党」や「吏権党」という呼称がより頻繁に用いられるようになった。この呼称について、『大同新聞』は、「最初民権に反対する党派を指して官権と呼びたれど、官の字は何となく立派にて秩序ある組織体を観念せしむるのみならず、時として或は国家の主権等を含有する様に聞えて面白からず」ということで、「一層卑し気なる文字」を探していたところ「獄吏税吏等〔中略〕社会の公衆に面悪き字面」として「吏」の字が用いられるようになったと解説している[164]。

大成会は、査定案の通過を阻止するために幾度にもわたって議場で奇襲作戦を行ったが、いずれも奏功せず、大成会内の予算委員として奔走していた田中源太郎は失望のあまり、病気と称して京都に戻ってしまう有様であった[165]。新聞でも、大成会は「議場へは大将株一人も出席せず殆んど絶望の体」と報じられ[166]、会合も稀にしか開かれなくなってしまった[167]。

このような大成会の不調の原因について、成田直衛（秋田）は、「予算案及大成会員より提出問題、去廿九日より三四ケ度、一も成立ず連戦連敗。最早過激派に勝を制する見込なし。嗚呼烏合の兵、之を主宰する将なき為、約束常に行れざる為なるべし。慨嘆慨嘆、或は解散の不幸あらんか」と記し[168]、首領の不在と会員に対する拘束力の弱さを挙げていた。

しかし、成田のように結合強化を目指す意見の持ち主ばかりではなかった。たとえば、大成会の東北選出議員の一部が予算問題で弥生倶楽部の大幅な減額に同調するような動きを見せたことについては、「自由主義を以て自任せる立憲自由党は、却て言論の自由、議員の独立を貴重せずして、脅迫箝制至らざる処なきは実に痛嘆の限りなり。世間に於て郡長の集合、官吏又は無主義者の集合なりと嘲笑せらるる大成会にして、自由又は独立の実跡を表示せるは誠に以て誇るに足れり」と、大成会こそが議員の自由を重んじていることを示す出来事として、「氏等の行為は却て我大成会組織の旨意に適ふたるものなり」と評する会員もいたことが報じられている[169]。

しかし、大成会の組織としての弱さに問題意識を抱いていたのは成田に限られなかったようで、一月末には、大成会の全九部の議員から一名ずつ代表者を出して商議した結果、「政社組織」とすることで一致したと報じられている。「政社」化に賛成したのは、愛知、岐阜、福島など選挙区で他党との競争があった地域の議員で、「今後帰国の上、其敵党と争ふに、自分も亦政党の肩書なくては、如何にも幅の利かぬ気味ありて不都合の廉少なからず」というところから政社問題が再燃したと解説されていた(170)。二月十五日の成田直衛の日記に、大成会で「本会拡張の協議及緊要問題あり」と記されているように、この頃、何らかの組織改革が提起されたようである(171)。

この時期に組織改革の議論が活発化した背景には、第一議会閉会が迫っていたことがあった。二月上旬には「此まゝにて推し移らば、議会閉場の後ち各議員とも地方に帰り行き、糾合の便を失ふべければ、自ら解散の姿にも立至らんか。就ては今日に在て政社の組織に更むべし」と述べた会員がいたとの報道が出ており(172)、二月十日付の佐々木正蔵書簡にも「帰県前に純粋なる同志者団結をなし度希望にて、頃日同感者匆々相談仕居候」とある(173)。初の議会である第一議会に照準を合わせて創設された大成会を閉会中にどのような形で維持するのか、先例がない第一議会だからこそ生じた議論であったと言える。

組織改革は、しばしば「政社」化の可否をめぐる問題として報じられたが、「政社」化による最大の変化は、結合の緊密化にあると考えられていた。政社化を推進する人々は、その目的を「社会の大問題起る毎に之れに向て規律ある運動をなさんとする」ことや(174)、新聞や雑誌等を発行し、「平生互に気脈を通じて始終一定の意見を以て一致の運動を為す」ことに求めていた。これに対して、政社化に反対する人々は、「若し政党員として政治上に運動せば勢ひ党弊の内に立ち党員の圧制を受け、現に立憲自由党員が党議の奴隷と為りて、自己の意見を党議の犠牲と為さざるを得ざるに至りたるが如きに至らん」というように、党議拘束を政党の最大の弊害として挙げ、「我大成会の如く、意見合はば同一の運動を為し、意見合はざれば独立の運動を為すも一向差支なく、会員たるの資格は極めて自由にして、単に懇親に過ぎざるものと為し置く時は、年々歳々会員の異なるあるも毫も憂ふべきにあらず」というように、メンバーシップの流動性は何ら問題ではないと考えていた(175)。

議員以外への門戸開放の可否も重要な論点であった。たとえば、二十日の愛宕館での会合では、田中源太郎、坪田繁などが、政社化には反対しないが、「他の政党の如く議員外の者を入党せしめず」という説を主張したのに対し、大谷木備一郎、末松謙澄、渡辺治などは「議員外の者を入党せしめ後へに輿論を控へて社会に打て出ん」という説を掲げて対立したという(176)。

組織改革をめぐる対立は根深く(177)、結局、幹事や岡田良一郎から提出されていた改革案は間もなく撤回された。最終的に「一層其門戸を拡め、汎く同志者の入会を容れ、且同会の大意に違反せざる限りは箝するに党議を以てせず、優に徳義の範囲に於て一己人の運動を自由ならしめ、例へば他党と連絡を通じ又は其選挙区の輿論を一定せしむる如きは人々の意趣に任せて、毫も束縛する所なかるべきに一決」したと報じられている(178)。「党議」による拘束や「束縛」の否定が強調されていることから、この点についての反発が大きかったことが窺われる。

協同倶楽部の創設

組織改革案が撤回され、ひとまず現状維持での存続が決められたことで、大成会は三月一日以降、内幸町に議場、休憩室、事務室などを備えた新事務所を借り受け、会期終了後の態勢整備に動いた(179)。しかし、政社派の首領である大谷木備一郎は「素より政社組織の事は忘却したる訳にあらず。早晩政社的の倶楽部を組織して大に運動をなさんと欲す」と依然として意欲を示していた(180)。大成会の組織改革からは独立した形で、自由党や立憲改進党以外の議員を糾合しようとする動きは、三月六日発足の協同倶楽部に結実した。「此程より議院内に於て予算問題等に就き一致の運動をなせし為め諸派と社交的倶楽部を設置せんことを計画し」ていた末松謙澄、牧朴真などが、大成会の一部、国民自由党、熊本国権党、無所属の大江卓、末広重恭、井上角五郎など五十名と富士見軒に集会し、末松を座長として協同倶楽部の申合を定めたのである[181]。しかし、大成会とは表向き切り離された形で協同倶楽部が創設されたとはいえ、俣野景孝が安部井磐根に対して、「猶〔協同〕倶楽部の連中と如何に談判可相運哉、又大成会を維持する同志は何程に相成候や」と書き送ったように[182]、大成会と協同倶楽部との関係は不透明であった。

協同倶楽部については、三月十二日の『時事新報』に、第一議会の予算問題をめぐり、査定案よりも小幅な減額で穏便に済まそうとしたいわゆる「軟派[183]」の連合の延長線上にあって、それを固定化しようとしたものであり、大成会の政社化とは別の問題であるという解説記事が掲載されている。これによれば、協同倶楽部に加盟しなかった人々は、「今漫りに相合はば他日又差縺れを惹起して党勢の挫折を見るが如きことあるべし。毛色の変りたる者を収拾するの難き、殷鑑遠からず立憲自由党にあり」と主張して、雑多な勢力の野合を嫌って協同倶楽部に加盟しなかったにすぎないという。協同倶楽部設立の直前に発行された『京都公民会雑誌』でも[184]、「大成会は地方に団体を造り非政社又は政社の組織をなすは可なれども、直ちに国民派自治派等と合同して一大政党となるは、恰も目前に示したる殷鑑を顧みず、故《こと》さらに自由党の覆轍を履むもの」であると述べられている。ここでも、政社か非政社かという点はもはや問題でなく、争点とされているのは提携相手であり、京都公民会にとって、「吏権党」、「真正の政府党にあらず」という忌避の対象であった国民自由党との提携は、「前日の立憲自由党と一般、大嚢政党となり、其内部に数派を分つに至るや知るべきなり」として批判されていたのである。

このように第一議会では、自由党、大成会のいずれも大きな混乱を経験した。その結果、次章で記すように、一八九一年十一月の第二議会開会前まで、個々の政党内部においても、政党間関係においても流動的な状況が続くことになったのである。

政党観の変容

最後に、帝国議会開設後の、政党を語る際の概念の変容について見ておきたい。一八八二年に『東京日日新聞』紙上で「政党」と「政社」の区別が打ち出されて以来、この対概念は政党を語る際の基本的な範疇となり、本章第一節で見たように、議会開設前の時点でも変わらず用いられていた。

しかし、第一議会の過程で従来の「政社」と「政党」という対概念は徐々にその重要性を低下させていき、「政社」と「政党」とがあまり区別されずに、党議拘束などにより規律を強化した政治集団を指す概念として用いられることが増え(185)、緩やかな結合を意味する「倶楽部」がそれらに対置されることが多くなった(186)。たとえば、大成会の佐々木正蔵が、「規律的の政党は到底維持すること能はず。則ち立憲自由党の如し。〔中略〕将来は実事問題の運動に付、自然の政党出来可申、却て大成会の如く倶楽部的組織の便利なるを感じ居し《ママ》候」と記しているのがその一例である(187)。「倶楽部」は、特定の目的や会合行為とは異なる、人々の懇親自体を目的として用意された場としてのイメージを帯びており(188)、「党」と対置されたときの、「倶楽部」の緩やかな結合イメージは、この点に起因するものであったと思われる。こうした政党をめぐる概念の変容は、帝国議会開設が政党に対して与えたインパクトの大きさを物語っている。

小括

明治日本における政党は、一八九〇年の帝国議会開設に先立つおよそ十年の間、議会不在の中で活動してきた。この時期における政党の活動は時間的にも空間的にも散発的であり、漠然としたスローガンを唱えていれば党員を糾合するのに十分であった。しかし、議会開設後は、議場での討論を通じて党員たちの意見の分岐が促進され、その微細な差異までもが可視化されるようになったため、このような議会制度の遠心分離的な機能に抗して、政党の一体性を再定義することが必要になった。

第一議会の自由党においてこの問題は、自由党員全員が従わなければならないものとして意識されていた「党議」が、具体的にいかなる内容であるべきかという論争として顕在化した。当初、議会に提出する政策の大枠を列挙した〈第一議会党議〉が定められたが、第一議会を通じて、この〈第一議会党議〉をさらに具体化した決議についても、自由党議員が必ず遵奉すべき「党議」であるとされるに至り、最終的には、議場での議案に対する賛否のレベルに「党議」が設定されることについて了解が成立したのである。現代の用語を用いれば、党議拘束の始まりであった。

政務調査を共同で行うことを目的として設けられた大成会においても、政党の一体性は異なる角度から問題となった。まず、自らの批判対象である自由党や改進党に対峙するためには、やはり、何らかの意味での一体性を議場において示す必要が徐々に感じられるようになった。また、国民自由党加盟拒否問題を通じて、事実として大成会が確固とした境界を持つことが示されたことも、政党の一体性に対する問いを尖鋭化させることになった。結局、規約改正により従来の会員同士の水平的な組織を放棄して幹事が設置されることになり、また党議拘束に類似する手続きまで構想されるに至った。第一議会の経験を通じて大成会員は、議会で存在感を発揮するために、分岐、拡散していく議論を統合する主体が必要であることを認識し、議会開設前に想定されていたような議員同士の緩やかな結合を実現することの難しさを痛感することとなったのである。

次章では、第一議会を経て議場での投票の一致によって示されることとなった政党の一体性が、日清戦争開戦までの初期議会期の経験を通じて徐々に定着していく過程を検討する。

（1）　同様の意味で、「政党」に冠される修飾語には他にも様々なヴァリエーションがある。たとえば「真正の政党」の用例として本文で言及したもの以外には、たとえば『東洋新報』社説「真正の政党を論ず」（一八八二年六月三日）、「〔立憲帝政党は〕

改進党及び自由党は真正の政党に非らざるとの意を示し」（『東京横浜毎日新聞』一八八二年七月二十二日社説「正邪論　第一」）、「自由党の人々に於ても若し真正の政党即ち無形上の団結に由て其の主義を張んと欲せば其の道なしとせず」（「自由党の解党大意てふ者を読む」『東京日日新聞』一八八四年十一月八日）があり、陸羯南もしばしば用いていた。その他、「陸奥宗光関係文書」所収の一史料には、帝国議会開設を間近に控えた一八九〇年八月に「従来の政党なるものは将さに面目を一新せんとするの時機に迫りたるなり。故に今後起るべき政党は〔中略〕純乎たる政党ならんとするは勢の免がれざる所なり」と記されており（「陸奥宗光関係文書」六一―二三）、また同年十一月に井上毅は、「議会開設の前には政社の必要あるべく、而して真の政党は成立せず」と記していた（『井上毅伝』二、二八八頁）。

（2）　政治学の用語としては、党員の選好の近接度を示す〈凝集性〉と区別するため、議場における投票の一致度を〈一体性〉と呼ぶことがあるが（待鳥聡史『政党システムと政党組織』八七頁）、本書における〈一体性〉は、より緩やかに、政党の旗印の下に党員が集まっている状態を指すものとする。したがって、この〈一体性〉は必ずしも議場における投票行動の一致としてのみ示されるものではなく、より広く主義や政策を共有することによる〈一体性〉も含まれる。

（3）　一八九〇年九月に結党された「立憲自由党」は、第一議会閉会後の一八九一年三月に「自由党」と改称する。本章では、立憲自由党についても基本的に「自由党」と表記し、第一・二章で扱った明治十年代半ばの自由党については便宜上「旧自由党」と呼ぶ。

（4）　五百旗頭薫『大隈重信と政党政治』第一章第一・二節。

（5）　大日方純夫『自由民権運動と立憲改進党』二八頁。

（6）　社説「政界変転の機（三）　政党の退化（中）」『東京日日新聞』一八九二年五月七日。

（7）　高い政策能力を有する改進党では、自由党に比べて政策内容についての高水準の了解が存在し、なおかつ所属議員数も少なかったため、議会開設に伴って政党の一体性が問題化する契機は比較的弱かったという理解に立っている。

（8）　先行研究でもすでに「党議」については着目されており（たとえば、真辺美佐「第一議会期における板垣退助の政党論」）、第一議会における自由党の「党議」なるものが、極めて脆弱であったことは広く知られている。しかし、自由党代議士が「党議」に従うか否かという点に関心が集中しており、「党議」そのものが一義的に内容を確定しえない論争的な概念であり、だからこそ、各人の政党観をめぐる競合と結びついた点については十分に着目されていない。なお、第一議会については、村瀬信一「第一議会と自由党」、伊藤之雄「第一議会期の立憲自由党」がその全貌を明らかにしている。

（9）　前田亮介『全国政治の始動』七頁。

(10)　鳥海靖「初期議会における自由党の構造と機能」一八頁、二三〜二五頁。
(11)　第一回総選挙後の当選者の党派所属が各新聞によって異なって報じられており、その確定が極めて困難であることについては、稲田雅洋『総選挙はこのようにして始まった』第三章第三節を参照。
(12)　たとえば伊藤之雄は、議場での議員の自由な活動を重視し、党の決議による代議士への拘束を否定するような政党観について、「代議士の決議による個別代議士の行動への拘束は実質的議院内閣制を目指す政党活動の基本であるが、それすら否定する三派〔旧愛国公党・大同倶楽部・九州同志会〕にはその十分なイメージがなかった」としている（伊藤之雄「第一議会期の立憲自由党」一〇頁）。
(13)　星亨に着目したものとして、伊藤之雄『立憲国家の確立と伊藤博文』、的場敏博「明治の政党とリーダーシップ」、板垣退助に着目したものとして、真辺美佐「第一議会期における板垣退助の政党論」、同「初期議会期における板垣退助の政党論と政党指導」、松田正久に着目したものとして、西山由里花『松田正久と政党政治の発展』等がある。
(14)　自由党内の反主流派であった大井憲太郎の政党組織論に着目したとしても、これらの人々の政党観は視野に入らない（小山博也『明治政党組織論』二七〜三三頁）。
(15)　『朝野新聞』一八九〇年九月十六日。
(16)　この日は、主義として「自由」、従来の党派の行きがかりを一洗すべきことを説く趣旨書の他、綱領として「皇室の尊栄を保ち民権の拡張を期す」「内地は干渉の政略を省き、外交は対等の条約を期す」「代議政体の実を挙げ、政党内閣の成立を期す」が決議された。
(17)　「党議」は、「政務を簡便にし政費を節減する事」「海陸軍備を整頓する事」「税法を改正し務て地租の軽減を謀る事」等の十項目であった（『大同新聞』一八九〇年九月十六日）。およそこの程度の抽象度の政策内容を列挙したものを「党議」と呼ぶのは、同時代的に一般的なことであった。たとえば、立憲自由党の前身である再興自由党や大同倶楽部の「党議」については『明治政史』下、一五四〜一五五頁、一七〇〜一七一頁を参照。
(18)　『大同新聞』一八九〇年九月十六日。第二議会以降も議会前の党大会ごとに、対議会方針を掲げた固有名詞としての「党議」が決定されており、以下では便宜上〈第〇議会党議〉と呼ぶことにする。
(19)　この臨時評議員会の模様については、村瀬信一「第一議会と自由党」五〜八頁に詳しい。
(20)　『大同新聞』一八九〇年十月二十五日。
(21)　関口栄一「初期議会における自由党の組織と行動」（一）、五九〜六〇頁。

(22)『大同新聞』一八九〇年十一月二十日。
(23)『大同新聞』一八九〇年十一月十八日。
(24)『自由新聞』一八九〇年十二月十九日。あくまでも土佐派の視点からであるが、土陽新聞社には整理委員をめぐって次のような報告が送付されていた(「裡面の話　秘事一束」一八九〇年十一月二十一日付土陽新聞社宛黒岩一二書簡、高知市立自由民権記念館所蔵「細川家文書」F―四―六一)。「立憲自由党は目下の処随分鞏固なれども、党員が互に大将気取りにて先輩の指揮に従はず、隊伍整はず」といった状態であり、「我党に総理なきを以て万事不整理極まるに付、右整理委員なる者は総理にも代るべき地位職分を与ふるの積り」で設置されたが、「各議員は皆曰く我々議員は独立の者なり。何ぞ総理の如き者を置て其束縛指揮を受けんやと、此論遂に多数を占め、大に権限を減縮せられたり」という。
(25)『時事新報』一八九〇年十二月十五日。
(26)村瀬信一「第一議会と自由党」五～六頁。
(27)一八九〇年十二月十五日付探聞書「秘第三十六号」(「中山文書」六―一六五―⑥所収)。
(28)『時事新報』一八九〇年十二月十八日。
(29)『時事新報』一八九〇年十二月十九日。
(30)常議員会は各府県二名以下の党員から構成され、「党務に参議し役員を監督し及大会に付すべき議案を調査す」(党則第五条)と定められていた(『明治政史』下、二五五頁)。
(31)このような議員と一般党員との対立は、事務所の位置をめぐる対立にも連動しており、「議員は政党の人形にして政党は議員の人形使なり」と主張する非議員の大井憲太郎らは、党員の声を議員に反映させるため、立憲自由党事務所と議員集会所である弥生倶楽部の分立に反対していたが、自由党議員たちは、「政務調査を為すべき所に一般の党員と入込になりては混雑を生ずるのみならず、議員内の運動を相談するに当り議員外の多数が無責任の注文を為すありては迚ても議員は煩しきに堪へず」と分立を主張していた(「第七　最近の情況」宮内公文書館所蔵「警視庁報告　目録/明治」所収)。詳しい経緯は不明であるが、京橋区瀧山町にあった党事務所が十月上旬に議員事務所と同じ弥生館に移転し(『大同新聞』一八九〇年十月十日)、十二月上旬にはさらに芝公園内の源興院に移転するなど慌ただしく変化しているのは(『東京朝日新聞』十二月五日)、議員団と党の関係性を反映しているものと思われる。
(32)この点については、この後の叙述でも繰り返し確認する。
(33)「自由党員諸士に告ぐ」『自由新聞』一八八四年十月十一日。

(34)『自由新聞』一八九〇年十二月十七日。
(35)『自由新聞』一八九〇年十二月二十三日。
(36)『自由新聞』一八九〇年十二月二十五日。
(37)『自由新聞』一八九一年一月七日。
(38)『国会』一八九一年一月十五日。
(39)「末広氏の自由党を脱するに至りたる理由」『国会』一八九一年一月十六日。
(40)なお、以上の史料において明記はされていないが、末広も、一八九〇年九月十五日に定められた〈第一議会党議〉については、否定していなかったと思われる。
(41)「末広氏の自由党を脱するに至りたる理由」『国会』一八九一年一月十六日。
(42)しかし末広は同時に、政党における規律の必要性を認識しており、必ずしも政党が議員の行動を制約することを全面的に否定していたわけではない。その政党論においては、「世の政党員たらんことを冀望する者は、成る丈け其の大主義に於て同意を表し得可き政党を択んで之と結合せざる可らず、又其の党論中敢て国家の利害に重大なる関係を有せざる者の如きは忍んで多数に従はざる可らず」とされていたのである。しかし同時に、「学識経験に富む人物」は、特定の政党に属さず是々非々の態度をとる「独立員者」として、党派間の軋轢を緩和する特別な位置づけを与えられていた（「政党論　第八」『朝野新聞』一八八三年八月三日）。議会開設以前から、新聞記者として名を馳せていた末広は、議場でも自由党から突出して盛んに雄弁を揮っていたが、それは、自由党に所属しながらも秘かに自らを「独立員者」に擬する矜持の発露であったようにも思われる。
(43)『大同新聞』一八九〇年十一月七日。なお、藤川剛司「民に代わり議するために」註一七四（一五四頁）は、本章で「党議」の「拘束性」の問題として論じている主題の中に、実は「選挙人・有志者から議員へのマンデートの問題と院内行動の一致」という二側面があったことを中江兆民に即して指摘している。本書では、この二つの本来的に異なる問題が、「党議」という語をめぐる対立として截然と区別されず重なり合った形で展開されたことによって、いかなる帰結が生じたのかを検討しようと試みている。
(44)国民自由党については、佐々博雄「国民自由党の結成と九州国権派の動向」を参照。
(45)『時事新報』一八九〇年十二月十二日。
(46)「政党改革の意見を読む」『江湖新聞』一八九〇年十二月十三日。
(47)大成会は政府との距離の近い「吏党」と見なされてきたが、大成会に属した京都公民会議員に着目した高久嶺之介「明治憲法体制成立期の吏党」、会員の社会階層や予算・地租問題との関わりから大成会を検討した村瀬信一「「吏党」大成会の動向」、藩閥政治家の一次史料を渉猟した佐々木隆『藩閥政府と立憲政治』などの研究によって、現在では、政府によって上から作られた「吏党」としての大成会像は否定され、いわゆる「民党」との境界線も極めて曖昧であったことが明らかにされている。

(48) 中立を自称する人々が政党から距離を置いた理由について、大東義徹は、既成政党においては「顔役がちゃんと定まり居りて新参者は如何に技倆卓越なるも頭角を露はすこと中々六ケ敷〔中略〕、苟しくも多少有為の気概ある丈夫児は決して腰を屈して此の狭隘なる門戸に潜り込むを屑よしとせざるなり」と述べている（「独立議員大東義徹氏」『国民新聞』八月八日）。

(49) 「（明治二十三年）当用日記」七月二十日の条、「安部井磐根関係文書」八六〇。七月中旬、楠本正隆と津田真道が中心となって東京府選挙区選出議員の懇話会を計画していたことが報道されている（『東京日日新聞』一八九〇年七月十七日）。

(50) 杉浦重剛の伝記によると、帝国大学運動会で大谷木備一郎、中村弥六、元田肇に遭遇したことが大成会設立につながったという（『杉浦重剛先生小伝』五七頁）。ただし、運動会開催は十月二十五日で大成会成立の二ヶ月以上後であるため、「備忘録」の記述から推測すると七月十日の帝国大学卒業式で顔を合わせたのかもしれない（『杉浦重剛全集』六、五九二〜五九四頁）。

(51) 『京都公民会雑誌』第一九号（一八九〇年八月二十八日発行）。岡田は国家学会の活動を通じて伊藤博文と近いという疑惑があり（『東京新報』一八九〇年七月三十日）、八月五日に京都で開かれた会合では、京都公民会所属議員に対して自治党との関係が詰問され（『大同新聞』一八九〇年八月九日）、会場にも巡査が詰めかけるなど不穏な雰囲気であった（『東京日日新聞』一八九〇年八月九日）。岡田良一郎については報徳運動関連で先行研究が多いが、議員としての岡田については、播磨崇晃「岡田良一郎の自由党加入問題」。

(52) 『明治政史』下、二三七頁によると第一回は一八九〇年七月十八日に開催されたという。

(53) 一連の経緯については、『京都公民会雑誌』第一八号（一八九〇年七月二十八日発行）〜第二〇号（十月三日発行）、特に第二〇号掲載の九月二日の京都公民会常議員会での浜岡光哲の報告に詳しい。

(54) 『東京新報』一八九〇年七月三十日。

(55) 「大成会報告書」（「安部井磐根関係文書」七五五）。大成会結成から九月末までの東京での会合参加者や決議内容を各地方の有志者に報告した印刷物である。ここまでの経緯はおおよそ当事者の伝記や回想録と整合的である（元田肇談話、『品川先生追懐談集』六二頁）。

(56) 『東京日日新聞』一八九〇年七月三十日。やがて、立憲自由党との合同が難しくなった立憲改進党の島田三郎や藤田茂吉は、大成会の一部との合同を画策したようで、八月末の議員集会所の設置も、「何党何派の者に拘はらず同感の者は同所に於て議会に於ける政務の調査をなす」という建前を掲げて様々な勢力を糾合する策略と見なされていた。島田と藤田は、議員集会所が事実上、改進党議員の集会所であることを伝えないまま、大成会の太田実を発起人会に誘い出し、何も知らない太田が議員集会所の発起人として新聞に掲載されるという椿事も出来した（一八九〇年九月九日付探聞書「秘第五〇一号」、「中山文書」六―一六五―③、『大同新聞』一八九〇年八月九日）。

(57)『大同新聞』一八九〇年八月二十三日。

(58)『大同新聞』一八九〇年八月二十三日。『晩鐘新報』に掲げられたものの転載である。『晩鐘新報』は、『東海晩鐘新報』が明治二十年四月に廃刊した後に、十一月に再刊されたものであるという（『静岡県の百年』二一二頁）。最終的な規約・趣意書は「大成会報告書」（「安部井磐根関係文書」七五五）による。

(59)「楠本正隆氏の政治意見」『国民新聞』一八九〇年八月七日。

(60) 岡山は改進党員であるが、市島謙吉によれば、山気があり、大成会に投じたのも改進党の仲間を増やすためだったという（市島春城『随筆早稲田』一三五頁）。

(61)『大同新聞』一八九〇年八月二十四日。

(62)『東京新報』一八九〇年八月二十四日。

(63)『国民新聞』一八九〇年八月二十四日。

(64)「警視庁史料　国事警察編」一〇七〜一〇八頁。この資料は、一八八七年頃から初期議会期までの政治運動に対する取締りを記録したもので、「米国から返還された公文書」に含まれており、昭和に入ってから編纂された史料と推測されている。末木孝典『選挙干渉と立憲政治』第七章などでも活用されている。

(65) 自由党の議員会派である弥生倶楽部と改進党の議員集会所の設置は、八月末から九月初旬である。

(66) 集会及政社法を引き継いだ一九〇〇年の治安警察法においては、第十五条で議員の議事準備のために団結した団体は取締り対象外であることが明記された（「結社の解義」、「有松英義関係文書」一三八―一三）。

(67)『東京日日新聞』一八九〇年八月二十六日。

(68)『東京朝日新聞』一八九〇年九月六日。

(69)『東京日日新聞』では一八九〇年八月二十日・二十一日に「政党と政社との区別」、二十二日に「政社は無用なり」という社説を掲げていたが、その内容はいずれも、第二章に掲げた一八八二年五月二日付の同紙社説の理論をほとんどそのまま踏襲したものであった。

(70)「陸奥宗光関係文書」六一―一三。

(71)一八九〇年十一月十四日「政党意見」(『井上毅伝』二、二八八頁)。

(72)渡辺は『時事新報』の少壮記者として名を馳せ、大阪毎日新聞社長の座にあった。一八九〇年十一月二十八日に『朝野新聞』社長兼主筆になったが、一八九一年十一月に辞任し、一八九三年十月に二十九歳で死去した(鵜飼新一『朝野新聞の研究』四八～四九頁)。福沢諭吉の信頼が厚かったが(一八八九年五月二日付探聞書、宮内公文書館所蔵「警視庁報告　二十二年分目録　第五十七号他　明治二十二年四月～十一月」)、一八九〇年初頭には、自治党と大同団結の連結という風説を否定する記事を『時事新報』に書かせたと報じているように井上馨とも近く(一八九〇年一月二十六日付井上馨宛渡辺治書簡、「井上馨関係文書」一九六)、八月五日の中立派の京都会合では自治党と見なされて入会を拒否されたという報道もあった(『国民新聞』八月二十日)。

(73)一九一七年二月十二日の条(『万象録　高橋箒庵日記』五、五四頁)。高橋義雄と山県有朋の関係については、内藤一成「もうひとつの山県人脈」。山県有朋や井上馨に高橋義雄を引き合わせたのは、渡辺治であった(高橋箒庵『箒のあと』上、一七二頁)。

(74)「大成会報告書」(「安部井磐根関係文書」七五五)。

(75)佐々木隆は、山県が大成会との関わりを否定した山田顕義宛の書簡を根拠として、「大成会の成立に政府が直接関与していた証跡は無いようである」と述べているが(『藩閥政府と立憲政治』六五～六六頁)、仮に山県が何らかの策動を行っていたとすれば、それを公言しないのも極めて自然であるから、必ずしも山県の否定を真に受ける必要はないと思われる。

(76)『大同新聞』一八九〇年八月三十一日。

(77)一八九〇年十月十一日付探聞書「発秘第六三八号」(「中山文書」六一―一九)。

(78)『時事新報』一八九〇年十月十日。

(79)『国民新聞』一八九〇年十月十日。

(80)一八九〇年十月十一日付探聞書「発秘第六三八号」(「中山文書」六一―一九)。

(81)『京都公民会雑誌』第二〇号(一八九〇年十月三日発行)。

(82)紀伊郡の小集会での西堀徳二郎の発言(『京都公民会雑誌』第二〇号、一八九〇年十月三日発行)。

(83)『大同新聞』一八九〇年十月十六日。

(84) 議院法については、大石眞『議院法制定史の研究』。
(85)『大同新聞』一八九〇年十月二十九日。
(86)『京都公民会雑誌』第二三号（一八九〇年十二月三日発行）。
(87) 赤坂幸一「明治議院規則の制定過程」（二）八三頁によると、当初は貴族院も含めての協議であったが、途中から各院ごとの調査となった。
(88)『朝野新聞』一八九〇年十一月十八日。
(89)『朝野新聞』一八九〇年十一月二十三日。
(90)『時事新報』一八九〇年十二月二日。
(91)『国会』一八九〇年十一月二十七日。
(92)『国会』一八九〇年十二月四日。
(93) 二月十二日請暇帰省中の田中源太郎の京都公民会倶楽部懇親会での演説（『京都公民会雑誌』第二五号、一八九一年三月五日発行）。
(94) 綾井武夫、成田直衛、谷元道之、新井毫、小林雄七郎、菅了法、藤田茂吉、尾崎行雄、渡辺治、箕浦勝人、鹿島秀麿、菊池九郎、犬養毅、井上角五郎らが参加した（『時事新報』一八九〇年十一月十九日）。
(95) 岡山兼吉、高田早苗、杉浦重剛、関直彦、大谷木備一郎、三崎亀之助、中村弥六らである（「大学出身政論家の集合」『国民新聞』一八九〇年八月二十日）。
(96) 大成会の成田直衛（秋田）は自由党の工藤行幹（青森）らと盛んに往来していた（「明治二十二年至同二十三年　日誌」一八九〇年十二月十七日・十九日の条、「成田直衛関係文書」二）。
(97)「榊日記　四　日誌」（青森県選出議員の榊喜洋芽）一八九〇年十一月一日・七日・十七日、十二月四日の条など。榊喜洋芽日記を用いた研究として河西英通「初期議会下の一東北代議士の歩み」。
(98) 議員以外にも各地から集まってきた請願人の間で傍聴券の融通や請願方法などをめぐり党派を超えた様々なネットワークが形成されていた（飯塚一幸『明治期の地方制度と名望家』一九三頁）。
(99)『時事新報』一八九〇年十一月十一日。
(100)『時事新報』一八九〇年十一月六日・十六日、『国民新聞』一八九〇年十一月二十四日など。
(101)『京都公民会雑誌』第二二号（一八九〇年十二月三日発行）。京都府会議員懇親会の席上での演説。

(102)　佐々友房らは新政党の関西本部を名古屋に置くことなどを約束して、自由党との競争にさらされている東海地方の議員を中心に大成会内に勢力を扶植し（『朝野新聞』一八九〇年十一月二十五日）、これらの議員を紹介者として白紙の加盟申請書に署名捺印させ、一気に国民自由党から大量入会しようという企てだったという（『国民新聞』一八九〇年十一月二十五日）。

(103)　『国会』一八九〇年十一月二十八日。

(104)　京都府会議員を前にした一八九〇年十一月十二日の懇親会席上での演説（『京都公民会雑誌』第二二号、一八九〇年十二月三日発行）。

(105)　結局、九州国権派は国民自由党から離脱した（佐々博雄「国民自由党の結成と九州国権派の動向」九六頁）。

(106)　大成会の佐々木正蔵は、芳野の退会について、「議長選挙後直に脱会は聊氏の為め悪評なきに非ず、其他にも名誉熱の者位地を失ひ得ざる為め退会するもの少々あるべし、是等の輩は早く退去するを望む」と酷評している（一八九〇年十二月八日付近藤真五郎外同志宛佐々木正蔵書簡草稿、佐々木正蔵「備忘録」『小郡市史』五、一〇六四頁）。

(107)　『時事新報』一八九〇年十二月一日。

(108)　「第一期議会諸向綴込」所収（埼玉県立文書館所蔵「湯本家文書」四六六六）。なお、新聞各紙では常務委員を幹事と改称したとされているが、草案では常務委員は存続している。規約改正の正文は掲載されていないので、最終的にいかなる形に落ち着いたのかを知ることはできない。

(109)　牧朴真『同郷人懇親会席上牧朴真君演説速記録』四〜五頁。

(110)　「秘密　大成会内規案」（「第一期議会諸向綴込」所収、「湯本家文書」四六六六）、『時事新報』一八九〇年十二月七日にも、同日の会合についての情報として、「議院の各部より評議員一名づつを互選し、議会開会の前、又開会の後、毎日幹事と会話せしめ此委員会の評決は成るべく部員をして服従せしめんとの意見を主張する会員もありと云へり」と報道されている。なお湯本義憲については、小久保拓「初期議会期の吏党議員」が治水問題に着目して詳しく検討している。

(111)　『朝野新聞』一八九〇年十二月十四日。

(112)　『時事新報』一八九〇年十二月十四日。

(113)　「予算修正の件に付至急御打合致度義出来候間、明四日午后一時に木挽町三丁目廿一番地万良方に御集会被下度。尤此会合は本会予算委員及議会同委員諸子に御通知申上候次第に付、御承知被下度候也」（「安部井磐根関係文書」二四一―二）。

(114)　『自由新聞』一八九一年一月八日。

(115)　星亨「我党諸君に告ぐ」『立憲自由新聞』一八九一年一月十日。

(116)『立憲自由新聞』一八九一年一月十一日。
(117)一八九一年一月十五日付探聞書（「中山文書」六―一六五―⑦所収）。
(118)『自由新聞』一八九一年一月十七日。
(119)『時事新報』一八九一年一月九日。
(120)一八九一年一月十五日付探聞書（「中山文書」六―一六五―⑦所収）。
(121)一八九一年一月十六日の自由党議員総会の記録（「前田蓮山旧蔵自由党関係資料」所収）。
(122)院外党員を使って代議士に査定案支持への圧力をかけ続けた大井憲太郎ですら、連判状への署名強制を批判されると、賛成者の人数を把握するためであると弁明せざるをえなかった（一八九一年一月二十八日の議員総会記録、「前田蓮山旧蔵自由党関係資料」所収。日付不明の探聞書「予算案に関する立憲自由党議員の会合」、「中山文書」六―一六五―⑩所収）。
(123)一八九一年一月十二日付探聞書「秘第十号」（「中山文書」六―一六五―⑦所収）。
(124)一八九一年一月十三日付探聞書「秘第十一号」（「中山文書」六―一六五―⑦所収）。
(125)一八九一年二月二十三日の議員総会においても、「政党は板垣伯の所謂公徳を以て運動すべきもの」などという発言が見られることから、板垣がこの言葉を度々用いていたことが分かる（一八九一年二月二十三日付探聞書「中山文書」六―一二所収）。
(126)『自由新聞』一八九一年一月十五日。
(127)一八九一年一月十三日付探聞書「秘第十一号」（「中山文書」六―一六五―⑦所収）。
(128)「今日他の輿論に従ふは、他日我説に人をして従はしむる資本金なり」と述べたこともあった（一八九一年一月三十日の議員総会における発言、「前田蓮山旧蔵自由党関係資料」所収）。ただし、なぜ国会とは別に政党という「小国会」を二段構えで設ける必要があるのかについては特段説明されていない。
(129)二月一日に築地の寿美屋で開催された懇親会における演説（『立憲自由新聞』一八九一年二月三日）。
(130)帝国ホテルで会合を重ねていたことからこう呼ばれた。八〇〇万円減額の査定案を支持する硬派と、五五〇万円ほどの減額で満足する軟派との中間に位置するという意味で、「中軟派」とも呼ばれた。帝国ホテル派については、村瀬信一「第一議会と自由党」一一～一二頁、同「「吏党」大成会の動向」五九頁に詳しい。
(131)『自由新聞』一八九〇年一月十日。
(132)日付不明の探聞書「予算案に関する立憲自由党議員の会合」（「中山文書」六―一六五―⑩所収）。「前田蓮山旧蔵自由党関係資料」所収の会合記録と照合した結果、一月二十八日の議員総会についての探聞書である可能性が高い。
(133)『時事新報』一八九一年一月十九日。一八九一年一月二十九日の議員総会記録（「前田蓮山旧蔵自由党関係資料」所収）。
(134)一八九一年一月十九日付探聞書（「中山文書」六―一六五―⑦所収）。
(135)村瀬信一「第一議会と自由党」一五頁。
(136)一八九一年一月二十八日付探聞書（「中山文書」六―一六五―⑦所収）。
(137)一八九一年一月二十八日の議員総会記録（「前田蓮山旧蔵自由党関係資料」所収）。
(138)一八九一年一月二十九日の議員総会記録（「前田蓮山旧蔵自由党関係資料」所収）。
(139)一八九一年一月二十九日付探聞書（「中山文書」六―一六五―⑦所収）。
(140)一八九一年一月三十日の議員総会記録（「前田蓮山旧蔵自由党関係資料」所収）、一八九一年一月三十一日付探聞書（「中山文書」六―一六五―⑦所収）。
(141)『自由新聞』一八九一年二月三日。なお、松田案は撤回されたわけではなく、帝国ホテル派の人々が賛成取消を通告したことで、自然消滅する格好となったようである（村瀬信一「「吏党」大成会の動向」五九頁）。
(142)『自由新聞』一八九一年二月三日。
(143)一八九一年二月八日付探聞書（「中山文書」六―一六五―⑧所収）。
(144)一八九一年二月十三日の議員総会記録（「前田蓮山旧蔵自由党関係資料」所収）。
(145)一八九一年二月三日の会合記録（「前田蓮山旧蔵自由党関係資料」所収）。
(146)一八九一年二月三日の会合記録（「前田蓮山旧蔵自由党関係資料」所収）。政府への予算廃減要求手続問題については、佐々木隆『藩閥政府と立憲政治』第二章第一節を参照。
(147)佐々木隆『藩閥政府と立憲政治』八五〜九〇頁。
(148)たとえば、『自由新聞』一八九一年二月六日。
(149)佐々木隆『藩閥政府と立憲政治』一一〇〜一一二頁。
(150)一八九一年二月二十三日付探聞書（「中山文書」六―二二所収）。一八九一年二月二十二日の議員総会記録（「前田蓮山旧蔵自由党関係資料」所収）にもほぼ同じ内容の林の弁明が記録されている。
(151)『衆・本』一、五六一〜五六四頁。
(152)一八九一年二月二十一日付探聞書（「中山文書」六―一六五―⑧所収）。

(153) 一八九一年二月二十三日付松方正義宛林有造書簡（『松方文書』六、一〇一頁）。この書簡も、林が当初から脱党を決意していたわけではなく、自由党内にとどまって党全体を妥協に導こうと意図していたことを裏付ける。
(154) 土佐派の裏切り組の「脱党の理由書」には、「議場問題に属する事をまで一種の方法に由て決定したるものを党議と称し、議員をして強て守らしめんと欲するに至りては、是れ吾々の心甚だ安んぜざる所なり」とあった（『自由新聞』一八九一年二月二十七日）。ここでも、「党議」に関する問題提起を行って、脱党の根拠としたのである。
(155) 五百旗頭薫「進歩政党　統治の焦点」。
(156) 村瀬信一「明治期における政党と選挙」二四頁。
(157) 長妻廣至『補助金の社会史』八三、八七頁は、初期議会期における災害土木国庫補助の陳情の際に、議会や自由党が関門と見なされていたことを指摘している。高久嶺之介『近代日本の地域社会と名望家』も、第一議会の経験によって、「議会は地方の実事問題で展開するものであり、その際立憲自由党員であるかどうかはあまり問題にならないことを彼〔河原林義雄〕は知ったはずである」（一八五頁）と述べている。
(158) そもそも、この時期には、代議士が再選を目的としていないケースも多くみられた（川人貞史『日本の政党政治』三二～三八頁）。
(159) 政党の投票行動の一体性をめぐっては、政策選好の凝集性と政党による規律のいずれが重要なのかという論点があり、結果としての一体性は政党システムにおける政党の位置、議院内閣制と大統領制、選挙制度など様々な要因の複雑な組み合わせに影響される（Kam, "Party Discipline"）。ここでは、凝集性と規律という二つの条件のいずれも十分に満たされていない第一議会の自由党において、それでも曲がりなりに党議拘束が成立した背景を考察しようと試みた。また、本章の目的は、Cox, *The Efficient Secret* が、政党の一体的な投票行動の高まりを選挙民、内閣の変化に着目して説明したのとも異なり、そもそも政党が議場で一体として投票するという観念自体がいかに成立したかを描くことにある。
(160) 近世身分制の解体の中で、全会一致を原則とする従来の議事慣行に代わって、多数決原理が一般化していく過程と背景については、三村昌司「近代日本における多数決の導入」や伊故海貴則『明治維新と〈公議〉』第二部を参照。
(161) 『国会』一八九一年一月十三日、『自由新聞』一八九一年一月十六日。
(162) 一八九一年一月二十日付近藤真五郎宛佐々木正蔵書簡草稿（佐々木正蔵「備忘録」『小郡市史』五、一〇九五頁）。
(163) 「軟派中の重立たる議員」は一八九一年二月八日にも大岡育造、太田実、山際七司、大谷木備一郎、綾井武夫の連名で、九日の出院を促す書簡を発したりしている（『国会』一八九一年二月十日）。

(164) 『大同新聞』一八九〇年八月十五日。
(165) 『京都公民会雑誌』第二五号（一八九一年三月五日発行）。
(166) 『朝野新聞』一八九一年二月十四日。
(167) 『国民新聞』一八九一年二月十四日。
(168) 「明治二十四年　日誌」二月五日の条（「成田直衛関係文書」三）。
(169) 「大成会は揚々得色あり」『国会』一八九一年一月二十四日。
(170) 『時事新報』一八九一年一月二十九日。
(171) 「明治二十四年　日誌」（「成田直衛関係文書」三）。
(172) 『国会』一八九一年二月十日。
(173) 一八九一年二月十日付宛先不明佐々木正蔵書簡草稿（佐々木正蔵「備忘録」『小郡市史』五、一一〇〇頁）。
(174) 『国会』一八九一年二月二十五日。
(175) 「大成会の現在未来」『国会』一八九一年二月十八日。
(176) 『自由新聞』一八九一年二月二十二日。
(177) 一八九一年二月二十二日付大成会幹事宛松延玹書簡（「安部井磐根関係文書」三八四）は、「隠謀なり密策なり等の推測上の紛論は相互に抛擲し〔中略〕仲間喧嘩は務て相避度被存候」と記している。
(178) 『朝野新聞』一八九一年二月二十四日。
(179) 『時事新報』一八九一年二月二十八日、三月一日。
(180) 『国会』一八九一年二月二十七日。
(181) 『国会』一八九一年三月八日。
(182) 一八九一年三月八日付俣野景孝書簡（「安部井磐根関係文書」三七九―一）。
(183) なお、「軟派」という語は、必ずしも硬派による否定的な呼称ではなかったようである。成田直衛は二月二十日のいわゆる「土佐派の裏切り」について、日記に嬉々として「軟派の大勝利」と書き付けている（「明治二十四年　日誌」二月二十日の条、「成田直衛関係文書」三）。
(184) 「大成会の前途」『京都公民会雑誌』第二五号（一八九一年三月五日発行）。
(185) たとえば『時事新報』一八九一年三月十二日には、大成会について、「元来同会は他の政党政社と事変り別に党則様のものもなければ」というように、政党と政社が一括りに記されている。

(186) なお、倶楽部を名乗る政治勢力が協同倶楽部を嚆矢とするということではもちろんない。大同倶楽部や大阪の北浜倶楽部、弥生倶楽部などこれ以前にも倶楽部を名乗る勢力は数多く存在した。ここで強調したいのは、あくまでも「政党」や「政社」と対置される意味での「倶楽部」という概念の普及である。

(187) 一八九一年一月二十日付近藤真五郎宛佐々木正蔵書簡草稿(佐々木正蔵「備忘録」『小郡市史』五、一〇九六頁)。

(188) 京都公民会が、会とは別に倶楽部を設置したときの記事を参照してみると(『京都公民会雑誌』第一八号、一八九〇年七月二十八日発行、第一九号、一八九〇年八月二十八日発行)、倶楽部は「京都公民会員の交際を便ならしめんが為」に設置され、会員は「随意来遊若くは集談の為に本部を使用すること」ができ、八時から二十四時までの間いつでも利用可能とされる。「倶楽部には会員来遊の便を謀り新聞雑誌及び棋将碁の具を備へ飲食物を廉価に一定し置けり」として、不定期に来訪した会員が遊び興じたり、飲食したりする機能が持たされていた。

第四章　初期議会期における党議拘束の展開

はじめに

第一議会の過程で、自由党においては、議会制度下での党としての一体性が、特定の議案に対する投票行動の一致として示されることについての了解が成立した。しかし、「土佐派の裏切り」で大量の脱党者を出したことにより、実践上の課題としては、混乱を極めた党の求心力を回復することが焦眉の急となった。

議会開設前の時代には、全国レベルでみれば「官」と「民」の対立図式が明確であり、「民」の立場から「官」を批判して、多様な在野勢力を結集することが可能であった。しかし議会開設後、かつて在野勢力であった側も、議会の権限を利用して予算や法律の審議に参与できるようになったため、官民対立という図式は有効性を減じた(1)。政策決定過程に関与できないことを前提とした上で演出されていた激烈な官民対立は、議会開設後、予算の削減額のように、より具体的で技術的な妥協が可能な争点に焦点が移ったことにより、維持しえなくなったのである。第一議会の自由党の分裂は、このような背景のもとで出来した事態であったといえよう。

それゆえ自由党にとっては、議会制度の下でも、議会開設前のような官民対立を再現することが党の求心力を回復するための捷径であった。そしてそのための装置こそが、第二議会前に成立した民党連合だったのである(2)。

しかし、ただ〈民党〉を名乗るだけでは、自由党の求心力を回復するのに十分ではない。議場においては、日々、様々な議案についての審議が行われるため、演説の内容や投票行動の一致といった形で自由党あるいは民党としての一体性を示すことが不可欠だからである。そのためには、民党そして自由党員たちの間で、意思決定手続きと、その決議内容という二点についての了解が成立していることが必要となる。

そこで本章の第一・二節では、まず第一に、民党連合が政府と対決する際に一体となって行動することができた理由について、民党連合全体の意思決定手続きと、自由党内部の意思決定手続きの双方に着目しながら検討していく(3)。また第二に、民党連合の決議内容については、民党連合が、論争的な争点を民党の枠組みから放擲し、あるいは政策内容を稀薄化させることによって、一体性を維持していたことを明らかにする。しかし、その際に、極めて扱いの困難な問題となったのが地租問題であった。

議会開設後、地租軽減論は、全国一律の税率引き下げを目指す税率軽減論と、地租の賦課基準となる地価の地域間での不均衡を解消しようとする地価修正論に分裂し、財源をめぐる競合が生じたため(4)、自由党は地租問題を〈地方問題〉と見なしてリーダーシップを放棄した(5)。しかし地租問題は自由党の掲げる〈民力休養〉の核心であったため、〈党派問題〉の枠外に放擲すれば済むというほど単純な問題ではなく、本章では、自由党が地租問題をめぐる党内対立に苦しみながらも、一体性の維持を図っていたことを見ていく。

第三節では、第二・三議会期に党の一体性を事実として保証していた民党連合が崩壊に向かった第四議会以降における、自由党の一体性維持の模索について検討する。自由党が動揺を繰り返しながらも、「党議」に従って議場で一致して投票するという行動様式が、党員の間に定着していたことが明らかにされるであろう。

第一節　民党連合の成立とその運用――第二議会

自由党の党制改革

第一議会終盤で大量の脱党者を出した自由党の内部は混乱を極めており、党の立て直しが急務であった。一八九一年三月の立憲自由党大会においては、党名が「自由党」に改められ板垣退助が総理に推戴された。(6)「土佐派の裏切り」の責任を取るとして一ヶ月前に脱党したばかりの板垣に対する反感も存在したが、板垣総理の下で自由党のリーダーシップの多元性は形式上は克服され、(7)党の再建が進められていく。(8)

第一議会における自由党の内紛が、「党議」の所在をめぐる論争の形をとって展開したため、議会閉会後すぐに党議決定手続きの制度化が目指され、四月六日には、自由党代議士を対象とする党務章程が定められた。(9)六部から成る政務調査の分担が規定され（第二条）、議場での発言は、政務調査部を基礎単位として分任することとなった（第三条）。五月二十四日の代議士総会では、政務調査部正副部長が選任され、代議士の部属分けは各代議士に希望の部を選択させるという方法が採られた。(10)板垣は、第一議会の自由党分裂の原因として、各議員の政務調査担当部署以外への介入が常態化した点を繰り返し強調しており、(11)「議場の運動は総て各自其分担の本領を受持ち、成る可く丈けは担任以外の縄張中に踏み入らざる事」を要請していた。(12)代議士に希望の政務調査部門を担当させることは、各代議士と担当部門との結合を密接化して、代議士が自らの希望を政策として表出できる環境を整えるのと引き換えに、他の部の調査結果を尊重させることで、政務調査の責任分担を明確化することを目的としたものと考えられる。

十月には、四月に定められた党務章程が、「代議士に関する党務を規定」した党務内規として改正された。(13)党務内規第五条では、「党議及重大の党務を定めんとするときは、代議士総会に附し其意見を聴き、総理之を決す」と定められ、代議士総会が党議決定において中心的な役割を果たすことが明文化された。最終決定権が総理に留保されている点に曖昧さが残るものの、党の多数派と異なる選好を有する代議士が、第一議会のように「党議」の所在の曖昧さを利用して自らの行動を正当化する余地は失われたことになる。一連の改革によって、院外党員の党内意思決定過程への参与は著しく制限され、自由党は代議士中心の組織を確立したと評価される(14)。

しかし、党制改革だけで求心力が回復されるわけではない。五月に開かれた自由党九州大会では、自由党の地方団体連合化が提案されるなど、リーダーシップの一元化に逆行する不穏な動きが見られた(15)。それゆえ、党の求心力を回復させることが急務であり、そのための最も簡便な手段が藩閥政府攻撃であった。たとえば、自由党員は五月上旬に発生した大津事件の責任を問うと称して各大臣を個別訪問し辞職勧告を行った(16)。議会開設前を思わせる自由党のこのような行動は批判の的となったが(17)、党の結束を固めるには格好の機会であった(18)。

新たな政党間関係の模索

第一議会の混乱を経て組織再編を必要としていたのは大成会も同様であった。特に京都公民会所属議員は、第一議会閉会後も一貫して協同倶楽部に批判的な立場を取り続け、田中源太郎は五月の東上の際にも、大成会に「中立主義」を固持させるために、協同倶楽部との絶縁を画策していた(19)。田中は大成会のみに属する「専属派」の立場から、協同倶楽部と大成会の両方に所属する「両属派」について、「強ち御味方党と云ふにはあらねど、善かれ悪しかれどんな事でも自由党や改進党に反対すると云ふ連中」だと痛烈に批判し、「私ども京都連中は、良き政党を見出すまでは暫く政党の外に中立して、仮令自由党にせよ又改進党にせよ説の良きものは之に連合して行くと云ふ主義」だと述べていた(20)。両属派が予算問題を通じて、自由党や改進党に対する敵愾心を強めるあまり、政党の外に立ち是々非々で振る舞うという大成会の結成理念から逸脱してしまったと見ているのである。

田中源太郎は、協同倶楽部との分袂に向けた準備として、それに伴う勢力減少を補うため、「土佐派の裏切り」後に自由党を離れた人々が結成した自由倶楽部との提携を他の四人の京都公民会選出議員と申し合わせ、六月二十八日の京都公民会常議員会に諮った(21)。田中は、自由倶楽部の小林樟雄や三崎亀之助と提携について協議し、その結果を京都府知事の北垣国道にも報告していた(22)。この時期、改進党が大成会専属派に接近しているという風説もあった。七月十一日に楠本正隆が貴衆両院の議員を集めて会合を開いたが、これは改進党が勢力拡大のために楠本を使嗾したもので、大成会「両属派」には通知せず「専属派」のみを招くなど、改進党が大成会に楔を打ち込もうとしているという見方があったのである(23)。

このような政党再編の動きは、第二議会開会直前の十一月中旬に協同倶楽部が解散し大成会に戻るという形で落着したが、この過程で両属派に対する反感を募らせた京都公民会議員の石原半右衛門と中村栄助は大成会を脱し巴倶楽部に移ってしまった。この行動は、「無所属集会所（巴町派）は目今僅に二十名に足らざる少数なれども、真に最初大成会の唱ふる所の旨趣に符合し殊に清潔無垢を貴むものなれば、公民会大体の旨趣に違ふものに非ず」というように、大成会の正統を継ぐという意識に基づくものであった(24)。これらの人々が問題視していたのは、国民自由党系との提携などに見られるように、自由党、改進党との対峙を至上目的として大成会が組織強化に向かい、その過程で変質してしまったことだったのである。さらに十一月中旬には同じく大成会を出た人々によって独立倶楽部が設立された。

十一月九日の板垣退助と大隈重信の会談を経て、自由党と改進党を主力とする民党連合が成立したが、民党にとって、巴倶楽部、自由倶楽部といった小会派を味方に引き込めるかどうかは、「議員の過半数を得ると得ざるとに関わるため、「自由改進の両党は大切に之を遇し両倶楽部の為に大に譲る」と報じられていた(25)。第二議会開会を前に、政府側でも松方正義首相が井上角五郎を使って政府支持派の拡大に努めており、政府側と民党側の多数派工作の成否が、議会での勝敗を分かつ鍵となったのである(26)。

最終的に、自由党と改進党はこれらの小会派を民党連合に引き込むことに成功した。民党連合は議案ごとに各派の代表者が集まって交渉するという形をとることとなり、十一月十六日には自由党、改進党、自由倶楽部、巴倶楽部、無所属の有志が集まって、初の民党交渉会が開かれた(27)。初回の議題となったのは、新聞紙条例、集会及政社法、出版条例の三条例改正問題であり、以後、毎日のように民党交渉会が開催された。

このような新たな政党間関係の出現は、大成会のさらなる変質を招いたように思われる。第一議会における主な政党は、自由党、改進党、大成会であり、大成会は、その創設の理念に従い、大幅な予算削減を望む東北議員の突出した動きも容認するなど、党内の一体性の維持に腐心する自由党や改進党とは異なる、緩やかな組織であることを有言実行していた。しかし第二議会前には、組織強化に強固に反対する人々の退会の結果として大成会の凝集性は高まり、このことは大成会を一層、改進党や自由党といった「民党」の対極へと追いやることになったのである。第二議会以後、藩閥政府と民党が対峙する中、民党に与しない人々は「吏党」と呼ばれながら、徐々に投票行動の一体性を高めていくが、その背景にはこのような第一議会終了後の政党配置の変容も影響を及ぼしていたといえる。

民党連合と予算問題

議会開会が近づくと、まず全院委員長の座をめぐって民党の交渉が始まった。自由党と改進党は民党連合の結束強化のために自派以外に譲ろうとし、自由党は巴倶楽部の大東義徹に、改進党は自由党への好意を示すため、自由党の辞退にもかかわらず河野広中に投票し、結局、大東が当選した(28)。予算委員選挙に際しては、事前の民党交渉会で各派の割り当てが決定され(29)、民党が予算委員の多数を占めることに成功した(30)。また、民党は、各議案ごとに調査のため設置される特別委員の選挙に際して、第一議会の特別委員選出手続きを変更し、全議員の中から連記投票によって委員を選挙する手続きに変更することで、狙いを定めた議案の特別委員の座を独占的に確保した(31)。

民党が政府攻撃のために最も力を注いだのは、予算審議であった。信任に値しない藩閥政府には新規事業費を与えられないと主張して、政府提出原案からの大減額を試みたのである。自由党は、十月の党大会決議において政府の濫費を非難して新規事業費拒絶を原則としながらも、十分な改革を行った省に対しては新規事業費容認を示唆しており、より強硬な姿勢を見せる改進党との相違が存在したが(32)、以下で見るような細やかな調整を通じて民党連合の維持が図られていった。

民党連合の中で最も穏健だったのは自由倶楽部で、植木枝盛は十二月三日の民党交渉会で女子高等師範学校予算の復活を主張した(33)。十二日には、予算委員の強硬な査定案に対する民党連合の支持を確定するのに先立ち、忌憚なき議論を目的とした民党交渉会が開催されたが、この席上、自由倶楽部は、予算による官制の変更を含んでいるとして査定案を批判し、高等師範学校、高等中学校の費用等の復活を再度求め、大体において承認された(34)。

十六日の自由党代議士総会では、板垣退助の提案により東京湾砲台建築費の復活を民党交渉会に持ち出すことが決定され(35)、翌十七日、予算に関する最後の民党交渉会が開催された。この場で、高等師範学校、東京湾砲台建築費等を原案に復することが確定し、それ以外については、「総て予算委員修正案を賛成し終始一貫堅く之れを守るべき事」が決議された(36)。民党は予算査定案に対する政府の不同意を見越して、予算不成立に持ち込むシナリオを思い描いていたようである(37)。

民党は、予算審議を迅速に結了させることを申し合わせており(38)、自由党代議士総会も、本会議での予算審議に際して無用な質問や弁論を控えることを決議した(39)。十八日の本会議での予算審議開始にあたって、改進党の島田三郎は、特別な動議がない場合、予算案の議決まで他の議案を審議しないという緊急動議を提出して可決された(40)。実際、議場における民党連合の進退は規律正しく行われ、十八日の予算審議開始時点では、民党の崩壊を楽観視していた伊東巳代治も(41)、翌十九日には電報で、「民党大多数、査定案疾風の勢を以て経過しつつあり、無事の望絶てなし」と伊藤博文に報じたほどであった(42)。

民党交渉会と自由党内の意思決定過程

このように、民党連合には意見の不一致が存在したにもかかわらず(43)、大方の予想を裏切って崩壊を免れ、議場でも規律正しい進退を披露した。その理由は、民党交渉会の意思決定手続きに求められる。まず、民党の中核である自由党と改進党は、巴倶楽部と自由倶楽部、独立倶楽部が民党連合から離脱しないよう、各会派の対等な外見を演出することに細心の配慮を施した。たとえば言論関係三条例についての民党交渉会が結了すると、議会への法案提出担当会派を抽選で決めるという念の入れようであった(44)。また、予算についての十二月十二日の民党交渉会では、各会派の規模が大きく異なるにもかかわらず、三名ずつの委員の出席が認められていた上、自由党と改進党は自由倶楽部の修正案を容認する度量を見せたのである。民党交渉会の決議もその場ですぐには確定されず、必ず各会派に持ち帰られ、会派内に異議が存在しないことを確認するという慎重な手続きがとられていた。

自由党内部に目を向ければ、十一月十五日の代議士総会において、他派に対する譲歩を可能にするため、「同党の党議となり居るものを除く外は総て其取捨は正副部長に一任すること」を決議していた(45)。民党交渉会の場には、党内で当該議案の調査を担当した政務調査部会の正副部長や有力議員が出席し(46)、民党交渉会の結果は、再び自由党代議士総会に持ち込まれて承認を受けていたが、異論が出されることはほとんどなかった。民党交渉会が各派の互譲によって成立していることは明らかであったことに加え、自由党内での政務調査担当者が民党交渉会での折衝を担ったことで、多数の議員が容認しうる柔軟な譲歩が可能となっていたのであろう。こうして、院内総理―正副部長―交渉委員―代議士という院内規律体系が成立したのである(47)。

もちろん、民党交渉会の決議は、民党に所属する代議士によって遵奉されねばならなかった。自由党総理の板垣は、党内規律の維持にきわめて熱心であり、「余が説に服せざるものは総理の命令に従はざるもの、寧ろ我党党議に背くものなれば、主義の為め自由党の為めに止むを得ず、何人と雖も我党より除名放逐すべし」と語っていたという(48)。民党連合期は、民党シンボルの高い正統性と、他党派との交渉の必要により、自由党において、意思決定過程の寡頭化と、それに対する一般代議士の服従が日常化したのである。

民党連合における政策内容の稀薄化

当然ながら、民党連合に参加する各派の意見がすべて一致していたわけではない。しかし、先述の予算問題のような民党連合にとっての最重要課題でない限り、内部分裂を生じさせかねない争点は民党連合の枠外に放擲されることで、民党連合の維持が図られた。たとえば、自由党が力を入れていた選挙法改正については、十一月二十四日の民党交渉会で改進党が提出見合わせを主張し、結局、民党連合の枠組みから外された(49)。また、政府が提起した鉄道問題も自由党内の鉄道敷設に積極的な議員の間に動揺を生じさせたため(50)、民党交渉会が開かれた形跡はあるものの決議には至らなかった(51)。

このように民党連合においては、多数を糾合した状態で政府と対決することが至上目的とされたため、他派との協力が可能な争点が優先されていた。そして、信任に値しない藩閥政府に対しては新規事業費を容認できないという論理を前面に打ち出すことで、具体的な政策論争を回避し、団結して政府を攻撃したのである。

このような民党の態度は、政府系の『東京日日新聞』から「政党の退化」として酷評された(52)。国会開設前の「準備政党」時代においては、政党の主張を受け入れるか否かが専ら藩閥政府に委ねられていたため、政党が「攻撃的破壊的」な行動に傾斜したのもやむをえなかったものの、第二議会の民党連合は、「政党として政界に立つに必要なる国家経綸の政策は一も表白する能はざるのみならず、其政府及他の党派との主義的干繫は、準備政党たりし時より層一層莫然を極めて、今は殆ど自他をさへ分別する能はず、是れ豈退化に非ずや」と批判されたのであった。逆に言えば、主義や政策内容の稀薄化による団結の優先という民党連合の戦術は、政府系新聞に苛立ちの表明を余儀なくさせるほどに成功していたといえよう。このことは、政府側にとっての頼みの綱であった大成会が、伊東巳代治や井上毅によって「四分五裂」などと酷評されていたのとは対照的であった(53)。

民党連合と地租問題

しかし、論争的な議題を民党連合の協議事項から外し、予算審議を最優先する民党の戦術が、常に盤石だったわけではない。議会開設前以来の経緯により民党の自己規定にとって本質的な重要性を有しながら、民党連合の枠組みから外されていたのが地租問題である(54)。

第一議会の最中に自由党の林有造が、地価の低廉な地域の地価引き上げを含む私案を公表したことから、激しい地方間対立が惹起された(55)。第二議会になると、地価修正派は一部地域の地価引き上げを断念し、地価引き下げのみを要求するようになったため、地価修正問題をめぐる第一議会の激しい地方間対立はひとまず沈静化したが(56)、これ以降、地租税率軽減論と地価修正論は財源をめぐる競合関係に入った。

一八九一年十月の自由党大会で決議された〈第二議会党議〉の項目中には「地租軽減の事」が掲げられていた。大会直前の協議会で、「税率を軽減し地租を軽減すること」との修正案が出たが、否決されて原案が維持されたという経緯を考えれば(57)、〈第二議会党議〉に掲げられた「地租軽減の事」という文言の中には、税率低減と地価引き下げの二つの意味が込められていたと考えられる。地租軽減という大目標についての合意は存在するが、その手段として税率軽減を行うのか、地価引き下げを行うのか、あるいは両者を併行するのかという点について合意に至らなかった自由党の苦肉の策であった。

一方の改進党は十一月二十二日の党大会において、予算削減により前年度分と合わせて一八〇〇万円の剰余金を得て、これを「地租軽減」に充てる計画を発表していた[58]。これだけの大型節減に基づく「地租軽減」とは、税率低減と地価修正の併行を意味するものと思われ、こうした改進党の主張[59]は、地租税率軽減派と地価修正派の緊張関係を隠蔽し、民党連合が地租軽減の担い手であるかのような外観と希望を維持する機能を果たしたと考えられる。

しかし現実には、両派の対立は深まる一方であった。特に、地域間の不均衡の是正という正統性の高い根拠を掲げる地価修正派代議士の中には、地価修正問題が、〈地租軽減〉という漠然としたスローガンの下で、藩閥政府が承諾するとは思えない地租税率軽減と共に一括して取り扱われることに満足しない者も多かった。十一月十六日に開催された超党派の地価修正派代議士会では、来賓の衆議院議長、中島信行が地租税率軽減と地価修正の併行可能性に言及したところ野次が飛び[60]、十二月十五日に開催された地価修正派代議士の懇親会でも、自由党の河島醇が地租税率軽減との併行論を批判する演説を行い、併行が可能であるとする改進党の尾崎行雄との間に不穏な空気が流れる一幕もあったという[61]。このような状況の中、民党交渉会で、地租税率軽減と地価修正の両問題が議題とされる機会は一度もなかったのである[62]。

十五日に、鈴木昌司（自由党、新潟）と高木正年（改進党、東京）によって地租税率五厘減を内容とする地租条例改正案が上程されると、地価修正派の河島醇（自由党、鹿児島）は、「絶対的に反対」であると表明し、折田兼至（自由党、鹿児島）も反対派として演説した[63]。「地租軽減」は、自由党の〈第二議会党議〉であったが、これらの発言が自由党で問題とされることはなかったのである。

地租問題は民党連合の枠組みから外されていたため、民党代議士の同士討ちが起こったとしても、民党連合に直接の影響を及ぼすものではなかった。しかし民党議員にとって地租軽減は、民党の掲げる民力休養の核心であり、民党連合が地租問題への関与を放棄している以上、自力での法案通過を目指すほかなかった。地租問題への熱意は、予算審議を優先したい民党の規律に対する攪乱要因となったのである。

十二月十六日の本会議の途中で、地価修正派の東尾平太郎（自由党、大阪）が緊急動議として、この日の議事日程の末尾に掲載されていた地価修正法案の先議を提案し、認められた[64]。予算審議中の十九日にも地価修正派の脇栄太郎（巴倶楽部、広島）が緊急動議として、次会二十一日の議事日程に地価修正法案を掲載するよう要求し、これも実現した[65]。二十一日の会議で、地価修正法案の第二読会と第三読会が続けて行われ衆議院を通過すると、今度は地租税率軽減派の駒林広運（自由党、山形）が議事日程変更の緊急動議を提出し、翌二十二日の議事日程の第一項に、地租条例改正案を掲載することを要求した[66]。この緊急動議も可決されたが、政府はこれを拒み、結局、地租条例改正案は二十二日の議事日程の末尾のまま存置された。

これらの一連の議事日程変更合戦は、予算の迅速な審議を目指す民党の戦術からすれば好ましくないものであった。自由党の機関紙『自由』は二十三日、「軍紀稍紊れんとす」と題した記事を掲げて危機感を露わにした。この記事は、「民党議員が其個人問題に属する地価問題、地租問題の為に相互に、火花を散らして、論難するにも拘らず、毫も其感情を党派問題に及ぼさず、民党交渉会の一号令の下に、進退駈引を共にするの勇気」を称えた上で、十二月中旬以降、地価修正法案や地租税率軽減法案を先決問題としたために予算審議が遅れている現状を、「個人問題の為に、軍紀を紊乱する」ものとして痛烈に批判したのである。これは、予算審議が延引すれば、年末年始の休会中に民党が切り崩されてしまうかもしれないとの危惧に発するものであった。

これまで地租税率軽減と地価修正について言及することのなかった自由党『党報』は、地価修正法案の衆議院通過を承けて、「地租軽減、地価修正」という記事を掲げ、「地価修正案既に衆議院を通過し、地租軽減案亦近日可決せられんとす。両者の併行に付、世間其財源の如何を疑ふものあり。左に吾輩の知り得たる実際の計算表を掲げ、以て其併行の難からざるを示す」として、予算の歳出入概算表に基づいて、地価修正に要する五〇〇万円と、地租五厘減に要する五八二万円が両立可能であることを示してみせた(67)。自由党も、地価修正法案が通過した今となっては、地租税率軽減派を宥めるために、税率軽減と地価修正の併行が可能であることを明言せざるをえなくなったのである。しかし、地租税率軽減法案は十二月二十五日の衆議院解散により、第二読会に入ることすらなく廃案になってしまった。

解散後の翌年一月に発行された民党の一三〇頁を超える長大な報告書の中で、地租問題への言及は僅か一頁のみであったが、「地租を減軽して民力休養の実を挙げ地価の不均を修正して負担に軽重なからしむ可しとは是れ国民多年の宿望なり輿論なり」とした上で、「今や将に〔地租税率軽減と地価修正〕両つながら実施せられんとするに当りて解散に逢ふ。嗚呼、多年の経営一朝の水泡に帰せり」と、あたかも民党が地租問題に尽力したかのように回顧的に述べられていた(68)。党機関紙においても、「選挙区民にして地租軽減、地価修正を希望せば宜しく民党に投票せよ、吏党は地租軽減、地価修正に反対したり。民党は之れを軽減、修正せんとして解散を受けたり」と、地租問題が民党の専物であるかのように語られていた(69)。議会会期中の地租問題への不関与と、議会解散後の地租問題への言及という鮮やかな対照は、民党にとっての地租問題の扱いの困難をよく伝えている。

蛮勇演説問題と第二議会解散

十二月中旬以降、地租問題を契機として予算審議の足並みに乱れが見え始めた民党にとって、再び政府攻撃の好機が訪れたのは、二十二日の本会議での樺山資紀海相のいわゆる蛮勇演説によってであった(70)。ところが、民党がこの好機を活かすことはなかった。二十二日の議会終了後、樺山演説を攻撃するために不信任決議あるいは非難上奏を行う方針を固めた改進党は、自由党に交渉委員を送ったが、板垣は、大臣の失言を一々大仰に取り上げるのは、「大政党の面目を失する」として取り合わず、星亨の意見で質問書を発するにとどまったからである(71)。

翌二十三日は、政府が休会を命じるとの風説が飛び交っていたが(72)、中島信行衆院議長は衆議院予算委員長の松田正久（自由党）を呼び寄せ「本日は成丈静粛にして貰ひたい」と要請し、自由党代議士は協議の結果、議場の混乱を避け予算審議を迅速に結了することに決した。改進党は不満の色を見せたが自由党の説得に応じ[73]、この日の議場では、民党代議士が樺山問題を提起することはなく、予算をめぐる論争に終始した[74]。中島の松田に対する要請は政府の意を承けてのものであると思われ[75]、自由党も、樺山問題を取り上げなければ政府は衆議院を解散しないという交換条件を読み取ったからこそ、政府攻撃を中止したと考えられる。第二議会の自由党において、少数の有力党員による民党交渉会での決議に従った規律正しい進退がなされたのは、政府攻撃を先鋭化させつつ、しかも解散を回避するという綱渡りが幹事に期待されていたという事情による側面もあったと思われる[76]。

しかし実は、このとき政府は解散に向けて動いており[77]、議会は比較的静穏な中、二十五日に青天の霹靂として解散の報を耳にすることとなったのである[78]。

第二節　民党連合の隆盛と変質――第三議会

民党の再結集

一八九二年二月十五日、民党に対する激しい干渉の中、第二回総選挙が行われた。自由党の獲得議席は期待を下回り、松田正久ら有力前代議士が落選の憂き目を見た。総選挙により会派構成は大きく変化し、自由倶楽部は自由党に復帰し、巴倶楽部や独立倶楽部は消滅して、前農商務大臣陸奥宗光の影響下にある岡崎邦輔らが無所属系議員を糾合して三十名前後の所属者を数える（新）独立倶楽部が結成された[79]。

第三議会前の四月二十五日の自由党臨時大会において朗読された「新議会に対する我党の方針」は、政府との対決姿勢を改めて宣言したものであった。その末尾には、民党交渉会を念頭に置いて、「実地に処して機に臨み変に応じ斟酌取捨するは之を我党代議士に一任す。蓋し他の党派に属する代議士と交渉の必要ありて其商議により聊か変更する所なきを保し難し。是第一期議会以来の実験に徴して明白なりとす」との一文が付されていた。(80)

第三議会では、第二議会をも上回る激しさで、政府と民党の全面対決が展開された。五月十二日に上程された選挙干渉非難上奏は僅差で否決されたものの、十四日には中村弥六（無所属）が提出した選挙干渉非難決議が一五四対一一一で可決され、政府は七日間の停会で応じたのである。自由党と改進党は、選挙干渉非難決議の記名投票の際に賛成票（白票）を投じた議員を招いて、十七日に「白票懇親会」を開催した。賛成票を投じた人々の氏名は議事速記録や各新聞に掲載されていたため、懇親会により政府反対派議員の結束を演出し、総選挙後の民党を可視化された形で再定義したのである。

第三議会閉会後の自由党『党報』第一五号（一八九二年六月二十五日）が「民吏両軍一覧詳表」と銘打って、三〇〇名の代議士の記名投票における投票行動を掲げたことに示されているように、第三議会を通じて、民党とは重要議案における投票態度を同じくする、ほとんど一義的に識別可能な集団として存在していた。(81)自由党の党議拘束は極めて厳格であり、(82)自由党員でありながらこれらの投票で造反した者は、即座に党から放逐され、『党報』で晒し者となった。(83)

他方で、五月十二日の選挙干渉非難上奏が否決されたことに示されているように、民党に対峙する陣営として大成会に代わって第三議会に登場した中央交渉会も、品川弥二郎が不思議なほどの「上出来」と評したように、議場で一致した進退をみせていた。(84)この中央交渉会は、大成会と異なり政府の強い関与の下で創設されたものであり、従来の「温和派」という表現に加え「非民党」という表現が公然と用いられるようになった点でも特徴的であった。しかし、地方団体の緩やかな連合にとどまると見做されており、その結成前には、「温和派は百七十名の数あれども三々五々帰する所一定せず。恰も浮雲の如し」と評されるような状態であっただけに、(85)議場での健闘は世間の目に意外に映ったのである。こうした議会内での団結が、同年夏の国民協会の創設につながることになる。

このように第三議会においては、帝国議会の内部で明確な外延を有した複数の政党が事実として並存する状態が出現し、他党を競争あるいは提携の対象と見なして議場内外で駆け引きを繰り広げることとなった。しかし、自由党と立憲改進党を主力とする「民党」が、敵対する「温和派」を、政府に追従しているという軽侮の意味を込めて「吏党」と呼称していたこと、逆に「温和派」も、「民党」を「政権争奪の私心を逞ふする」存在として批判していたこと(86)から分かるように、他の党派を自党と対等な存在として見なすという観念が定着したわけではなかった。これは、「藩閥」政府に対して「民党」が対峙するというのが初期議会期の基本的な対立構図であり、「民党」が倒閣に成功したとしても自らが政権の座に就く見通しはないという意味で、国会開設運動以来の非対称的な官民構造が継続していたという背景によるものであった。

民党交渉会の変容と民党の変質

しかし、議場における政府との華々しい対決の裏面では、民党連合の変容が生じていた。これは（新）独立倶楽部が中立を標榜してキャスティング・ボートを握ったことによるところが大きい。五月一日に自由党と改進党が中心となって企画した懇親会が、「民党懇親会」ではなく、「非吏党懇親会」と銘打っていたのも、独立倶楽部を糾合するための苦肉の策であった(87)。

第二議会の民党連合を支えた民党交渉会の方式にも変化が見られた。たとえば、新聞紙条例・出版条例・集会及政社法の三条例問題の交渉過程を見てみると、五月五日に自由党と改進党、無所属民党の代表者が改進党の議員集会所で協議し(88)、翌六日には自由党員が独立倶楽部を訪れて三条例改正案について交渉している(89)。民党交渉会と呼ばれるべきは五日の会合であろう。しかし議席の過半数に届かない民党は、自由党の星亨が、独立倶楽部に影響力を持つ陸奥宗光と親しいことを利用して、民党交渉会の結果を自由党を通じて独立倶楽部に持ち込み、支持を訴えなければならなかった。これは民党が議場で勢力を保つためには必要かつ有効な戦略であったが、第二議会時の民党交渉会の決議が、民党各派が対等な立場で顔を突き合わせて議論するという手続きにより拘束力を持つものとして意識されていたとすれば、民党連合の周縁に位置する独立倶楽部が変則的な形で民党交渉会に影響を及ぼしたことは、民党の結合を弱める方向に働いたと考えられる。

このような民党交渉会の変質は、民党が第三議会の最重要問題と見なしていた選挙干渉非難上奏をめぐって顕在化した。先述の五月五日の民党交渉会では選挙干渉問題についても協議がなされており(90)、その決議を踏まえて七日には、自由党が独立倶楽部と選挙干渉非難上奏案について協議した。独立倶楽部は、民党交渉会で決議された上奏案の字句が不遜であると非難したが(91)、自由党は独立倶楽部との協議が結了する前に上奏案を提出してしまい(92)、その結果、独立倶楽部が反対に回ったことで、選挙干渉非難上奏案は一四三対一四六で否決されてしまったのである。

自由党と改進党の関係性にも変化が見られた。衆議院議長候補者についての自由党と改進党の交渉では候補の一本化に失敗し(93)、五月二日の議場で行われた衆議院議長選挙では、陸奥宗光の差し金もあって独立倶楽部の支持を確保した自由党の星亨が最高得票を獲得して議長に任命された。改進党は副議長に島田三郎を望んだものの、独立倶楽部の助力を得られず失敗に終わり、独立倶楽部とのパイプを有する自由党との明暗が分かれたのである。

第二議会の民党交渉会の特徴であった慎重な交渉も失われた。このことが顕著に見られたのが、追加予算審議問題である。政府は三月十七日に勅令第二十八号により、明治二十五年度予算不成立による前年度予算執行を公布し、第三議会には、前議会で削除された軍艦製造費、製鋼所設立費などを追加予算として提出していた。これに対して自由党は、通常会である第二議会が解散された以上、新議会も会期九十日の通常会であり、予算案も改めて提出されるべきであると主張しており、「新議会に対する我党の方針」においては、追加予算の審議拒否が示唆されていた。改進党もこの問題を取り上げ、政府から満足な回答を得られなければ上奏するという強硬手段を主張して自由党と交渉していた[94]。

しかし第三議会劈頭に、この問題についての質問書を提出していた民党は[95]、実際に追加予算審議が始まると、何事もなかったかのように審議の席に着いてしまった[96]。民党には初めから予算審議を拒否する覚悟がなかったのであり、戦術の拙劣さばかりが印象づけられた。第二議会では民党連合から離脱しかねない小会派に対して周到な配慮を施しながら合意形成がなされていたのに対し、第三議会の民党交渉会には、自由党、改進党と無所属民党のみが参加していたため、自由党と改進党の過激化に歯止めがかからなくなり、実現可能性を度外視した方針が決定されてしまったのである。

以上のような民党の変質は、民党指導者にとって好ましいものではなかった。五月十四日の選挙干渉非難決議可決後、政府が七日間の停会を命じると、自由党の河野広中と改進党の島田三郎が伊藤博文側近の末松謙澄を訪問して伊藤の首相就任を慫慂し、地租軽減の実施など政府側の譲歩を希望したことが知られているが[97]、これも民党指導者の焦慮を示す逸話であろう。

自由党の地租問題への積極的関与

このように民党連合が変質する中、自由党は、第二議会において民党連合の枠組みから除外されていた地租税率軽減と地価修正の両問題への関与を、第三議会開会前から積極的に試みていた。四月二十三日の代議士総会において、板垣の提案により、地価修正派の東尾平太郎（大阪）、長谷場純孝（鹿児島）、湯浅治郎（群馬）と地租税率軽減派の河野広中（福島）、工藤行幹（青森）、武石敬治（秋田）の間で交渉が行われることとなったのである[98]。第二議会において民党の枠組みから外されていた地租問題が、時に民党連合の攪乱要因となった経験を踏まえ、両派の和解により地租問題を〈党派問題〉に回収することで、党内の求心力の回復を図ったものと思われる。

もっとも、議会に提出する地価修正法案の逐条審議が行われた四月二十八日の超党派の地価修正派代議士会では、地租税率軽減との併行を図るために地価修正の総額を縮小する案が否決され、原案通り大規模な地価修正が決議されるなど[99]、特段の歩み寄りは見られなかった。これに対して、東北選出代議士を中心とする地租税率軽減派は五月一日の会合で、従来要求していた地租税率五厘減を諦めて三厘減とすることを決議するなど、より柔軟であった。この会合で地価修正派との交渉を委ねられた自由党の河野広中、工藤行幹、武石敬治の尽力により[100]、交渉は間もなく纏まり、一億五千万円から二億円分の地価修正と、地租税率三厘減とを併行することが決まった[101]。

しかし、この妥協はあくまでも自由党内のものにとどまっていた[102]。第三議会では、自由党の杉田定一が地租税率三厘減を定めた地租条例改正案を提出したのに対して、改進党の波多野伝三郎は、従来通り五厘減を維持した法案を提出していたのである。自由党のみが地租税率軽減幅を縮小することとなったのは、自由党に、河野広中や工藤行幹など、地価修正から受益できない東北地方の有力代議士が数多く存在したことによると思われる。有力派閥である東北派の不満が鬱積すれば党の求心力低下に直結するため、自由党には、地価修正が突出して実現しないように統制する強い誘因が生じ、この結果が第三議会での両派調停となったのである。

地価修正法案は、第三議会開会から一週間ほどで、衆議院を通過した。これを承けて税率軽減派が五月十九日に開いた会合では、貴族院に地価修正法案の否決を働きかけるという提案も出たが、第二議会において地価修正法案反対の立場を取った自由党の工藤行幹も、今回は衆議院の議決を尊重すべきことを説き自重を訴えた[103]。工藤は、自らが提出者として説明にあたった地租税率三厘減を内容とする地租条例改正案の審議の際にも、地価修正を伴わない税率軽減のみでは税負担の不均衡が解消されないのではないかとの質問に対して、「本案地租改正を行ふと共に他の一派に於ては地価修正をも行ふの精神なるを以て、又大に其不平均を医するを得べし」と応じている[104]。地価修正派と地租税率軽減派の和解は、自由党内部においては実効性を有していたのである。

しかし自由党が、党として地租税率三厘減を支持し、改進党の提出した五厘減の法案を破って衆議院を通過させたことは、民党のスローガン「民力休養」の中核である地租軽減問題について、民党連合内部に党派に沿った亀裂が生じたことを意味した。地租問題を棚上げした民党連合の不安定さを看取して地租問題の調停に乗り出した自由党の動向は、結果として、民党連合の結束を弛緩させる結果をもたらしたといえる。

ここまで見てきたように、第二・三議会の自由党は民党連合の主力となったことで、意思決定過程の寡頭化が進み、一般代議士が党議に従って一致して投票することが自明のこととみなされるようになった。次節では、民党連合が崩壊に向かう第四議会以降の時期について、自由党の一体性維持がいかに試みられたのかについて検討する。

第三節　民党連合崩壊期における党議拘束

自由党の方針転換の兆し

第三議会終了後の一八九二年七月、自由党は「自由党政務調査之方針」を発表し、民力休養のスローガンに基づく消極主義の一点張りではなく、産業育成政策に対しても積極的な姿勢を打ち出した(105)。この消極・積極政策併行方針の宣言に続いて、自由党の路線転換を印象づけたのは、一八九二年十一月十五日、第四議会前の自由党大会で決議された〈第四議会党議〉から、「地租軽減」の項が姿を消したことである。板垣は、「此の〔地租税率〕軽減、〔地価〕修正の方法に付きては猶ほ幾多の調査を要するを以て、従来の如く此の原案に掲載せずして代議士会に一任せられんことを望む」と説明していた(106)。

これは第三議会において自由党が地租税率軽減派と地価修正派の調停を試みた流れに逆行するものであった。「地租軽減」が党議から抹消された原因としては、関西の党員が主張する地価修正と、東北の党員が主張する地租税率軽減との対立が激化したことが報じられているが[107]、これは新しく生じた事態ではなく、第四議会前に至って、突如「地租軽減」が党議から消えた理由とするには不十分である。第三議会後、次の議会に政府が地価修正法案を提出するとの風聞が流布するなど[108]、地価修正の実現可能性が高まったことにより、税率軽減派との共闘を足枷と感じるようになった自由党内の地価修正派が硬化したことに原因があったのであろう。

「地租軽減」が党議から抹消されたことに、政府系新聞は自由党の変化を見た。『朝野新聞』は、「自由党は軟化せり、自由党は節を屈したり、彼等は地租軽減地価修正を行ふて民力を休養せんことを誓ひたり、而して今や之を党議より削除して復た一言の之に及ぶなし、是れ豈に彼等の軟化にあらずや」と述べ、自由党の変化が明らかである以上、「改進党と方向の齟齬するも亦争ふべからず」と、自由党と改進党の決裂を予言した[109]。これに対して、改進党系の『毎日新聞』は、「御用記者が地租軽減地価修正は単に民党の主張する所なりと誤認」していると指摘し、自由党と改進党では「第一議会以来、此二問題は各代議士の自由問題」となっていたため、自由党が「地租軽減」を「党議に加へざりしとて、該党は変節したり、改進党の方向と齟齬する」などと評するのは、的外れであると反論した[110]。

事実としては、『毎日新聞』の指摘が正しい。しかし、民力休養の核心である地租軽減要求は長らく自由党や改進党の重要な主張であったため、このつながりを切断することは困難であった。第四議会前の自由党大会において板垣が「我党が民力休養の実を挙げんが為めに地租軽減、地価修正を実行せんとして十数年来口に説き筆に論じて止まざる事は満場の諸君の知悉せらるる所なり」[111]と述べたように、党議から消えた後も、機会を捉えては地租問題への尽力が強調されねばならなかったのである。

国民協会の創設

非民党陣営に目を向ければ、一八九二年五月の選挙干渉非難決議可決の衝撃により、「温和派」の地方団体連合であった中央交渉会は、さらなる組織化を構想するに至っていた。伊藤博文や井上馨といった藩閥首脳は必ずしも賛成ではなかったが、議事日程を巡る自由党との裏取引などで混乱する軽量級の松方正義内閣の状況を好機とみた古参地方官や政府委員級官僚たちの活発な動きもあり、西郷従道と品川弥二郎を推戴する形で七月上旬に倶楽部組織としての国民協会が始動した(112)。これは、議員以外にも門戸を開放した点で、これまでの大成会や中央交渉会のような院内会派とは大きく異なっていた。

十一月には国民政社を併置することで、倶楽部としての国民協会との二本立ての組織構造となったが、この政社組織は、佐々友房の手に成る「国民協会拡張に関する鄙見」という文書が示しているように、「号令一途、歩武整然、緩急相応ずる」ような「機敏の運動」の実現を目的とするものであった(113)。「単に党議党則の力を以て党員の意思を牽束する」自由党などの既成政党のあり方は依然として批判の対象であったが、同時に、大隈や板垣を戴く民党の「隊伍の整理」は賛嘆の対象でもあり、「功名を以て目的とし政権攘奪を以て其肝胆に銘ず、其熱心戮力は温和派烏合団の比にあらず」と評されていた(114)。国民政社は、「諸党派の間に儼立して弥よ旗色を鮮明にす」ることを期待されていたのである(115)。

国民協会は、十一月二十三日には議員倶楽部を設置し(116)、十二月十五日には中央交渉会が廃止された(117)。国民協会の議員倶楽部では、毎日定時の会合に「事故あり欠席のものは其事由を述べ日々届出べき事」、「議場に欠席の者は各部同志者へ日々通信すべき事」と定められ、議場での統制の取れた進退を可能にするよう、議員間の密接な意思疎通が予定されていた(118)。

政府による地価修正法案の提出

変化の兆しを見せた第四議会の自由党であったが、以下の二つの要因により動揺が生じた。まず第一に、事前の風説通り、政府が自らの手で地価修正法案を提出したことである(119)。これは、自由党の一体性の維持という観点からすれば深刻な事態であった。地価修正のみが実現してしまえば、その恩恵に与れない東北地方を中心とする地租税率軽減派の不満が鬱積することは避けられないからである。

地租税率軽減派の地価修正派に対する嫉視が深まる中、十二月二日の代議士総会で、板垣は「地価修正は政府案となつて議会に提出するに至りたるも、修正派は是れが為めに満足する事なく地租〔税率〕軽減の為めに十分の尽力あらん事を望」むと釘を刺さねばならなかった(120)。しかし、自由党内の地価修正派は、政府が地価修正の交換条件としていた所得税の増税に応じる動きを見せ、十二月七日に地価修正案が衆議院で可決されると、貴族院の地価修正審議の成否を握る政府の歓心を買おうと、民党の党議に反して予算中の軍艦製造費に協賛することまで決議した。

このような地価修正派の動きに対して、自由党では十二月十八日に、「此問題に就ては第三議会に於て我党議員を除名せしことも有之、今日に於て若し之に違背する等のことあるときは不得止処分せざるを得ず」との威嚇的な通牒が発せられた(121)。やがて衆議院で、地価修正の交換条件とされていた酒造税法案、煙草税法案が次々に否決されると、地価修正派は望みを失い、地価修正貫徹の連判状から署名を取り消す者が続々と現れた(122)。最後まで地価修正の実現を目指した自由党の地価修正派の頭目である東尾平太郎や天春文衛も年明けの一八九三年一月十日の記名投票で軍艦製造費否決に投票し、自由党の党議に従った。こうして、地価修正問題をめぐる自由党の危機は収束したが、党を揺るがす地租問題を統制する術を自由党が何ら持ち合わせていないことが白日の下に曝され、その衝撃は第五議会の協議員体制成立の伏線となった。

自由党の民党連合からの独立

地価修正問題と並ぶ、第四議会の自由党にとってのもう一つの不安定化要因は、改進党との関係悪化による民党連合からの独立傾向であった[123]。

十一月二十一日に改進党の島田三郎が行った演説が、暗に自由党の積極化を批判しているとして問題化したが、即時の提携断絶には至らなかった。しかし十二月中旬にはより深刻な事態が生じた。民党交渉会で十一月以来協議されていた集会及政社法、新聞紙条例、出版条例の三条例改正案の内容が妥協的であるとして院外党員から批判が出た結果、改進党が民党交渉会の合意内容を反古にして、強硬な原案に回帰したのである[124]。第二議会以来、相互不信を秘めつつも自由党と改進党が議場での多数獲得という目的のために共闘し続けたのは、民党交渉会の決議遵守への相互信頼に基づいており、これまで民党交渉会の決議がこのような形で覆されたことはなかった。それゆえ、この事件は民党連合の根幹を揺るがしたのである。

これを承けて自由党は民党連合からの独立を加速させた。二十四日には、星亨の下に院外党員の有力者が会合し、民党交渉会において「我党の素志に反して他党に二三歩を譲る」事態が頻発していること、議案審議のために設けられる特別委員の割り当てが自由党の議席数に対して不釣り合いに少ないこと、「議会に於て可決したるものは功を民党に帰し、自由党は殆んど之に与らざるものの如し」といった不満が表明された[125]。二十五日の代議士総会では、「吾党は院の内外を問はず、確〔ママ〕く独立の地歩を守り、他党派の向背に関せず、其所信を実践決行するものとす」との関東代議士の建議が満場一致で可決され、改進党と同盟倶楽部[126]に民党事務所廃止を申し入れることが決議された[127]。

民党連合からの独立は、第二・三議会における自由党の一体性を保証していた前提条件の喪失を意味した。このような局面の流動化に伴って、党内意思決定過程の寡頭化が進んだ第二・三議会では疎外されていた院外党員の参加要求が高まった[128]。

まず、十二月二十三日の会合では、院外五団体[129]の代表者三名ずつを代議士総会に参列させることが決議され[130]、年明けの一八九三年一月三日には、院外団としての方針を確立して代議士総会に要求することなどが申し合わされた。参列委員は実際に選定され、代議士総会に参加するようになったが、院外団独自の方針が決定されるはずであった一月五日の会合では、議会での重要局面において代議士に協力することが決議されるにとどまった[131]。院外団の意見集約の困難が露呈したものと思われ、これ以降、院外団は独自要求の提示を断念し、政府への強硬姿勢の一点張りで代議士への圧力活動に専念することになる。

予算闘争と和協の詔勅

さて、自由党の民党連合からの独立宣言は早速実行に移された。年末年始の休会明け初日の一八九三年一月九日、自由党は、改進党や同盟俱楽部と一切交渉することなく選挙干渉非難上奏案を提出したのである。改進党と同盟俱楽部は不快感を表明したが、特別委員に付託して字句の修正を施した上で賛成することにした[132]。自由党と改進党を仲介する立場にあった同盟俱楽部は、「昨今民党三派が議案を提出するに際し、交渉を粗略にするの感あるにより、爾来旧の如く議案提出前に於て充分の交渉を為すべし」と民党交渉会の復活を呼びかけた[133]。

自由党としても、この段階では完全に民党連合と断絶するつもりはなく、民党連合からの離脱を推進してきた星亨ですら、重要問題についての他党との交渉の可能性を留保していた[134]。それゆえ、一月中旬に衆議院の予算審議が本格化すると、同盟俱楽部を仲介として再び改進党との交渉が再開し、これに伴って、板垣、星、河野、松田ら他党との交渉を担う有力党員に再び意思決定権が集中された。一月十一日の代議士総会で板垣は、「議院に於ける運動に就ては、機敏迅速を要する場合少なからず、加之時に或は秘密を要する事亦なきにあらず、如此場合に処して一々総会に諮るが如き事ありては、為めに時機を失し、戦略を誤るの恐れなしと云ふべからず、由て如此場合に於ては総理の独断決行に一任せられたし」と述べて、満場一致で承認された。[135] 寡頭的な意思決定は、議場での駆け引きにおける迅速、秘密保持という戦術的観点から正当化されたのである。

二月七日に内閣弾劾上奏が衆議院で可決され、二十五日までの休会が決議された後、十日には、政府の行政整理、軍艦製造費復活などを内容とする和協の詔勅が降された。これを機に衆議院は特別委員を選出し、自由党も政府や他派との交渉に入ったが、[136] 強硬姿勢の維持を求める院外団は板垣に直接圧力をかけようとした。板垣や代議士総会もそれに同意するような素振りを見せたが、[137] 実際には、衆議院予算委員と政府との交渉が進展し既成事実化していったため、院外団が実効的に意思決定に関与しうる余地はほぼ残されていなかった。

最終的に、院外党員の代表者も参加した十八日の自由党代議士総会において、星亨と河野広中を通じて、「今度の予算は詔勅に対し奉り遵奉の外なしと思考するも其の代議士総会多数の意見に任す」との板垣の意向が伝えられた後、第四議会においては政府攻撃を中止し、次の議会で政府の改革の成果を問うとの星の提案が多くの賛同を得た。[138] 板垣がこの日の代議士総会に姿を見せなかったのは、最終決断を代議士総会に委ねるという形で、政府攻撃中止の責任を代議士と共有しようと意図したものと思われる。板垣と星は、詔勅の不可侵性を強調することで、強硬姿勢の維持を求める院外団の異議を遮断し、自由党全体を休戦へと導いたのである。[139] この和協の詔勅への対応をめぐって、自由党は、最後まで強硬姿勢を貫いた改進党と決定的に袂を分かつこととなった。

地租問題の党議への回復——第五議会

和協の詔勅により政府との休戦が実現した結果、政府の行政改革の成果が判明する第五議会に関心が集中することとなった。一八九三年四月二十一日の自由党政務調査局の会合では、第四議会の予算査定案を基準として政府の行政改革を評価することが決定された。[140] 高い要求水準を掲げることで、自由党軟化の風評を払拭しようとしたのである。[141]

このような動きと併行して、星亨や松田正久ら自由党最高幹部は、代議士総会や院外団の影響を受けにくい議会閉会中に、民党連合離脱の既成事実化を進めようとしていた。九月に、「民党」シンボルが依然として根強く、自由党と改進党が未分化状態であった九州への遊説を敢行したのである。[142] しかし、遊説員の一人であった最高幹部の河野広中をはじめとして、自由党員の民党連合への執着は強く、改進党との決裂を急ぐ星の党内での立場は危うくなりつつあった。八月以降、国民協会と接近した改進党は、星の個人スキャンダルに対する非難を開始し、自由党内でもこれに呼応して星の脱党を促す声が上がり始めていた。

こうした動向を背景に、民党連合期以来の板垣、星、河野、松田らの最高幹部による密室での寡頭的な意思決定体制への不満を鬱積させていた代議士たちは、代議士総会の復権を目指して協議員を新設する計画を立てていた。革新派と呼ばれたこれらの人々は、協議員に専断権力を付与せず、「代議士は自動的、〔協議〕委員は他動的、即ち委員は代議士の機械たらしめ、大体は代議士会に於て決し、万止むを得ざる懸引の外は一任せざること」を申し合わせていた。[143] 民党連合期以来、「懸引」を理由とする「一任」の多用により、自由党の意思決定過程の寡頭化と代議士総会の空洞化が進展したという革新派の認識が窺われる。

東北と九州選出の議員を中心とする革新派には、地価修正派の有力者の長谷場純孝や東尾平太郎、地租税率軽減派の頭目である工藤行幹らが名を連ねており、地価修正派と地租税率軽減派の協調としての側面もあった。[144] 両派の和解は党の求心力回復に不可欠であったが、板垣と星を中心とした体制ではこの目的を達せられず、[145] 革新派はこれを一つの使命として登場したのである。

革新派の運動は成功し、十一月十日の代議士総会で七名から成る協議員の設置が可決された。[146] 従来の最高幹部体制は解体され、衆議院議長である星亨は、党派から独立した存在たらねばならないとの理由で、また、代議士でない松田正久も、協議員が代議士から選出されると規定されたため、共に候補たりえず、河野広中も院内総理の資格を失い、協議員長の座に収まったのである。[147]

十一月十五日に開かれた自由党大会では、「地価修正地租軽減の外、消極の方針を取ること」を決議していた協議員の意見が反映されて、[148]「地租軽減地価修正の必成を期し之に要する財源は一切他に使用せざる事」という強い文言の〈第五議会党議〉が確定された。[149]一八九三年後半から米価が高騰し、地租軽減の必要性がますます低下していたにもかかわらず、[150]地租問題が〈第五議会党議〉の第二位に掲げられなければならなかったほどに、第四議会の政府提出地価修正法案の衝撃は大きかったのである。十一月二十四日の自由党代議士総会では、三厘の地租税率軽減を内容とする地租条例改正案と、一億五千万円を下らない額の地価修正を内容とする地価修正法案が承認された。[151]地租税率軽減法案と地価修正法案が自由党代議士総会の場で確定されたのは、第二議会以降初のことである。

しかし、協議員体制は代議士総会の復権にとどまるものであり、第四議会以来、意思決定過程への参加を求めていた院外党員の希望に十分応えるものではなかった。[152]それゆえ、院外党員は党大会直前にも会合して、党大会代議員の増員、代議士総会における院外委員への評決権の賦与、党大会の実質化などを決議していた。[153]しかし結局、十一月二十二日の代議士総会において、上京中の代議員で政務調査に関与する者が、第四議会同様、代議士総会に参列することが承認されたにとどまった。[154]

星議長不信任問題と党議

協議員体制の成立など、自由党における星の影響力後退を見た改進党は、星亨を完全に失脚させ、自由党との民党連合を復活させる好機とみて、国民協会とも提携して星亨衆議院議長不信任を提唱し始めた。[155]自由党では十一月二十日の秘密会で、星不信任問題について激論となったが、星除名論や辞職勧告説は退けられた。[156]星議長不信任問題が議場に提出された十一月二十九日の本会議前にも、自由党は秘密会を開き、あくまでも不信任に反対することを党議とした。その結果、星不信任を強硬に主張していた東尾平太郎らも「身を自由党内に置く以上は徳義上党議に違背する事能はず」(157)として、議場では不信任案に反対投票を行った。党議に反して不信任案に賛成し除名されたのは一名のみであり、このように論争的な問題についても、党議拘束を通じた自由党の一体性の維持が機能していることが示されたのである。

翌十一月三十日、二十七名の自由党代議士が連署して星の処決を促す意見書を提出すると、板垣は「党議を変ぜよとならば、余は責を引いて辞職せざる可らず」と述べて抵抗し(158)、この日の代議士総会では、星不信任が上奏の形をとって議場に現れても、再び否決することが決議された(159)。しかし、十二月一日に星不信任上奏が議場で可決されると、星不信任派は、衆議院の決議は党議に優越すると主張して、板垣に星を辞職させるよう要求した。衆議院の決議は、党議を相対化しうる高い正統性を有する根拠だったのである。

しかし板垣はそれでも星擁護の姿勢を崩さなかったため、代議士総会で星不信任派が多数を占めることはなく、結局、星不信任派の代議士二十名弱が脱党した。自由党脱党者が結成した同志倶楽部の宣言書には、衆議院の不信任決議以来、「衆議院の公議に従ひ」星を処分することを板垣に懇請していたが容れられず、「天下の公議は、一党の利害の為めに犠牲とする能はざるが為め」に脱党したと記されていた(160)。この中には、新設の協議員である長谷場純孝、工藤行幹も含まれており、十一月に成立したばかりの協議員体制は事実上崩壊した。

このように、第五議会はまず星問題で紛糾し、間もなく、改進党を主力とする対外硬派が条約励行建議案を提出したことにより解散されたため、第四議会の和協の詔勅に基づく政府の行政改革の成果を自由党が本会議場において争点化する機会はなかった(161)。第四議会末に政府が公約した行政改革への評価は先送りされたのである。

しかしこの短い第五議会は、先述した帝国議会開設以来の「民党」と「吏党」という図式を一変させた点で少なからぬ意義を有していた。本章第二節で述べたように、第四議会に至るまで、議会内の対立は国会開設運動以来の藩閥政府と民権派の対決の延長線上で解釈され、実践されてきた。しかし第五議会において、それまで「民党」の主力であった改進党が自由党と訣別して「吏党」の国民協会と提携し、条約改正問題が新たな政治対立の焦点となったことは、「民党」と「吏党」という、固定的なニュアンスを帯びた従来の対立構図の説明能力を著しく低下させるものだったのである。ただし、政党が藩閥政府に取って代わって政権の座に到達することは不可能であるという立場の反転不可能性はいまだ残っていた以上、民党と吏党という非対称的な相互認識に基づく対概念は依然として有効性を保ち続けた。この後も、政府支持派を「吏党」と呼んで誹謗するという場面は長きにわたって繰り返されたのである。

党議拘束の定着——第六議会

解散後の総選挙で自由党は大きく議席を伸ばした。第六議会を前にした一八九四年四月二十五日から二十七日に開催された臨時党大会では、従来の代議士中心の議案作成手続きが改められ、十名の代議士と五名の代議員から成る議案調査委員が議案を確定するという手続きがとられた。これは、改進党との決裂以来、議場で孤立した自由党が、従来以上に院外団の存在を必要とするようになり、第四議会以降高まり続けていた院外団の参加要求を部分的に満足させようとしたものと思われる。また、確定された議案について院外党員を代議士との共同責任の地位に置くことも意図されていたであろう。大会で決議された〈第六議会党議〉には、附言として、「第五議会に於ける条約励行に反対する事」が明記された[162]。

一八九三年末に政社認定された国民協会は、総選挙で満足な結果を得ることができなかったが、一八九四年五月三日の臨時大会で組織変更を行った[163]。その際に定められた「国民協会内規」によれば[164]、貴衆両院の議員と正副会頭及び前代義士によって構成され、各省に対応した五つの部を持つ審査会を置き、また、議会開会に先立ち交渉委員五名ないし七名を選挙し交渉事務を担わせることとされていた。そして、他党の議員の提出議案に名を連ねる際には、主任部長と交渉委員の決議が必要とされるなど、厳格な統制が目指されていた。政社として認定されたことで、国民協会もはや憚ることなく議員に対する統制を強化するに至ったのである。[165]

伊藤博文首相は、条約励行に反対する自由党を多としながらも、自由党への依存に警戒的であったため、第五議会解散の際に、条約改正問題が唯一の解散理由であることを認めていなかった。しかし、解散理由の明示を求める貴族院議員の圧力や、イギリスとの条約改正交渉の便宜から、第六議会劈頭の一八九四年五月十六日、伊藤は、第五議会の解散理由が条約励行論であったことを明言した。自由党が第六議会前の党大会で条約励行論への反対を決議していたことは周知の事実であったから、これは、自由党が議会における政府の支持基盤であることを事実上認めるものであった。[166]伊藤がこのように大きな決断を下しえたのも、第四議会の和協の詔勅後の政府攻撃の中止や、星亨不信任問題の際に見られた、自由党員の党議に基づく一体性に対する信頼が根底に存在したからこそといえよう。そして、自由党は、五月二十二日に伊藤内閣の条約改正を鞭撻する内容の条約改正建議案を提出して、伊藤の期待に応えたのである。[167]

しかし、自由党院外団は依然として政府に対する強硬姿勢を要求しており、また、星亨など関東派を中心に党からの分離も辞さない不穏な動向が見られた。[168]そのため、今や国民協会機関紙の『中央新聞』から「吏党」と呼ばれるに至っていた自由党としても、[169]引き続き民党的な態度を表明することは重要であり、第五議会解散非難決議や、政府の公約不履行を追及する上奏案を第六議会に提出した。政府に対するこのような両義的な態度の均衡を図ることは極めて困難な課題であったが、党幹部や代議士総会は、院外党員の強硬姿勢を大枠では容認しつつも、議場での進退については院外党員の関与を遮断し、政府攻撃の過激化に歯止めをかけようとした。

まず党大会において、〈第六議会党議〉に列挙された項目を別々に提出するか、より攻撃力を高めるために総合して政府攻撃を行うかという点について、「代議士の運動に一任」することが確認されていた。[170]また、院外団から強硬な内閣不信任案の提出を要求された板垣が今後の対応策を諮問すると、政務調査部正副部長は、「議会の形勢を察し時期の取斗ひを為す」ことは、板垣総理または院内総理に委ねるのが適切であると回答した。代議士の間でも「議会の駆引に属する取扱上は総理又は院内総理に一任すべし」との意見が優勢であった[171]。五月九日の秘密代議士総会では、星亨や、院外少壮者の団体である自由倶楽部が、各種の問題を一括した強硬な政府弾劾上奏を改めて要求したが、板垣は、開会劈頭の不信任決議により再度の解散を招き、天皇の信任を失うことは避けるべきであるとして反対を表明し、九日と十三日の代議士総会では、「政略問題」に属するとの理由で政府攻撃の方法については何も決議されなかった[172]。議会での進退については戦術上の観点から、院外団あるいは一般代議士の意思決定過程への参与が遮断され、板垣など党幹部の寡頭的意思決定が正当化されるという民党連合以来の光景がここでも見られたのである。

このようにして院外団の強硬な政府攻撃要求が抑えられた結果、自由党が最終的に提出した上奏案は、政府が第四議会で公約した行政改革、海軍改革が不十分であるという点に内容を限定し、「和協の道を尽さしめられんことを」懇請する穏健なものとなった[173]。これは、改進党などの対外硬派が議会に提出した上奏案が、条約励行論を含む激烈なものであったのとは対照的であり[174]、政府に圧力をかけて、部分的な政権参加の実現を目指すものであった[175]。しかし、自由党の上奏案は、対外硬派の策動により特別委員会に付託された結果、条約励行を暗示する外交批判や内閣不信任の激烈な文言を含むものに書き換えられて本会議で可決されるというハプニングが生じ、議会解散となった。条約改正問題で政府を援護しつつ、行政改革の不十分などを争点化して政府に圧力をかけるという自由党の二正面作戦は、結果的に再度の解散を招いてしまったのである。

しかし、自由党提出の上奏案が対外硬派の上奏案に比べて微温的なのは明らかであったにもかかわらず、五月十八日と五月三十一日の本会議場において、自由党員は、全員が党議に従って自由党提出の上奏案に投票した[176]。第二・三議会に自由党の一体性を事実として保証していた民党連合の枠組みが完全に崩壊したこの時点においても、自由党にとって核心的な問題について党議拘束に基づき一致して投票するという自由党員の行動様式は、確固たるものとして根付いていたのである。(177)

小　括

第一議会の終盤に大量の脱党者を出し求心力を著しく低下させた自由党は、民党連合による党勢挽回を目指した。第二議会における民党連合は、内部分裂を惹起しかねない争点を民党の枠組み外に放擲し、主力である改進党と自由党が、その他の小会派に配慮した慎重な意思決定を行ったことにより、規律正しい進退を披露した。自由党においては、他党との交渉にあたる有力党員への意思決定権の集中が進み、一般代議士は民党交渉会の決議を追認するにとどまることが多くなった。第三議会になると、新たに誕生した独立倶楽部の存在や、地租問題に対する歩調の乱れなどもあり、民党連合は不安定化したが、それでも議場での投票行動は極めて高い一体性を示していた。第二・三議会期は、反政府勢力を結集した民党連合の下で活動することで、自由党員が議場において一体となって行動することに習熟し、それが自明のことと見なされるに至る過程であった。

第四議会以降、自由党はその一体性を事実として保証してきた民党連合からの離脱へと向かうが、脱党者を出した第五議会の星亨議長不信任問題や、第六議会の政府批判上奏などの困難な議題についても、党議に従って一致して投票すること自体が否定の対象となることはもはやなかった。逆説的ではあるが、民党連合期に進行した党内意思決定過程の寡頭化と、一般代議士の党議への服従という行動様式が、民党連合から離脱する能力を自由党に賦与したともいえる。このようにして定着した党議拘束を通じた自由党の一体性は、自由党の存在誇示のための資源となり、伊藤博文首相が自由党を議会内の基盤として認知する前提となった。

また民党連合に対峙した陣営においても、大成会、そのあとを承けた中央交渉会や国民協会が、会派としての一体性を強化するような意思決定手続きの整備を行ったことは、第二議会以降、非民党勢力が一定程度の強度と持続性を持って民党連合に対峙しえた背景として重要であった。これにより、初期議会期において、複数の政党あるいは陣営が屹立して、議場で競争を繰り広げるという状況が定着したのである。

党議拘束の開始は、選挙にも少なからぬ影響を及ぼしたものと思われる。早くも初期議会期の選挙において、有権者がある程度政党本位の投票を行っていたという興味深い事実が指摘されているが[178]、これも、党議拘束を通じて政党の一体性が確保されたことにより可能になったと見ることができる。議会制度下での党議拘束に基づく政党の一体性の高まりは、長い目で見れば、明治憲法下において政党と議会の地位が向上していくのに寄与したのである。

しかし、党議拘束の自明化によって、一八八〇年代に主流であった緩やかな結合を理想とする政党観が失われたことも事実である。その結果、第一議会の自由党に見られたように、党議が定まれば、それに対するいかなる異論も党の一体性に対する阻害要因としてしか見なされなくなった。

このように党議拘束という強制を通じて結束を強化した自由党において、党員の一体感は他の方法で補償されなければならなかったが、党が提供しうる物質的な利益がほぼ皆無であった初期議会期においては、とりわけ情緒的な一体性が重要となった。その一つが、旧自由党の歴史の援用であった。大同団結運動の過程で、発生当初は否定的に捉えられていた激化事件が結集核として機能するに至ったことは第二章で指摘したが、議会開設後も、自由党の懇親会においてはしばしば余興として激化事件の講談が披露され、党員一同が悲憤慷慨するといった光景が見られたのである[179]。もう一つは、党の外部に対する攻撃性である。党議拘束により党内での自由な意見表明の機会が制限されるようになると、党員たちのエネルギーの捌け口は藩閥政府や改進党といった外敵へと向けられた。とりわけ民党連合崩壊以降の改進党との非難の応酬は、一八八三年の偽党征伐を彷彿とさせる激烈なものであった。

また党議拘束は、議会審議のあり方にも影響を及ぼした。

元来、帝国議会の審議システムは、議員同士の自由な議論の連鎖に基づき行われる自立的、自足的なものとして構想されていた。それが、議会制度の内部に棲息地を確保しようとする政党によって、議院規則を足がかりとした先例の積み重ねを通じて、政党会派単位の質疑応答を基礎とする審議システムへと変革されていったという。そして、このような政党会派単位の審議システムを支えた枠組みの一つが党議拘束であった(180)。

本書の主張を併せて考えれば、政党は、議論を通じた意見の分岐という議会制度の遠心分離的機能に抗するために党議拘束によって政党の一体性を確保すると同時に、そのようにして成立した党議拘束を基盤として、議会制度自体を内部から変革していったということになる。初期議会期の政党の経験は、政党の議会制度への適応という受動的な側面と、政党による議会制度の変革という能動的な側面を、全体として把握して初めて十全に理解しうるのである。

こうした党議拘束を基盤とした政党会派単位の審議システムの成立ゆえに、議場において多様な意見が析出され、議論を通して結論に到達するという議会像は、初期議会という極めて短い間に後景に退き、多数決により、多様な意見を量的な関係に変換するという議会制度のもう一つの側面が前景化することとなった。初期議会期の経験は、その後の政党と議会のあり方を方向付ける上で、きわめて重要な役割を果たしたのである。

（1）塩出浩之「議会政治の形成過程における「民」と「国家」」五八〜六一頁。
（2）民党と吏党という対立構図が、郡や村、時には大字レベルの対立を表現する道具として、国政レベルでの対立とは必ずしも直結せずに、大きな広がりを見せたことについては、有馬学「ムラの中の「民党」と「吏党」」。
（3）自由党における度々の党制改革と、党内意思決定手続きについては、伊藤之雄「初期議会期の自由党」。
（4）坂野潤治『明治憲法体制の確立』六七〜六八頁。
（5）鳥海靖「初期議会における自由党の構造と機能」一二三〜一二四頁。政党の枠組みによって扱われるべき問題領域の画定は議会開設前からの論点であり、しばしば、〈国家問題〉、〈地方問題〉、〈党派問題〉などの区別を用いて論じられた（塩出浩之「議会政治の形成過程における「民」と「国家」」）。
（6）三月二十日の自由党大会については、関口栄一「初期議会における自由党の組織と行動」（一）、七二～七九頁、伊藤之雄「第一議会期の立憲自由党」四七～五二頁。
（7）関口栄一「初期議会における自由党の組織と行動」（一）、七四頁。関口は板垣の存在を、自由党の多頭性を覆い隠す「帽子」と表現している（同（二）、六七頁）。
（8）三月大会後の自由党の改革については、関口栄一「初期議会における自由党の組織と行動」（一）、七九～八二頁。
（9）『郵便報知新聞』一八九一年四月八日。
（10）『自由』一八九一年五月二十六日。
（11）『国会』一八九一年五月二十三日・三十日。
（12）『国会』一八九一年五月二十三日。
（13）『党報』第一号（一八九一年十月二十五日）一七頁。
（14）鳥海靖「初期議会における自由党の構造と機能」二〇～二二頁、小山博也『明治政党組織論』二〇～二一頁、伊藤之雄「初期議会期の自由党」二〇一～二〇四頁。なお、院外党員の圧力により議員団の規律を確保するという選択肢が存在したにもかかわらず、代議士中心の組織の確立に向かったのは、第一議会の自由党の分裂が、議員団に対する院外党員の掣肘によって惹起されたというナラティヴが普及したことによる（鳥海靖「初期議会における自由党の構造と機能」一九～二〇頁）。
（15）関口栄一「初期議会における自由党の組織と行動」（二）、六三～六四頁、西山由里花『松田正久と政党政治の発展』三九～四一頁。
（16）『自由』一八九一年六月二日。
（17）社説「立憲政治の精神将た何れにかある」『国会』一八九一年六月三日・四日。
（18）河野広中は、「辞職勧告の結果は俄かに其効を見ることは固より望むべきことにあらざれども、之を以て内閣の非を天下に鳴らし、他日議会に於て大に争ふの地を為し候事に相成候」と書き送っている（一八九一年六月二十三日付立花親信宛河野広中書簡、柳川古文書館所蔵「立花（収）家文書」六七）。
（19）『京都公民会雑誌』第二九号（一八九一年七月五日発行）。
（20）一八九一年八月二十六日の京都公民会集会における演説、『京都公民会雑誌』第三一号（一八九一年九月五日発行）。

(21)『京都公民会雑誌』第二九号（一八九一年七月五日発行）。
(22)『北垣国道日記「塵海」』一八九一年七月二日の条（三二六頁）、七月十一日の条（三三一頁）。九月には自由党でも内藤魯一が自由倶楽部の復帰を画策するなど、自由倶楽部は様々な勢力の働きかけの対象となっていた。『内藤魯一　自由民権運動資料集』所収の内藤魯一宛松田吉三郎書簡（二一九頁）や小間粛書簡（二二〇頁）を参照。
(23)『京都公民会雑誌』第三〇号（一八九一年八月五日発行）。改進党は専属派を「正義派」と呼んで秋波を送っていた。自由党の松田正久は、「昨日は例の楠本発起の集会へ相臨み候処、大成会も来会有之、将来の期望相立哉と被案候」と会合の様子を伝えている（一八九一年七月十二日付石塚重平宛松田正久書簡、「石塚重平関係文書」七―四）。
(24)『京都公民会雑誌』第三四号（一八九一年十二月五日発行）。
(25)『京都公民会雑誌』第三四号（一八九一年十二月五日発行）。なお、『議会制度七十年史　政党会派編』二六一～二六二頁に従って、一八九一年十二月二十五日時点での民党各派の所属人数を示すと、定数三〇〇名のうち、自由党は九二名、立憲改進党は四四名、自由倶楽部は二五名、独立倶楽部は一九名、巴倶楽部は一七名である。
(26)村瀬信一『明治立憲制と内閣』一〇五～一〇九頁。
(27)『東京日日新聞』一八九一年十一月十七日。これに先立ち、十一月十三日と十四日にも民党の会合が開かれているが、十一月十七日の民党懇親会の打合せにとどまったようである（『郵便報知新聞』一八九一年十一月十四日、『毎日新聞』一八九一年十一月十五日）。
(28)『毎日新聞』一八九一年十一月二十七日。
(29)『毎日新聞』一八九一年十一月二十六日。
(30)『党報』第四号（一八九一年十二月十日）三三～三四頁。
(31)『衆・本』二、六頁。
(32)五百旗頭薫『大隈重信と政党政治』一四四～一四五頁。
(33)『毎日新聞』一八九一年十二月五日。
(34)『毎日新聞』一八九一年十二月十五日。
(35)『自由』一八九一年十二月十八日。
(36)一八九一年十二月二十日付探聞書（宮内公文書館所蔵「秘密探聞報告」所収）。
(37)一八九一年十二月十九日付伊藤博文宛九鬼隆一書簡（『伊藤文書』四、三四九頁）、一八九一年十二月十三日付松方正義宛大浦兼武書簡（『松方文書』八、一三九頁）。
(38)　一八九二年四月二十二日付探聞書（宮内公文書館所蔵「近時民間ノ政況報告」所収）。伊藤博文側近の伊東巳代治も、民党は予算問題を迅速に結了した上で、憲法六十七条費目についての政府への廃滅同意要求手続きを長引かせることで、政府との対決を印象づけつつ時間を空費させる戦術だと見ていた（一八九一年十二月二十日付伊藤博文宛伊東巳代治書簡、『伊藤文書』二、一六七頁）。
(39)　『毎日新聞』一八九一年十二月二十日。
(40)　『衆・本』二、二六四頁。
(41)　一八九一年十二月十八日付伊藤博文宛伊東巳代治書簡（『伊藤文書』二、一六六頁）。
(42)　一八九一年十二月二十日付伊藤博文宛伊東巳代治書簡（『伊藤文書』二、一六六頁）。
(43)　特に、改進党の自由倶楽部や巴倶楽部に対する不信は根強かった。各部における常任委員選出の際に、自由倶楽部と巴倶楽部の一部の裏切り行為が改進党系の新聞において報じられていたし（『郵便報知新聞』一八九一年十一月二十九日）、改進党の犬養毅も書簡の中で、自由倶楽部について「改進党・自由党の輩は殆んど其相談の席に政府の探偵を列席せしむるが感触を以て集会することとなり」、「巴倶楽部に付ても其重立たる人は、陰に松方伯に関係ありとの疑念を懐ける者あり」と述べている（一八九一年十二月九日付阿部繁太郎宛犬養毅書簡、『新編　犬養木堂書簡集』六六頁）。
(44)　『毎日新聞』一八九一年十一月二十六日。
(45)　『国会』一八九一年十一月十七日。
(46)　たとえば、三条例に関する民党交渉会には、内務省担当の自由党政務調査第二部所属の河野広中（部長）、伊藤大八、堀内賢郎が（『東京日日新聞』一八九一年十一月十七日）、また十一月二十九日の濃尾地震救済金支出事後承諾問題についての民党交渉会には、党内に設置された同問題についての臨時調査委員の河野広中、松田正久、菊池侃二、山田東次が出席している（『毎日新聞』一八九一年十二月一日）。
(47)　関口栄一「初期議会における自由党の組織と行動」(二)、六四頁。
(48)　一八九二年四月二十二日付探聞書（宮内公文書館所蔵「近時民間ノ政況報告」所収）。
(49)　『毎日新聞』一八九一年十一月二十七日。
(50)　第二議会の鉄道問題については、松下孝昭『近代日本の鉄道政策』第一章第四節、和田洋「初期議会と鉄道問題」。
(51)　『毎日新聞』一八九一年十二月十八日。

(52) 社説「政界変転の機（三）政党の退化（中）」『東京日日新聞』一八九二年五月七日。なお、興味深いことに、自由党の機関紙『自由』は、民党連合成立直後の一八九一年十一月十九日に「政党の進化」という社説を掲げ、「粗大なる組織」である民党連合の成立は、「欧米各国の政党」のあり方への接近であり、従来の窮屈な「連判結盟」に基づく政党からの進歩であると評価していた。これも第二章で見た一八八〇年代半ば以降の政党観の延長線上に理解することができる。

(53) 佐々木隆『藩閥政府と立憲政治』一八五頁。

(54) 地租軽減と言えば、地租税率軽減と地価修正（地価引き下げ）の双方を指示することもあるが、当時の新聞では、「地価修正派」に対置される「地租軽減派」は、地租税率軽減を主張する集団を指していた。本章では曖昧さを避けるため、必要に応じて、地租税率軽減と地価修正という用語を区別して用いる。

(55) 村瀬信一「第一議会と自由党」七〜八頁。地租問題については、小山博也「明治前期における地租軽減論の展開」、長岡新吉「明治二〇年代の地租軽減論について」。また、超党派の地価修正運動を中心に検討したものとして、黒田展之「初期議会および日清戦後の地価修正運動」。

(56) 長岡新吉「明治二〇年代の地租軽減論について」一六二頁。

(57)『国会』一八九一年十月十五日。

(58)『毎日新聞』一八九一年十一月二十五日。

(59) 五百旗頭薫『大隈重信と政党政治』一四五頁。

(60)『国会』一八九一年十一月十七日、『郵便報知新聞』一八九一年十一月二十日。

(61)『毎日新聞』一八九一年十二月十七日。

(62) 時に、地租税率軽減については民党内に合意が存在していたとされることがある。たとえば、塩出浩之は、「「民党」路線としては地域間の利害対立が存在しない地租〔税率〕軽減をあくまで優先しようとした」としている（塩出浩之「議会政治の形成過程における「民」と「国家」」六四〜六五頁）。これに対して本書は、地価修正問題により生じた地方間対立に牽連して、地租税率軽減についてのコンセンサスまでもが失われたと考えている。

(63)『衆・本』二、二〇二〜二一一頁。

(64)『衆・本』二、二三六〜二三七頁。

(65)『衆・本』二、二七一〜二七二頁。

(66)『衆・本』二、三一六頁。

(67)『党報』第五号（一八九一年十二月二十五日）三七〜三八頁。
(68)「解散始末」（前田英昭編『帝国議会報告書集成』一、一五六頁）。
(69)社説「御用候補者」『自由』一八九一年十二月二十九日。
(70)海軍関連の予算が廃除されたことに怒った樺山が「薩長政府とか何政府とか言っても今日国の此安寧を保ち、四千万の生霊に関係せず、安全を保ったと云ふことは、誰の功力である」と絶叫した事件（『衆・本』二、三二九頁）。
(71)一八九一年十二月二十三日付探聞書「秘第五七号」、「秘第五九号」（宮内公文書館所蔵「秘密探聞報告」所収）。
(72)『党報』第六号（一八九二年一月十日）三三頁。
(73)以上の経緯は、一八九一年十二月二十三日付探聞書「秘第五九号」（宮内公文書館所蔵「秘密探聞報告」所収）。
(74)二十三日の議場の様子について、『国会』新聞は、「昨日の気勢どこへやら」と揶揄している（一八九一年十二月二十四日）。
(75)先に引用した一八九一年十二月二十三日の『自由』社説でも、中島議長が民党の予算審議を妨害するため、予算審議の時間制限を画策したとされている。
(76)伊東巳代治の見立てによれば、解散に至らない範囲内で、政府との対立を最大限に先鋭化するというのが第二議会における民党の基本戦略であった（一八九一年十二月二十四日付伊藤博文宛伊東巳代治書簡、『伊藤文書』二、一六九頁）。
(77)佐々木隆『藩閥政府と立憲政治』二〇〇〜二〇一頁。
(78)伊東巳代治は、解散について「前議員等は予め自ら期する所なりと云はん計りの顔色を装ひ候得共、其実政府が断行し得るか得ざるかは大疑問にして、而かも断行せざるべしとの空頼みを致居候故、二十五日夕の霹靂一声は思設けざる所なりしは明白の事実に御座候」と記している（一八九一年十二月二十七日付伊藤博文宛伊東巳代治書簡、『伊藤文書』二、一七二頁）。自由倶楽部の植木枝盛も、「今度の開会に於て解散のあるべしとは兼てより全く覚悟の前にて、又衆人の予想いたし居りたる所にて御座候。しかし〔中略〕二十五日に於て其事ありしは有体に申せば少しく早く来り候事」と記している（「弘瀬家文書」Ⅱ—二—五、一八九一年十二月二十七日付山田平左衛門・弘瀬重正宛植木枝盛書簡）。
(79)（新）独立倶楽部については、伊藤之雄「自由党・政友会系基盤の変容」三一七〜三二〇頁、佐々木隆『藩閥政府と立憲政治』二四〇頁。
(80)『党報』第一一号（一八九二年四月二十八日）二四〜二五頁。
(81)もちろん、この「民吏両軍一覧詳表」の説明文に注記されているように、民吏両党の範疇に収まらない議員も存在した。
(82)第二議会における投票行動の分析は、末木孝典『選挙干渉と立憲政治』第六章に詳しい。なお、濃尾地震救済金支出事後承諾問題について、党議に反して賛成票を投じた森東一郎（被災地である愛知県からの選出議員）は、事前に板垣の許可を得ていた（『朝野新聞』一八九二年六月八日）。上田農夫は、政府提出の監獄費国庫支弁法案に賛成するため自由党を自ら脱した（『党報』第一三号、一八九二年五月二十五日、二七頁）。

(83) 『党報』第一五号（一八九二年六月二十五日）二四～二五頁。造反してなお党に留まったのは、貴族院予算回付問題における三崎亀之助のみであった。

(84) 佐々木隆『藩閥政府と立憲政治』二六六頁。以下、中央交渉会についての基本的な情報は、同書第四章第二節による。

(85) 『北垣国道日記「塵海」』一八九二年四月五日の条、三五九頁。

(86) 村瀬信一「明治二六年三月の西郷従道入閣問題」一〇六頁。

(87) 『東京日日新聞』一八九二年五月三日。

(88) 『毎日新聞』一八九二年五月六日。

(89) 『自由』一八九二年五月七日。

(90) 『東京日日新聞』一八九二年五月五日。

(91) 『東京日日新聞』一八九二年五月十日。

(92) 『東京日日新聞』一八九二年五月十一日。

(93) 『国会』一八九二年五月三日、前田亮介『全国政治の始動』二四四頁、註二一四。

(94) 一八九二年五月五日付探聞書「秘第一三一号」（「伊東巳代治関係文書」書類の部、三三四）。自由党の石田貫之助や湯浅治郎はこの問題を取り上げることに批判的であり、五月五日の代議士総会では、「議会の性質を質し、政府若し答弁せざると云ふ時は、議会を開かずして飽まで之を責むると云ふの決心あれば可なり。然らずして単に質問のみ位にては其効なかるべし」と述べていた。

(95) 『衆・本』三、五頁。

(96) ただし、自由党内はこの問題をめぐって紛糾しており、五月十五日の代議士総会では、板垣が「斯く議論一致せざるは全く総理其任に適せざるの致す所なれば、総理の任を退隠すべし」と述べたほどであった（『東京日日新聞』一八九二年五月十七日）。なお、追加予算審議に応じることは、自由党の政務調査部正副部長会で決議されたようである（『東京日日新聞』一八九二年五月三十一日）。

(97) 一八九二年五月十七日・十八日付伊藤博文宛末松謙澄書簡（『伊藤文書』五、四一〇～四一三頁）。

(98)『党報』第一一号（一八九二年四月二十八日）三二～三三頁。
(99)『朝野新聞』一八九二年四月二十九日、五百旗頭薫『大隈重信と政党政治』一六〇～一六一頁。
(100)『毎日新聞』一八九二年五月四日。
(101)『国会』一八九二年五月八日。
(102) ただし、地価修正と地租税率軽減の併行が、明確に自由党の党議とされたわけではない。武市安哉は、四月二十九日の自由党政務調査部会について、「地価修正問題を党議に混入の傾き有之（星氏等の論なり）小生は反対の考を述べ党議外の運動にせんと言し処、幸に板翁の意見も有之党外運動と相成候」と報じている（一八九二年四月二十九日付細川義昌宛武市安哉書簡、「細川家文書」F―一―一六二）。
(103)『毎日新聞』一八九二年五月二十日。
(104)『衆議院委員会会議録　第三帝国議会』一六〇～一六一頁。
(105)『党報』第一七号（一八九二年七月二十五日）一～一八頁。
(106)『党報』第二五号（一八九二年十一月二十五日）二五頁。
(107) 社説「自由党の変化」『朝野新聞』一八九二年十一月十五日・十六日。
(108) 一八九二年六月二十七日付渡辺国武宛井上毅書簡（「渡辺国武関係文書」（翻刻）二、一七八頁）。
(109)『朝野新聞』一八九二年十一月十八日。自由党を脱した大井憲太郎が創設した東洋自由党の立場に仮託して述べられたものである。
(110)『毎日新聞』一八九二年十一月十九日。
(111)『党報』第二五号（一八九二年十一月二十五日）二四頁。
(112) 国民協会については、特に出典を明記しない限り、佐々木隆『藩閥政府と立憲政治』第四章第四節、第五章第一節による。
(113)「佐々文書」八三―二。
(114)「国民協会創設迄の情勢一綴」（「佐々文書」八二―一）。
(115) 論説「国民協会」『中央新聞』一八九二年十一月二十日。
(116)『中央新聞』一八九二年十一月二十五日。
(117)「中央交渉部懇親会会費」（「湯本家文書」八六五八）。十一月末の時点では、解散の噂はあるが存続に決定した旨が報じられていた（『中央新聞』一八九二年十一月二十六日）。

(118)「議員倶楽部集会決議通知」(「湯本家文書」九八二一)。
(119)第四議会の自由党内の地価修正派の動向については、関口栄一「初期議会における自由党の組織と行動」(二)、八八～九三頁、塩出浩之「議会政治の形成過程における「民」と「国家」」六五頁。
(120)『党報』第二六号(一八九二年十二月十日)二〇頁。
(121)『党報』第二七号(一八九二年十二月二十五日)二二頁。
(122)『東京日日新聞』一八九二年十二月二十四日。
(123)民党連合から離脱し、藩閥政府との妥協を目指す長期的な構想を、星や板垣、松田といった党指導部が抱いていたことはすでに指摘されている(伊藤之雄「初期議会期の自由党」一九六頁、西山由里花『松田正久と政党政治』四六～四七頁など)。本章では、このような路線転換に伴う動揺の中、自由党の一体性の維持がいかに模索されたのかという点に限定して検討を行う。
(124)『自由』、『東京日日新聞』一八九二年十二月十六日。
(125)一八九二年十二月二十六日付探聞書「乙秘第五二五号」(宮内公文書館所蔵「警視庁秘報廿五年十二月中」所収)。
(126)同盟倶楽部については、佐々木隆『藩閥政府と立憲政治』二九八頁。第四議会当初、自由党や改進党とともに民党連合の構成要素であった。
(127)『党報』第二八号(一八九三年一月十日)三三頁、一八九二年十二月二十六日付探聞書「乙秘第五一二号」(宮内公文書館所蔵「警視庁秘報廿五年十二月中」所収)。
(128)もっとも、院外党員の意思決定過程への参加経路が皆無だったわけではない。第三議会を前にして、第二議会解散後の総選挙で落選した有力前代議士を処遇するため、自由党内に政務調査局が新設されていた(『党報』第一〇号、一八九二年四月十日、八頁)。しかし、その他の院外党員は、党大会や非公式の幹部への接触など以外には参加の回路を持たなかった。
(129)自由党院外団は、地方ごとに組織化を進めており、第四議会時点では、関東、東北、関西、北信、九州の五団体が存在した。東京に事務所を置き、議会会期中に地方団の連合運動を行うことなどを主な活動内容としていた(伊藤之雄「初期議会期の自由党」二三〇～二四七頁)。
(130)一八九二年十二月二十四日付探聞書「乙秘第五〇六号」(宮内公文書館所蔵「警視庁秘報廿五年十二月中」所収)。
(131)以上の経緯は、『党報』第二八号(一八九三年一月十日)三四頁。
(132)『東京日日新聞』、『毎日新聞』一八九三年一月十三日。

(133)『自由』一八九三年一月十二日。

(134)星亨「吾人の意志」『党報』第二八号（一八九三年一月十日）二七頁。

(135)『党報』第二九号（一八九三年一月二十五日）二二頁。一月十四日に院外党員が、政府弾劾上奏の提出を求めた際にも（『郵便報知新聞』一八九三年一月十五日）、一月十五日の代議士総会で、「之に関する運動の方略は総理の決定に一任」することが決議され、事実上、院外団の直接的な関与が遮断された（『党報』第二九号、一八九三年一月二十五日、二二頁）。

(136)改進党との交渉に際して、板垣は、「我党戦略は総理に一任せらるれば責任を帯び其の信任する所を改進党に通牒することを致すべし」と述べており、ここでも「戦略」が寡頭的な意思決定の根拠とされていた（一八九三年二月十一日付探聞書「乙秘第二〇三号」、宮内公文書館所蔵「警視庁秘報廿六年二月中」所収）。

(137)一八九三年二月十五日付探聞書「乙秘第二一八号」（宮内公文書館所蔵「警視庁秘報廿六年二月中」所収）。

(138)『東京日日新聞』一八九三年二月十九日。

(139)伊藤之雄「初期議会期の自由党」二二三〜二二五頁。

(140)一八九三年四月二十二日付探聞書「乙秘第三三二号」（宮内公文書館所蔵「警視庁秘報廿六年四月中」所収）。

(141)国民協会の古荘嘉門は成田直衛に対して「彼の自由党、現政府と密着親交を為し真の吏党と相成り、大に勢力を得し姿に相成り居候処、近日は其真の吏党の実、愈顕れ候」と書き送っている（一八九三年七月二十六日付成田直衛宛古荘嘉門書簡、「成田直衛関係文書」三三二六）。

(142)村瀬信一「明治二六年九月の自由党九州遊説」、西山由里花『松田正久と政党政治の発展』五〇〜五二頁。第四議会終盤に集会及政社法が改正され、地方支部の設置が可能になったことで、地方名望家の党派所属も明確になり、自由党や改進党の党員も急激な増加を見た。ただ、政党の連合運動を禁じる第二十八条が改正されずに残ったことは、民党連合からの離脱を目論む自由党の一部の勢力にとってかえって好都合であった（村瀬信一『明治立憲制と内閣』一四九〜一五一頁、飯塚一幸『明治期の地方制度と名望家』二〇二〜二〇三頁）。

(143)一八九三年十一月八日付探聞書「乙秘第七一四号」（宮内公文書館所蔵「警視庁秘報廿六年十一月」所収）。佐野助作は、上京した十一月六日にすぐに革新派の会合に出席しており、「評決」として、「今後運動の方法は議員惣代を自動的の者にし、夫より互選を以て七名の委員を挙、板垣惣理の相談相手且議場内外の懸引委員と為すの方針を本期の惣会に持出す事に決し、且板垣惣理へも此事を申出ることに決す」と書き留めている（洲本市立淡路文化史料館所蔵「佐野家文書」五二一―一二四）。

(144)それゆえ、革新派の会合は、地租税率軽減派と地価修正派の相談会という名義で開催されることもあった（『読売新聞』

一八九三年十一月十二日)。

(145) 伊藤之雄「初期議会期の自由党」二七六頁。

(146) 普段は手帳に簡単な備忘のみを淡々と書き綴っている佐野助作も、この日の会合については「本部の会へ出頭。今日は自由党内部組織変更にて一大切の集会なり」と記している(「佐野家文書」五二―二四)。

(147) 一八九三年十一月十一日付探聞書「乙秘第七二九号」(「警視庁秘報廿六年十一月」所収)。

(148) 一八九三年十一月十六日付探聞書「乙秘第七六七号」(「警視庁秘報廿六年十一月」所収)。

(149) 『党報』第四九号(一八九三年十一月二十五日)二五頁。

(150) 五百旗頭薫『大隈重信と政党政治』一九九～二〇〇頁。

(151) 『自由新聞』一八九三年十一月二十五日。

(152) 伊藤之雄「初期議会期の自由党」二七二～二七三頁。

(153) 『東京日日新聞』一八九三年十一月十六日、一八九三年十一月十五日付探聞書「乙秘第七五八号」(宮内公文書館所蔵「警視庁秘報廿六年十一月」所収)。

(154) 『党報』第四九号(一八九三年十一月二十五日)三二頁。

(155) 社説「衆議院議長の信任如何」『毎日新聞』一八九三年十一月十八日。

(156) しかし、秘密会であったにもかかわらず、この会合の模様が漏洩し各新聞で報道されたため、十一月二十七日の自由党代議士総会は、代議士、前代議士、政務調査局員以外の一切の党員に対して、党事務所の会議室への立ち入り禁止を決定した(『毎日新聞』一八九三年十一月二十八日)。

(157) 『毎日新聞』一八九三年十一月三十日。

(158) 『毎日新聞』一八九三年十二月一日。

(159) 『党報』第五〇号(一八九三年十二月十日)二四頁。

(160) 『党報』第五〇号(一八九三年十二月十日)三五頁。星亨の垂直的な政党運営への批判から、脱党組が創設した同志倶楽部、そしてそれを継いだ立憲革新党が対等な有力党員による水平的な集団指導体制を取ったことについては、小宮一夫「党首なき政党の模索――立憲革新党論」。

(161) 改進党などが委員を送らなかったため、自由党は予算委員会の過半数を占め、強硬な予算査定を行ったが、解散により本会議で採決されることはなかった(五百旗頭薫『大隈重信と政党政治』二〇五～二〇六頁)。

(162) 以上の党大会の経緯については、『党報』第六〇号（一八九四年五月十日）二四～二九頁。
(163)『中央新聞』一八九四年五月四日・五日。すでに、一八九四年四月七日付探聞書「乙秘第二六二号」（宮内公文書館所蔵「警視庁秘報廿七年上半期」）において改革の計画が報じられている。
(164) 埼玉県立文書館所蔵「湯本家文書」四六二三。日付を欠くが、「国民協会規則」における評議員の設置など他の内容と『中央新聞』の大会報道を照らし合わせた結果、この際に定められたことが分かる。
(165) ただし、「政社員たれば党派問題として議決する事に対しては自己の意見を貫くこと能はざるの虞ある」と述べ退会した粟谷品三のような例もあった（「中立議員の向背」『中央新聞』一八九四年五月五日）。
(166) 五百旗頭薫「開国と不平等条約改正」四七～四九頁。
(167) 小宮一夫『条約改正と国内政治』二四二頁。
(168) 小宮一夫『条約改正と国内政治』二二四～二二六頁。
(169)「中立議員の向背」『中央新聞』一八九四年五月五日。
(170)『党報』第六〇号（一八九四年五月十日）二六頁。
(171) 一八九四年五月九日付探聞書「乙秘第三八七号」（宮内公文書館所蔵「警視庁秘報廿七年上半期」）。
(172)『東京日日新聞』一八九四年五月十日、『日本』一八九四年五月十五日。
(173)『衆・本』六、七六～七七頁。
(174)『衆・本』六、二五～二六頁。
(175) 佐々木隆『藩閥政府と立憲政治』三七七頁。
(176)『毎日新聞』一八九四年五月十九日・六月二日掲載の投票者一覧による。
(177) 小宮一夫も、第六議会の自由党について、「党全体としてはまとまった行動をしたといえる」と評価している（『条約改正と国内政治』二四二頁）。もちろん、一度決定された党議が常に絶対的であったわけではない。たとえば、第六議会における剰余金支出問題は、党議の再議が要求された例である。議会閉会中の三月中旬に和歌山など六県の水害等に対する国庫補助として政府が国庫剰余金から支出した約六〇〇万円について、政府が議会に事後承諾を求めると、自由党は五月二十八日の代議士総会で、支出手続きを違憲とした上で無期休会に持ち込むという強硬手段を決議したが、五月三十一日の代議士総会では、政府をさらに刺激することを恐れ無期休会方針が撤回された。しかし、この場合、変更されたのはあくまで休会の可否という議場での戦術についてであり、剰余金支出の違憲性の追及という〈第六議会党議〉自体が変更されたわけではない。以上の経

緯については、『自由新聞』一八九四年五月三十日、『東京日日新聞』、『東京朝日新聞』一八九四年六月一日、一八九四年五月三十一日付探聞書「乙秘第四七六号」（宮内公文書館所蔵「警視庁秘報廿七年上半期」所収）を参照。

(178) 川人貞史『日本の政党政治』八八～九二頁。

(179) たとえば、自由党の懇親会では加波山事件や高田事件の赤井景韶についての講談などが披露され（『自由』一八九二年四月二十八日、一八九三年一月十九日）、板垣も自らの岐阜での遭難体験（第一章参照）について好んで語った（たとえば『党報』第一号、一八九一年十月二十五日、二六頁）。

(180) 白井誠『政党政治の法構造』第二章など。

終　章　「政党」と「徒党」のあいだ

本書の要約

本書では、政党における結合のあり方と政党間関係という二つの問題群に着目して、一八八〇年代初頭から、一八九〇年の帝国議会開設を経て、一八九四年の日清戦争開戦直前までの時期について検討を行ってきた。

一八八一年に九年後の国会開設を約束する勅諭が発布されると、政党が相次いで誕生し、複数政党の並存状態が出現した。特に、自由党や立憲改進党などを主力とする民権派に対して、異なる立場を鮮明にした立憲帝政党の登場は、複数政党の共存と競争のあり方、政府と政党の関係のあり方をめぐる議論を引き起こした。既存の官民区分を前提として、政府に追従する「官権党」と批判された立憲帝政党であったが、創設者の福地源一郎は、「官権党」を、政権交代を前提とした政権与党の意味に読み替え、政府との連携志向を前面に打ち出した。しかし、内閣当路者を公開の政治競争の場に引き出そうとするその積極的な姿勢は、かえって政府からの警戒を招き、政府が当分の間、特定の政党と関わりを持たないという方針を確定させる契機となった。政府から遠ざけられた後は、自由党や立憲改進党と並んで、政党取締り法令である改正集会条例の管轄下に置かれることになったが、このことは、政府との関係で特権的な扱いを受ける政党の存在可能性を消滅させ、政府から等しく距離を置かれた複数の政党が並存するという状況の成立を意味した。ただし、立憲帝政党に連なる熊本紫溟会を中心とする一部勢力は、皇室を前面に押し出した言説戦略を展開し、やがて民権陣営の勢力が下火になると、「天下無党」を目指し率先して解党するなど、この時点では、政

党が複数存在し競争を展開するという状況が自明のものとして受容されたわけでは必ずしもなかった。（第一章）

一八八二年六月の集会条例改正を契機として、党員名簿や社則、役員の設置などにより結合を強化していると見做された組織を「政社」として集会条例の取締り対象とし、真の「政党」は意見や主義の一致に基づく緩やかな結合であるとする政党観が打ち出された。この政党観は政府内で共有されるにとどまらず、政党勢力にも受容され、有形組織を解いて緩やかな結合に基づく政党を現実化させようとする立憲政党や独立政党のような勢力が出現した。一八八四年秋に、最後まで結束強化を目指していた自由党が解党すると、緩やかな結合を理想とする政党観の優位が確定した。一八八〇年代後半に、政党陣営の戦線立て直しを目指して展開された大同団結運動においても、できるだけ多数を糾合するためにこのような政党観が前面に押し出され、議会開設を前に、立憲改進党や自治党といった他政党との競合状態が再出現する中で、組織強化を目指す動きもあったが、結局、政党の外延の明確化という課題は議会開設後に持ち越されることになった。（第二章）

一八九〇年に帝国議会が開設されると、議場において議員の行動が一義的に把捉されるようになったことで、政党の一体性をいかに表現するかという点が課題になった。これまで広く理想とされてきた緩やかな結合に基づく政党の内実が問われる事態が出現したのであり、第一議会の自由党では、党員が必ず従うべきものとされた「党議」という概念をめぐって論争が展開された。その過程で、当初は漠然とした党員たちの共通了解の列挙にとどまっていた「党議」が徐々に具体化されていき、最終的には、議場での投票行動までもが「党議」の対象と見做されるに至り、政党所属議員は「党議」に従って投票するという、いわゆる党議拘束が早くも第一議会から開始された。自由党のような既成政党への反発を抱く議員によって結成された大成会でも、結束を強める自由党を前に、徐々に会派としての一体性が模索されていった。（第三章）

第一議会で多数の脱党者を出した自由党は、第二議会以降、政府との全面対決により求心力を回復しようと試み、立憲改進党との民党連合が議場で猛威を振るった。民党交渉会での他派との交渉を通じて、党内意思決定過程の寡頭化が進み、「党議」に従って政党所属議員が一致して投票するということ自体に根本的な疑義が呈される機会は稀になっていった。このような「民党」と「吏党」との対立を通じて、議場での投票行動の一致によって同定される外延の明確な政党同士が競争を繰り広げるという状況が確立したのである。第四議会以降、自由党が民党連合から距離を置くようになった後も、自由党のこのような党議拘束に基づく一体性は脱党者を出しながらも維持され、衆議院に安定的な基盤を求める政府との提携の前提となった。（第四章）

このように、一八八〇年代初頭に誕生した政党は、集会条例改正や議会開設を契機として政党観の大きな変容を経験することとなったが、初期議会期には、ある程度の一体性を有した複数の政党が議場において競争を繰り広げるという状況が定着したのである。

以下では、一九〇〇年の伊藤博文による立憲政友会の創設までを概観した上で、本書で描いた政党の経験が、二〇世紀日本における政党の展開にどのように接続していくかを展望することにしたい。

複数政党をめぐる認識

初期議会期における「民党」と「吏党」の対立という構図は、政党による政権獲得可能性が事実上存在せず、依然として官民の間に厳然たる境界線を観念しうるという状況に規定されたものであった。このように政党相互の対等な承認を妨げていた背景要因が政党と政権の関係にあったとすれば、第四議会終了後の一八九三年三月に、国民協会の会頭である西郷従道が第二次伊藤内閣に海相として入閣したことは画期となりうる事件であった。(1)しかし、日頃から「民党」の権力欲を批判していた国民協会は、政府と政党の関係を否定する超然主義の放棄に踏み込むことができず、曖昧な態度に終始した。

結局、政党と政権の直接的な結びつきという点で画期をなしたのは、日清戦争前から条約改正問題を通じて関係を深めていた第二次伊藤内閣と自由党が、[2]一八九五年十一月に提携宣言を発表し、第九議会終了後の一八九六年四月に自由党の板垣退助が入閣したことであった。[3]藩閥政府と政党の初めての提携は、間もなく伊藤博文が首相を辞したことですぐに終わりを迎えるが、代わって成立した第二次松方正義内閣も、第二次伊藤内閣の外交上の責任を問う立憲改進党などを中心に一八九六年三月に結成された進歩党との提携の上に成立したものであった。進歩党の誕生は、自由党と共に議席の三分の一ずつを分け合う二大政党時代の到来を意味したが、[4]二つの内閣が続けてこれら二大政党のそれぞれと公然と提携したことは超然主義の原則からの転換を示す事態であり、世論からも歓迎された。[5]そして自由党と進歩党の間では、政権と結びついて権力を担いうる潜在的な可能性を秘めた対等な競争相手としての相互イメージが、一時的にせよ形成されたのである。

しかし、このような政権交代に連動した競争の担い手としてのイメージだけが、複数政党に対する把握の仕方であったわけではない。藩閥政府と政党の提携関係は、それぞれの内部に抱え込んだ亀裂も関係して複雑性と流動性を増し、政権と政党の関係も政党同士の関係も、全く安定しなかったからである。これには、この時期、二大政党のいずれも過半数を制しておらず議席も拮抗状態にあったため、議席数で劣る第三党の国民協会にも存在感を発揮する余地が残されていたことが関係している。

多様な提携可能性の中で、重要な路線であり続けたのが、自由党と国民協会による自—国連合であり、第九議会の第二次伊藤内閣もこれを基盤としていた。その際、超然主義の建前に固執していた国民協会が自由党との提携を正当化するためには、複数政党の存在意義に対する二大政党とは異なる把握の仕方が要請された。[6]

その一つは、山県有朋が唱えたことで知られる「三党鼎立」論の立場に基づき佐々友房ら国権派が提唱したもので、[7]自由党と進歩党という議席の拮抗した二大政党による政権争奪競争への危惧から、第三党としての国民協会が、「御親兵」として政権に参加して自由党を監視することを主張するものであった。二大政党の争いの弊害を緩和する緩衝材的な存在の重要性を強調するという点では、一八八〇年代半ばに自由党を脱した末広重恭が唱えた「独立政党」に通じるところもあり、第三党は、他の二つの政党と対等に競争するというよりは、二大政党とは質的に異なる審判者的な存在として位置付けられていたものと思われる。

これに対して、国権派と並ぶ国民協会の構成要素であった大岡育造を中心とする実業派は、日清戦後、中国を舞台とした経済競争に「挙国一致」で臨まねばならないという立場から、従来の超然主義を放棄して政府と政党が一体化することを理想とし、自由党と国民協会、そして伊藤博文を併せた強力な権力核の創出を目指した。この路線は、初期議会期以来たびたび新党創設を構想しては挫折し、過半数を持たない政党とのアドホックな提携に限界を感じていた伊藤博文と共鳴し、さらには、党基盤の拡張を模索していた星亨に牽引された憲政党（自由党の後継政党）が合流したことで、一九〇〇年秋の立憲政友会の創設に結実する。

伊藤博文は、既成政党の粗暴や金権腐敗などに対する批判から、「政党の模範」たるべきことを期して政友会を設立した。[8]「模範」である以上、論理上は、それを見習う他の政党の存在が想定されていたはずであり、事実、イギリスの政治についてしばしば言及していた伊藤が、長期的には二大政党による政権交代を伴う政治を志向していたと見る研究もある。[9]他方で、政友会総裁就任のために官職を辞するにあたって、功臣優遇という名目で天皇からの下賜金を受けた伊藤が、宮内省からいくらでも資金を引き出すことができると豪語し、実際、第四次内閣を成立させる際にも天皇から多額の資金援助を受けたことが知られている。[10]天皇との近接性を誇示した伊藤博文にとって、「勅許政党」と呼ばれることもあった立憲政友会と対等な関係に立つ他の政党の存在が想定されていたのか、疑問なしとしない。

伊藤は、人間における意見の変容を前提として、党派は同意見の持ち主がかりそめに集まったものにすぎないと考えており、[11]このような政党観に基づき、できるだけ多様な人材をリクルートして、国民の幅広い階層の意見を研究し、議論を通じて集約する機関として立憲政友会を構想していた。[12] 立憲政友会は「シンクタンクとしての政党」（瀧井一博）と形容されることもあるように、開かれた「倶楽部組織」を通じて、多様な意見とそれに基づく議論の場を会の内部に抱え込んでしまおうとする志向を有しており、この点に、一八八〇年代の緩やかな結合を理想とする政党観の残響を聞き取ることも不可能ではない。

同時に、伊藤は、総裁専制の仕組みを設けることにより、政友会内部の多様な意見を自らの下に統一して、安定的な議会運営を行うことを目指した。もしも仮にこのようなプロセスが政友会内のみで自足することが可能ならば、他の政党の存在を要請する論理は出てこない。自由党や進歩党といった複数政党の競争によって統御が利かなくなった議会制度を、政友会の創設によって自らの統御下に取り戻そうとする伊藤の構想を読み取ることができる。

とはいえ、総裁専制を掲げたところで、伊藤の指示の下に政友会員が斉一に行動するなどということは起こらず、[13] 伊藤が、元老としての立場と政党指導者としての立場の間で引き裂かれた結果、政友会内の大混乱を惹起し、事実上の政界引退に追い込まれるに至ったことはよく知られている。このような多様な勢力を抱え込んだ立憲政友会の党内統制の実現は、桂園時代の原敬の政党指導を待つことになる。

政党内閣への道

自由党は創設以来、地方政党の連合体としての性格が強く、立憲政友会の創設に至るまでその遠心性に悩まされ続けてきた。したがって一八九〇年代の自由党に、鉄道敷設をはじめとする各地方から噴出する利益要求を統御して媒介する能力はなく、むしろ、治水法の制定過程に見られるように、多様な利益欲求を「超地域的に」決済するような仕組み作りへの貢献に自らの役割を見出し、それが、自由党の政権参入の前提となった。[14] それでも自由党は、初期議会以降、幾度にもわたって、河野広中のような領袖を含む少なからぬ脱党者を出すなど、党内の不安定さを克服することはできなかった。

しかし日露戦後の桂園時代になると、原敬が「予算交渉会」方式を確立し、予算案に賛成するのと引き換えに政府に対して鉄道敷設要求を突きつけるという形で、地方利益を通じた党内統制が可能になった(15)。本書では、政党が「党議」に基づき議場で一体として投票することが自明のものと見なされるに至る過程を第三章と第四章で検討してきたが、これが現実において安定的に機能するようになるのは、日露戦後の桂園時代に確立された仕組みを通じてだったのである。

伊藤博文が目指した、衆議院を壟断する一大勢力としての政友会構想は、このような原敬の党運営を通じて実現に近づいたといえる。政友会は、衆議院内での安定的な地位、予算交渉会方式を通じた行政府と立法府を架橋する役割の独占的な確保を基盤として、貴族院や官僚、さらには軍部や司法に対しても統合能力を向上させていった。ただし、このような政党の地位確立の過程は、政友会による鉄道利益の独占的媒介が党勢拡張に直結したことに端的に示されているように、統合能力と媒介能力という他の政治主体にはない政友会の稀少な資源によってもたらされたものであり(16)、複数政党の競争によって生じたものではなかった。この点を反映するかのように、政友会の勢力拡大を牽引してきた原敬も、自らの内閣の後継としては憲政会内閣を考えておらず、政党と、藩閥・官僚との交代での政権担当という極めて「桂園体制的な心性」を保持し続けていたのである(17)。

他方で、このような政友会の一党優位的な状況の確立は、それに閉塞感を覚えた一部の人々が第二党に期待を寄せ、憲政本党—立憲同志会—憲政会という非政友会系政党の発展が促されるという状況をもたらした。立憲同志会は一九一五年選挙で大勝して、二年ほどの短期間ではあるが政友会を創設以来初めて第二党に追いやり、府県以下のレベルでも、既存の地方名望家支配に飽き足らない若い世代が理想選挙や選挙権の拡大など政治の刷新に期待して非政友会系政党を支持するという光景がしばしば見られたのである(18)。憲政会は一九二四年の選挙で第一党となり加藤高明内閣を成立させるまでに勢力を拡大させると、その政権運営を通じて、元来憲政会に不信感を抱いていた元老西園寺公望に政友会以外の政権担当能力を有する政党の存在を認知させ、政党内閣の時代を切り開いたのである。[19]二〇世紀初頭以来、政友会がその統合能力により政党の地位向上を実現して先んずる中、時間差を伴いながらも第二党が成長し、政友会の代替的選択肢としての存在感を高めたことで、明治中期以来の政党勢力の悲願であった政党内閣が実現されたのである。

政党の弊害への眼差し

しかし、政党内閣期における、排他的・絶対的な傾向を強めた政党間の争いは、表舞台での華々しい党派抗争と、時折見られた裏面での不透明な意思決定も相俟って政治不信を帰結しがちであった。特にこのような政党間の硬直的な闘争の基礎にあった党議拘束に対してはたびたび批判が提起され、昭和戦前期の議会改革のテーマであり続けた。[20]

こうした二大政党の熾烈な抗争の中、吉野作造[21]は有権者の増大を前提として、政党の弊害を緩和する鍵として「民衆」に期待していた。吉野は、「地方の公民諸君」こそが「何処までも不偏不党の態度をもって、其真価値に於て各政党の立場を比較し、最も公平に其角逐の勝敗を決すべき任務」を果たすことができると述べていたが[22]、これは、民衆の判断を無謬だと考えたからではなく、民衆が自由な判断を下すことで、「先覚の士を刺激し、更にヨリ良き立場を発見し、又更に向上するを促す」ことへの期待に発するものであった。[23]したがって、政党が選挙民を固定的に組織する「地盤政策」は、このようなダイナミズムを機能不全に陥らせ、「各政党の政見等の是非善悪を比較判断して何れに味方すべきかを決すべき国民をば初めから一味徒党とするものにして、恰かも競技家が審判官を買収」するようなものだと厳しい批判の対象となった。[24]

さらに吉野は、「地方の公民諸君」に対して「専門の職業的政治家で無い限り、籍を政党に列してはいけない」と述べていたように、[25] 府県や市町村レベルの議会を含め、「民衆」が政党から距離を置くことを求めていた。これは一見、かつて山県有朋が理想とした党争と無縁の町村イメージや、昭和期の町村長会の反政党的な志向[26]と方向性を共有しているようにすら見えるが、吉野の場合は、政党を中心として展開される現実政治を前提とした上で、そこでの「公平なる審判官」としての任務を「民衆」が全うするための原則として主張されたものであった。吉野が繰り返し、「民衆」が職業政治家集団としての政党から截然と身を切り離すべきことを強調したのは、常に固形化への傾向を内包する政党組織と政党間競争に新鮮な刺激を提供し、流動性を与えることを望んでのものだったのである。

政治的対立の質を高めるため、政党によって人々の力を合わせ集め、しかも同時に、その結合を極度に強化することなく開かれた状態を維持することは、本書で見てきたように明治時代以来の政党をめぐる重要な課題であった。吉野はデモクラシーの時代に相応しく、この課題を政党内部の改良ではなく、政党から距離を置く「民衆」という政党外部の存在によって達成しようとしたのである。[27]

理想の政党の追求から離れて

天皇に関わる筆禍事件によって、入社間もない朝日新聞社を一九二四年六月に追われた吉野作造は、一九二八年七月に「天皇中心主義と議会中心主義」という小文を『中央公論』上で発表した。[28] これは、同年二月に実施された衆議院議員選挙において、民政党の政綱に掲げられた「議会中心主義」を批判して政友会が「天皇中心主義」を掲げたことを題材としたもので、「天皇中心主義」と相容れない立場を主張したことを理由として糾弾された自らの経験も重ね合わせられている。紙幅の半分ほどを一八八一年に『東京日日新聞』紙上に福地源一郎が執筆した「国憲意見」からの長大な引用に充てた吉野は、「議会中心主義」に対立する概念として「天皇中心主義」を持ち出すことがいかに的外れであるかを指摘し、「所謂天皇中心主義の政治主義は、明治の初年から真面目な政治家からは排斥されて居ったものである」と記した。

ここで吉野が持ち出したのが、当時既にほとんど忘却の淵に沈みかけていた福地源一郎であったことは、読み手の感興を喚び起こすものがある。新党の名称が「立憲帝政党」であったことも相俟って様々な批判を招いた福地源一郎であったが、吉野の目には、政敵を排撃するために「天皇中心主義」を掲げた同時代の政治家たちとは異なる「真面目」な人物として映じていたのである。

理想の「政党」を一方の極に、否定の対象としての「徒党」をその対極とすれば、明治中期の「政党」の誕生以来の議論と実践は、「徒党」からの切断と、理想の「政党」の希求として展開してきた。明治中期の「政党」と「政社」の区別、そして、「無形」の政党に託された期待も、このような試みの変奏の一つであったと見ることができる。しかし、従来の批判を完全に免れるような理想の「政党」が出現したためしは、おそらく古今東西を通じていまだ存在しない。政党はその誕生の瞬間から、この両極の間を彷徨してきたのであり、このことは、忌むべき「徒党」の属性と考えられてきたものが、実は「政党」の本質と分かちがたく結びついていることを示唆する。

それでも、このような「徒党」とすら截然と区別し得ない「政党」なるものの存在が、社会の質を何らかの意味で規定してきたという点も、未だ無碍に否定し去ることはできないように思われる。無論、今の世界において、政党のみを通じて語りうる事柄はあまりに限られている。しかし本書で検討した明治中期において、いまだ「代表」や「責任」の観念が政党を語るキータームとなっていなかったにもかかわらず、政党が盛んな議論と実践の対象たりえたことは、人々の複数性を前提として、それに伴う対立を表現する存在であるという、政党の最も根源的な意義に立ち返ることの必要性を示しているように思われるのである。

（1）　村瀬信一「明治二六年三月の西郷従道入閣問題」、佐々木隆『藩閥政府と立憲政治』三四〇～三四一頁。西郷が国民協会

在籍のまま入閣する案や、国民協会による入閣勧告という体裁を整えることなどが検討されたが、実現しなかった。
（2）小宮一夫『条約改正と国内政治』。
（3）伊藤之雄「第二次伊藤内閣期の政党と藩閥官僚」第二章第二節。
（4）前田亮介「戦前期の政党政治をどうとらえるか」一四五～一四六頁。
（5）五百旗頭薫『大隈重信と政党政治』二四三頁。
（6）以下、国民協会内の二つの潮流については、伊藤陽平『日清・日露戦後経営と議会政治』第一章による。
（7）三党鼎立については、季武嘉也「山県有朋と三党鼎立論の実相」。
（8）たとえば一九〇〇年九月十五日の立憲政友会発会式における伊藤博文総裁の演説（『立憲政友会史』一、三五頁）。そもそも、「党」ではなく、あえて「会」と名乗った点にも、「政党」と距離を置こうとする伊藤の意識が反映されている。
（9）伊藤之雄『伊藤博文』四三七頁。村瀬信一『明治立憲制と内閣』でも伊藤はイギリスの議院内閣制を高く評価していたとされる（二九三頁）。実際、伊藤の新党運動に二大政党制を構成しうる大政党の誕生を期待する見方も存在した（山本四郎『初期政友会の研究』三〇頁）。
（10）伊藤之雄『立憲国家と日露戦争』六三～六四頁。
（11）瀧井一博『伊藤博文』一六五頁。
（12）瀧井一博『伊藤博文』第四章第五節。このような構想の根底には、政治の本質を闘争にではなく、国民統合実現のための協調や調和、宥和に見出す伊藤の政治観が存在した（一六四頁）。瀧井は、このような政友会の性格を「帝国大学と並ぶもうひとつの国制上の知の機関」と表現している（同「知の国制」三六頁）。
（13）総裁専制が機能するためには、伊藤が首相、少なくともその候補者であり続ける必要があり、「党外の威信」に依存する伊藤の政党指導は不安定要因を内在させていた（三谷太一郎『増補　日本政党政治の形成』四三頁）。
（14）前田亮介『全国政治の始動』二二一頁。
（15）伏見岳人『近代日本の予算政治』。
（16）松本洋幸『近代水道の政治史』第四章で描かれる若松町の町営水道実現においては、憲政本党派の町議までもが政友会の野田卯太郎に依頼していたが、これは、中央と地方の政財官に横断的なパイプを持つ政友会こそが果たしうる課題だからであった。地方社会の把握をめぐる政党と官僚の競合については、池田真歩「地方社会と明治憲法体制」を参照。なお、このような能力が発揮される場面は必ずしも「地方利益」を中央に媒介するという局面に限られず、地域内の利益が多元化した状況下では「利益の統御の主体」としての政党が呼び込まれうることについては、東京市政への自由党の参入を描いた池田真歩『首都の議会』第五章と、それに対する松沢裕作の書評を参照。

(17) 前田亮介「日本の政党政治はどのように発展してきたのか」一八頁。

(18) 伊藤之雄『大正デモクラシーと政党政治』第二部第一章、上山和雄『陣笠代議士の研究』第四章、雨宮昭一『総力戦体制と地域自治』第一部第一章などにそのような例を見出すことができる。

(19) 村井良太『政党内閣制の成立　一九一八～二七年』。

(20) 村瀬信一『帝国議会改革論』第三章。

(21) 以下、吉野作造については、三谷太一郎「吉野作造の晩年の国内政治論」に多くの示唆を受けている。

(22) 「政党の地盤政策を難ず」（一九一九年）（『吉野作造選集』三、二八九頁）。

(23) 「我が国無産政党の辿るべき途」（一九二七年）（『吉野作造選集』二、二二六頁）。

(24) 「普通選挙主張の理論的根拠に関する一考察」（一九二〇年）（『吉野作造選集』二、一七〇頁）。

(25) 「政党の地盤政策を難ず」（一九一九年）（『吉野作造選集』三、二八九頁）。

(26) 池田真歩「村長と反政党」。

(27) 実は、吉野の議会制論における政党の位置づけは極めて曖昧であり、政党はその不可欠なアクターとして位置付けられていなかったという重要な指摘もある（空井護「美濃部達吉と議会の正統性危機」六三～六四頁）。確かに吉野は政党に対する厳しい批判者ではあったが、政党否定論者であったこともなく、政党という巨大な組織を中心として展開される没人格的な現実政治において、自らが重視した候補者の「人格」を発露させる余地を模索し続けた。本書では、組織の論理に従って行動する政党が不可避的に内包する「徒党」化の傾向をいかにして制御するか、という明治中期以来の課題の延長線上に吉野の思索を位置付けることを試みた。

(28) 『吉野作造選集』四、二四三～二四六頁。

引用・参考文献一覧

未公刊史料

当該史料を利用した機関（現地での原史料あるいはマイクロフィルム等での閲覧、データベースでの閲覧、郵送複写など各種の方法を含む）ごとに掲載している。必ずしも原史料所蔵機関とは限らない。

青森県立図書館

「榊日記」

京都府立京都学・歴彩館

「訓示内達類」（明一四―〇〇〇六）

宮内公文書館

「警視庁報告　一機甲第十三号他　明治二十二年一月～三月」（識別番号　五二三三一七）
「警視庁報告　二十二年分　目録　第五十七号他　明治二十二年四月～十一月」（識別番号　五二三三一八）
「秘密探聞報告」（識別番号　五二三三一九）
「警視庁秘報廿五年十二月中」（識別番号　五二三三二一）
「警視庁秘報廿六年二月中」（識別番号　五二三三二三）
「警視庁秘報廿六年四月中」（識別番号　五二三三二五）

「警視庁秘報廿六年十一月」（識別番号　五二三三二一）
「警視庁報告　目録／明治」（識別番号　五二三三三三）
「警視庁秘報廿七年一月　目録他　明治二七年一月〜六月」（識別番号　五二三三三四）→「警視庁秘報廿七年上半期」
「近時民間ノ政況報告（徳大寺侍従長宛）」（識別番号　五四八七二）

高知市立自由民権記念館

「弘瀬家文書」
「細川家文書」

国立公文書館

「集会条例改正追加ノ件」（「公文録・明治十五年・第五巻・明治十五年六月・太政官（内閣書記官局〜巡幸御用掛）」公〇三三一一三一〇〇）
「集会条例中説明ノ件」（「公文録・明治十五年・第六十巻・明治十五年十二月・内務省一」公〇三三六八一〇〇）
「官吏職務外ト雖モ政事上又ハ学術上ノ意見ヲ演説シ又ハ叙述スルコトヲ得」（「公文類聚・第十三編・明治二十二年・第四巻・官職三・選叙任罷・官吏雑規官舎附」類〇〇三八九一〇〇）
「単行書・類聚説明録・第三巻」（単〇一六三七一〇〇）
「政府及官吏ノ政党ニ対スル関係ニ付意見ノ議」（「公文別録・上書建言録・明治十一年〜明治十八年・第三巻・明治十七年〜明治十八年」別〇〇〇五六一〇〇）
「政府及ビ官吏ノ政党ニ対スル関係ニ付意見」（「諸雑公文書」雑〇〇七七二一〇〇）
「警視庁史料　国事警察編」（「米国から返還された公文書」返青一七〇〇五〇〇〇）
「集会結社法」（「枢密院御下附案・明治二十三年」枢A〇〇〇〇三一〇〇）
「枢密院決議・一、集会結社法・明治二十三年七月二十一日決議」（枢F〇〇〇六一一〇〇）

国立国会図書館憲政資料室

「安部井磐根関係文書」

「石塚重平関係文書」

「伊東巳代治関係文書」

「井上馨関係文書」

「井上毅関係文書（梧陰文庫）」

「岩倉具視関係文書　岩倉公旧蹟保存会対岳文庫所蔵」→「岩倉文書　対岳文庫」

「大久保利通関係文書」

「樺山資紀関係文書（その一）」

「佐々友房関係文書」→「佐々文書」

「自由党並改進党調書」（「憲政史編纂会収集文書」四二三）

「前田蓮山旧蔵自由党関係資料」（「憲政資料室収集文書」一四七六）

「三島通庸関係文書」

「宮島誠一郎関係文書」

「陸奥宗光関係文書」

埼玉県立文書館

「湯本家文書」

洲本市立淡路文化史料館

「淡路五色町鮎原　高津家保管文書　近代篇」

「洲本市物部佐野家文書」

玉名市立歴史博物館こころピア
「木村弦雄関係文書」

東京大学総合図書館
「外山正一存稿」（第十一函〔一〕、請求記号A〇〇―六五六二）

東京大学大学院法学政治学研究科附属近代日本法政史料センター原資料部
「有松英義関係文書」
「中山寛六郎関係文書」→「中山文書」
「成田直衛関係文書」
「渡辺昇関係文書」

東京都公文書館
「福地源一郎より東京公同会設立之届」（『回議録・第六類・諸願伺・甲共二〈庶務課〉』請求番号　612.C6.04）

鳥取県立公文書館
「集会条例改正追加ニ付内務卿訓示中募金ニ関スル件内達」、「集会条例改正追加ニ付一層注意シ景況報告スベキ旨内達」（『本県内達留』、引継簿冊番号　〇〇〇二一九九〇〇九三二）

柳川古文書館
「立花（収）家文書」

刊行史料

特定の人物にかかわる場合は人名、その他はタイトルの五十音順に並べた。

「有松英義関係文書（八）」（翻刻）（『国家学会雑誌』八七―九・一〇、一九七四年）
『伊藤博文関係文書』伊藤博文関係文書研究会編（全九巻、塙書房、一九七三～一九八一年）→『伊藤文書』
『新編　犬養木堂書簡集』（岡山県郷土文化財団、一九九三年）
『井上毅伝　史料篇』井上毅伝記編纂委員会（全六巻、國學院大學図書館、一九六六～一九七七年）→『井上毅伝』
小野梓「留客斎日記」（『小野梓全集』五、早稲田大学出版部、一九八二年）
『北垣国道日記「塵海」』塵海研究会編（思文閣出版、二〇一〇年）
『近代日本法制史料集』四・八（國學院大學、一九八一・一九八六年）
『久美浜町史　資料編』（久美浜町、二〇〇四年）
「国会開設論者密議探聞書」（『明治文化全集　第二十五巻　雑史篇』日本評論社、一九六七年）
佐々木正蔵「備忘録」（『小郡市史　第五巻（資料編）』一九九九年）
『保古飛呂比――佐佐木高行日記』十一（東京大学出版会、一九七九年）
『自由党々報』一～四（柏書房、一九七九年）
『杉浦重剛全集』六（思文閣出版、一九八三年）
『万象録　高橋箒庵日記』五（思文閣出版、一九八八年）
『帝国議会衆議院議事速記録』→『衆・本』（「帝国議会会議録検索システム」で閲覧。『衆・本』に続く数字は議会会期を示し、頁数は会期ごとの通し番号である）
『帝国議会報告書集成』一、前田英昭編（柏書房、一九九一年）
『新修豊田市史　一〇　資料編　近代一』（愛知県豊田市、二〇一六年）
『内藤魯一　自由民権運動資料集』（知立市教育委員会、二〇〇〇年）

『福岡県史　近代史料編　自由民権運動』（福岡県、一九九五年）→『福岡県史　自由民権』
「福翁自伝」（松沢弘陽校注『福沢諭吉集　新日本古典文学大系　明治編一〇』岩波書店、二〇一一年）
福地源一郎「懐往事談」、「新聞紙実歴」（『明治文学全集　福地櫻痴集』筑摩書房、一九六六年）
『松方正義関係文書』六〜九、大久保達正監修（大東文化大学東洋研究所、一九八五〜一九八八年）→『松方文書』
『明治建白書集成』七、色川大吉・我部政男監修・大日方純夫編（筑摩書房、一九九七年）
『明治政史』指原安三編（明治文化研究会編『明治文化全集　正史篇』上・下、日本評論社、一九六八年）
『明治政府翻訳草稿類纂』四二（ゆまに書房、一九八七年）
『山田伯爵家文書』（全六巻、日本大学、一九九一〜一九九二年）
『吉野作造選集』二〜四（岩波書店、一九九五〜一九九六年）
「渡辺国武関係文書」（翻刻）二、渡辺国武関係文書研究会編（東京大学『社会科学研究』一八―五、一九六七年）

新聞・雑誌

タイトルの五十音順に掲載している。復刻版、データベースを利用したものはその旨注記した。所蔵元を特に注記していないものは、東京大学大学院法学政治学研究科附属近代日本法政史料センター明治新聞雑誌文庫あるいは国立国会図書館新聞資料室で閲覧できる。

『京都公民会雑誌』（京都府立京都学・歴彩館所蔵のものを閲覧）、『熊本新聞』、『江湖新聞』、『国民新聞』（復刻縮刷版、日本図書センター）、『国会』、『時事新報』（復刻版、龍渓書舎）、『紫溟雑誌』、『自由』、『自由新聞』（復刻版、三一書房）、『自由新聞』（第二次）、『政論』、『大同新聞』、『大東日報』、『中央新聞』、『朝野新聞』（縮刷版、ぺりかん社）、『通信雑誌』、『東京曙新聞』、『東洋新報』（復刻版、柏書房）、『東京朝日新聞』（データベース「朝日新聞クロスサーチ」で閲覧）、『東京新報』、『東京日日新聞』（データベース「毎索」で閲覧）、『東京横浜毎日新聞』『毎日新聞』（復刻版、不二出版）、『燈新聞』（復刻版、不二出版）、『日本』（復刻版、ゆまに書房）、『明治日報』、『郵便報知新聞』（復刻版、柏書房）、『読売新聞』（データベース「ヨミダス歴史館」で閲覧）、『立憲自由新聞』、『立憲政党新聞』（データベース「毎索」で閲覧）

文献史料

関連人物・著者・発行元の五十音順に並べた。

市島春城『随筆早稲田』（翰墨同好会・南有書院、一九三五年）
鵜飼嘉一郎編『自由改進大家演説集』（富山仲吉、一八八四年）
尾崎行雄『学堂回顧録』（実業之日本社、一九一三年）
草間時福『政談演説集』（鈴江和三郎編、柳原喜兵衛、一八八二年）
衆議院事務局編『衆議院委員会会議録　第三帝国議会』（一八九二年）
千賀鶴太郎抄訳『政党弊害論』（シキマン著、丸家〔ママ〕善七、一八八三年）
高橋箒庵『箒のあと』上（秋豊園出版部、一九三六年）
内務省警保局『警務指令録　甲』
中山寛六郎翻訳『政党』（博聞社、一八八三年）
馬場辰猪「政党の弊害を改良するの法策如何」（西村玄道校閲『国友会講義録第一篇』斯文社、一八八四年）
牧朴真『同郷人懇親会席上牧朴真君演説速記録』（非売品、一八九一年）
丸山名政『国会之準備』（秩山堂、一八八一年）
三宅雪嶺『想痕』（至誠堂書店、一九一五年）
吉田正太郎編『官権民権両党演説筆記』（秩山堂、一八八二年）
黄遵憲『日本国志』二（『近代中國史料叢刊續編』第十輯九十六、文海出版社、一九七四年）
Lieber, Francis, *Manual of Political Ethics*, Vol. 2, Boston, 1839.

伝記・組織史・自治体史

関連人物名・組織・自治体の名称の五十音順に並べた。

『愛知県史　通史編六　近代一』（愛知県、二〇一七年）
『議会制度七十年史　政党会派編』（衆議院・参議院編、一九六一年）
『克堂佐佐先生遺稿』（改造社、一九三六年）
『静岡県の百年』（静岡県、一九六八年）
『品川先生追懐談集』（産業組合中央会山口県支会、一九三四年）
『自由党史』中・下（板垣退助監修、遠山茂樹・佐藤誠朗校訂、岩波文庫、一九五八年）
『杉浦重剛先生小伝』（香蘭社、一九三四年）
『楳渓津田先生伝纂』（津田静一先生二十五回忌追悼会、一九三三年）
『外山正一先生小伝』（三上参次、一九一一年）
『肥後先哲偉蹟　後篇』（武藤厳男編、肥後先哲偉蹟後編刊行会、一九二八年）
『藤田一郎先生略歴』（書誌情報不明、藤田生前の出版物、栃木県立図書館所蔵のコピー）
「藤田一郎略伝」（『塩原町誌』、一九八〇年）
『古橋源六郎翁　付・遺稿』（愛知県北設楽郡農会、一九一二年）
『丸山作楽伝』（丸山正彦、一八九九年）
『丸山作楽』（入江湑、さくら会、一九四四年）
『明治時代史大辞典』三（宮地正人ほか編、吉川弘文館、二〇一三年）
『立憲政友会史』一（立憲政友会史編纂部、一九二四年）

研究論文等

著者五十音順に掲載している。日本語文献以外のものは末尾にまとめて挙げた。

赤坂幸一「明治議院規則の制定過程」（二）（『議会政治研究』六一、二〇〇二年）
麻生三郎「大同団結運動と星亨」（松尾章一編『自由燈の研究』日本経済評論社、一九九一年）
天野嘉子「集会条例改正案審議と公布後の法運用」（『法学史林』一〇九―二、二〇一一年）
雨宮昭一『総力戦体制と地域自治――既成勢力の自己革新と市町村の政治』（青木書店、一九九九年）
有馬学「ムラの中の「民党」と「吏党」――近代日本の地域・選挙・政党」（『年報・近代日本研究・十九　地域史の可能性――地域・日本・世界』山川出版社、一九九七年）
有山輝男「「多事争論」と政府機関紙問題」（荒瀬豊ほか『内川芳美教授還暦記念論集　自由・歴史・メディア』日本評論社、一九八八年）
飯塚一幸「国会期成同盟第二回大会の再検討」（『九州史学』一四三、二〇〇五年）
飯塚一幸『明治期の地方制度と名望家』（吉川弘文館、二〇一七年）
五百旗頭薫『大隈重信と政党政治――複数政党制の起源　明治十四年〜大正三年』（東京大学出版会、二〇〇三年）
五百旗頭薫「開国と不平等条約改正」（川島真・服部龍二編『東アジア国際政治史』名古屋大学出版会、二〇〇七年）
五百旗頭薫『条約改正史――法権回復への展望とナショナリズム』（有斐閣、二〇一〇年）
五百旗頭薫「福地源一郎研究序説」（坂本一登・五百旗頭薫編『日本政治史の新地平』吉田書店、二〇一三年）
五百旗頭薫「進歩政党　統治の焦点――犬養毅と安達謙蔵」（松田宏一郎・五百旗頭薫編『自由主義の政治家と政治思想』中央公論新社、二〇一四年）
五百旗頭薫「藩閥と政党」（『岩波講座　日本歴史　近現代二』岩波書店、二〇一四年）
五百旗頭薫「大隈重信の政党指導――大隈宛書簡の翻刻を受けて」（『早稲田大学史記要』四八、二〇一七年）
池田さなえ『皇室財産の政治史――明治二〇年代の御料地「処分」と宮中・府中』（人文書院、二〇一九年）

池田真歩「地方社会と明治憲法体制――官僚・政党・町村長」（『アステイオン』九〇、二〇一九年）
池田真歩「村長と反政党――全国町村長会長・福沢泰江の「地方自治政擁護運動」」（佐藤健太郎・荻山正浩編『公正の遍歴――近代日本の地域と国家』吉田書店、二〇二二年）
池田真歩『首都の議会――近代移行期東京の政治秩序と都市改造』（東京大学出版会、二〇二三年）
伊故海貴則『明治維新と〈公議〉――議会・多数決・一致』（吉川弘文館、二〇二三年）
伊藤隆「明治十年代前半に於ける府県会と立憲改進党」（坂根義久編『論集日本歴史一〇　自由民権』有精堂、一九七三年）
伊藤隆『大政翼賛会への道　近衛新体制』（講談社学術文庫、二〇一五年）
伊藤隆・坂野潤治「明治八年前後の佐々友房と熊本――小橋元雄宛佐々書翰を中心に」（『日本歴史』三三三、一九七五年）
伊藤之雄『大正デモクラシーと政党政治』（山川出版社、一九八七年）
伊藤之雄「第一議会期の立憲自由党――組織と政策の形成」（『名古屋大学文学部研究論集』一一〇、一九九一年）
伊藤之雄「初期議会期の自由党」（山本四郎編『近代日本の政党と官僚』東京創元社、一九九一年）
伊藤之雄「自由党・政友会系基盤の変容」（山本四郎編『近代日本の政党と官僚』東京創元社、一九九一年）
伊藤之雄「第二次伊藤内閣期の政党と藩閥官僚」（『名古屋大学文学部研究論集　史学』三八、一九九二年）
伊藤之雄『立憲国家の確立と伊藤博文――内政と外交　一八八九～一八九八』（吉川弘文館、一九九九年）
伊藤之雄『立憲国家と日露戦争――外交と内政　一八九八～一九〇五』（木鐸社、二〇〇〇年）
伊藤之雄『伊藤博文――近代日本を創った男』（講談社、二〇〇九年）
伊藤陽平『日清・日露戦後経営と議会政治――官民調和構想の相克』（吉川弘文館、二〇二一年）
稲田正次『明治憲法成立史』上（有斐閣、一九六〇年）
稲田雅洋『自由民権の文化史――新しい政治文化の誕生』（筑摩書房、二〇〇〇年）
稲田雅洋『総選挙はこのようにして始まった――第一回衆議院議員選挙の真実』（有志舎、二〇一八年）
乾照夫『成島柳北研究』（ぺりかん社、二〇〇三年）
上山和雄『陣笠代議士の研究――日記にみる日本型政治家の源流』（日本経済評論社、一九八九年）
鵜飼新一『朝野新聞の研究』（みすず書房、一九八五年）
江島香『柳川の歴史　七　幕末維新と自由民権運動』（柳川市、二〇二〇年）

江村栄一「「嚶鳴社憲法草案」の確定および「国会期成同盟本部報」の紹介」(『史潮』一一〇・一一一、一九七二年)
江村栄一『自由民権革命の研究』(法政大学出版局、一九八四年)
大石眞『議院法制定史の研究』(成文堂、一九九〇年)
大内雅人「明治一七年　加波山事件再考――事件後の顕彰運動と河野広體の動向について」(安在邦夫・田﨑公司編『自由民権の再発見』日本経済評論社、二〇〇六年)
大木基子『自由民権運動と女性』(ドメス出版、二〇〇三年)
大島明子「一八七三(明治六)年のシビリアンコントロール――征韓論政変における軍と政治」(『史学雑誌』一一七―七、二〇〇八年)
大町雅美「民権運動期における勧業家の動向」(『西那須野町郷土資料館紀要』四、一九八七年)
岡安儀之「『東京日日新聞』社説目録」(一)〜(三)(『メディア史研究』四一・四二・四四、二〇一七年・二〇一八年)
岡安儀之『「公論」の創生「国民」の誕生――福地源一郎と明治ジャーナリズム』(東北大学出版会、二〇二〇年)
奥田晴樹『地租改正と地方制度』(山川出版社、一九九三年)
尾佐竹猛『明治政治史点描』(育生社、一九三八年)
大日方純夫「一八八一年の政変をめぐる中正派の軌跡」(『日本史研究』二〇五、一九七九年)
大日方純夫「保守主義と民権運動――高陽立憲政党を中心として」(『歴史公論』七―九、一九八一年)
大日方純夫「立憲帝政党の結党をめぐる基礎的考察」(『日本史研究』二四〇、一九八二年)
大日方純夫『自由民権運動と立憲改進党』(早稲田大学出版部、一九九一年)
小山博也「明治前期における地租軽減論の展開――自由党をめぐって」(東京大学『社会科学研究』七―六、一九五六年)
小山博也『明治政党組織論』(東洋経済新報社、一九六七年)
笠原英彦「皇室財産制度と宮府関係論」(慶應義塾大学『法學研究』九二―四、二〇一九年)
我部政男「解題」(『明治十五年　明治十六年　地方巡察使復命書』上、三一書房、一九八〇年)
上村希美雄「熊本国権党の成立」(『近代熊本』一七、一九七五年)
苅部直「「利欲世界」と「公共之政」」(『歴史という皮膚』岩波書店、二〇一一年)
川人貞史『日本の政党政治　一八九〇〜一九三七年』(東京大学出版会、一九九二年)

河西英通「初期議会下の一東北代議士の歩み――「榊喜洋芽日記」を中心に」(『弘前大学國史研究』七一、一九八〇年)
黒田展之「初期議会および日清戦後の地価修正運動」(名古屋大学『法政論集』五八、一九七三年)
小久保拓「初期議会期の吏党議員――湯本義憲の活動を事例に」(『法制史学』七四、二〇一〇年)
小宮一夫『条約改正と国内政治』(吉川弘文館、二〇〇一年)
小宮一夫「党首なき政党の模索――立憲革新党論」(鳥海靖ほか編『日本立憲政治の形成と変質』吉川弘文館、二〇〇五年)
小山文雄『明治の異才　福地桜痴――忘れられた大記者』(中公新書、一九八四年)
斎藤純一『政治と複数性――民主的な公共性に向けて』(岩波現代文庫、二〇二〇年)
坂本一登『伊藤博文と明治国家形成――「宮中」の制度化と立憲制の導入』(吉川弘文館、一九九一年)
坂本多加雄「福地源一郎の政治思想――「漸進主義」の方法と課題」(『思想』六五七、一九七九年)
坂本多加雄『明治国家の建設』(中公文庫、二〇一二年)
作内由子「オランダにおける「政党」の成立」(水島治郎編『保守の比較政治学』岩波書店、二〇一六年)
佐々木隆『官報』創刊と政府系新聞強化問題」(『新聞学評論』三三、一九八四年)
佐々木隆『藩閥政府と立憲政治』(吉川弘文館、一九九二年)
佐々博雄「国民自由党の結成と九州国権派の動向――帝国議会開設期における政界合同をめぐって」(国士舘大学文学部『人文学会紀要』別冊第二号、一九九〇年)
佐藤誠三郎『「死の跳躍」を越えて――西洋の衝撃と日本』(千倉書房、二〇〇九年)
塩出浩之「帝国議会開設前後の諸政党と大井憲太郎――議会制の運用をめぐって」(『史学雑誌』一〇七―九、一九九八年)
塩出浩之「議会政治の形成過程における「民」と「国家」」(三谷博編『東アジアの公論形成』東京大学出版会、二〇〇四年)
白井誠『政党政治の法構造――明治・大正期憲法改革の地下水流』(信山社、二〇一七年)
末木孝典『選挙干渉と立憲政治』(慶應義塾大学出版会、二〇一八年)
季武嘉也「山県有朋と三党鼎立論の実相」(伊藤隆編『山県有朋と近代日本』吉川弘文館、二〇〇八年)
鈴木栄樹『官報』創刊過程の史的分析」(山本四郎編『日本近代国家の形成と展開』吉川弘文館、一九九六年)
関口栄一「初期議会における自由党の組織と行動」(一)〜(三)(東北大学『法学』三一―一・三、三二―一、一九六七年)
空井護「美濃部達吉と議会の正統性危機」(東北大学『法学』六二―四、一九九八年)

高木俊輔「立憲帝政党関係覚え書」(『歴史学研究』三四四、一九六九年)
高久嶺之介「明治憲法体制成立期の吏党」(同志社大学人文科学研究所『社会科学』二一、一九七六年)
高久嶺之介『近代日本の地域社会と名望家』(柏書房、一九九七年)
高島千代「激化事件研究の現状と課題」(高島千代・田﨑公司編『自由民権〈激化〉の時代――運動・地域・語り』日本経済評論社、二〇一四年)
瀧井一博『伊藤博文――知の政治家』(中公新書、二〇一〇年)
瀧井一博「知の国制――伊藤博文の国家構想」(筒井清忠編『政治的リーダーと文化』千倉書房、二〇一一年)
竹田芳則「立憲政党の展開と近畿の自由民権運動」(大阪歴史学会『ヒストリア』一〇七、一九八五年)
田﨑公司「自由党と明治一七年激化状況」(安在邦夫・田﨑公司編『自由民権の再発見』日本経済評論社、二〇〇六年)
田中由貴乃「板垣洋行問題と新聞論争」(『佛教大学大学院紀要　文学研究科篇』四〇、二〇一二年)
田村貞雄「鴻城立憲政党の成立過程」(三)(『北海道教育大学紀要　社会科学編』二〇―一、一九六九年)
張翀「帝国議会開設前後の大同派――「国民的勢力」の行方　一八八九―一八九一」(『国家学会雑誌』一三八―一・二、二〇二五年)。
手塚豊『手塚豊著作集　第六巻　明治刑法史の研究(下)』(慶應通信、一九八六年)
出水清之助「民権政党停滞期における「無形結合」路線の論理と展開――〈広域地方結合〉の成立を中心に」(『史学雑誌』一二九―一二、二〇二〇年)
出水清之助「自由民権期における「地方団結」と政党運動」(博士論文、神戸大学大学院人文学研究科、二〇二一年)
寺崎修『明治自由党の研究』上・下(慶應通信、一九八七年)
鳥海靖「初期議会における自由党の構造と機能」(『歴史学研究』二五五、一九六一年)
鳥海靖「雑誌『政論』における政党組織の構想」(東京大学教養学部人文科学科研究紀要第三十六輯『歴史と文化』八、一九六五年)
鳥海靖「帝国議会開設に至る「民党」の形成」(坂根義久編『論集日本歴史一〇　自由民権』有精堂、一九七三年)
鳥海靖『日本近代史講義――明治立憲制の形成とその理念』(東京大学出版会、一九八八年)
内藤一成「もうひとつの山県人脈」(伊藤隆編『山県有朋と近代日本』吉川弘文館、二〇〇八年)

長尾龍一「八束の髄から明治史覗く」（同編『穂積八束集』信山社、二〇〇一年）
長岡新吉「明治二〇年代の地租軽減論について」（宇野俊一編『論集日本歴史一一　立憲政治』有精堂、一九七五年）
長妻廣至『補助金の社会史――近代日本における成立過程』（人文書院、二〇〇一年）
中野目徹『政教社の研究』（思文閣出版、一九九三年）
中原英典「「集会条例」立法沿革序説」（上）（中）（下）（『レファレンス』三〇六・三〇七・三〇九、一九七六年）
中元崇智「三河における自由民権運動と立憲帝政党勢力の動向」（地方史研究協議会『三河――交流からみる地域形成とその変容』雄山閣、二〇一六年）
中元崇智『明治期の立憲政治と政党――自由党系の国家構想と党史編纂』（吉川弘文館、二〇一八年）
中元崇智『板垣退助――自由民権指導者の実像』（中公新書、二〇二〇年）
西田長寿『明治時代の新聞と雑誌』（至文堂、一九六三年）
西山由里花『松田正久と政党政治の発展――原敬・星亨との連携と競合』（ミネルヴァ書房、二〇一七年）
萩原淳「明治・大正期日本における政治結社の規制」（『政策科学・国際関係論集』一三、二〇一三年）
花立三郎「大同団結運動と熊本改進党」（『近代熊本』二五、一九九四年）
原田久美子「関西における民権政党の軌跡――立憲政党小論」（『歴史評論』四一五、一九八四年）
播磨崇晃「岡田良一郎の自由党加入問題」（『日本歴史』七五七、二〇一一年）
半田竜介「丸山作楽研究序説――『明治日報』を手がかりに」（『國學院大學研究開発推進センター研究紀要』一二、二〇一八年）
坂野潤治『明治憲法体制の確立――富国強兵と民力休養』（東京大学出版会、一九七一年）
坂野潤治「「愛国社路線」の再評価」（東京大学『社会科学研究』三九―四、一九八七年）
久野洋『近代日本と犬養毅　一八九〇～一九一五』（吉川弘文館、二〇二二年）
平川新『紛争と世論――近世民衆の政治参加』（東京大学出版会、一九九六年）
福井淳「大同団結運動について」（土佐自由民権研究会編『自由は土佐の山間より』三省堂、一九八九年）
福井淳「板垣退助岐阜遭難事件に対する諸政治勢力の対応」（『書陵部紀要』四九、一九九七年）
藤川剛司「民に代わり議するために――中江兆民と代議制民主主義」（『国家学会雑誌』一三六―一一・一二、二〇二三年）
伏見岳人『近代日本の予算政治　一九〇〇―一九一四――桂太郎の政治指導と政党内閣の確立過程』（東京大学出版会、二〇一三

年）
前田勉『江戸の読書会――会読の思想史』（平凡社、二〇一八年）
前田亮介『全国政治の始動――帝国議会開設後の明治国家』（東京大学出版会、二〇一六年）
前田亮介「日本の政党政治はどのように発展してきたのか」（松山大学『地域研究ジャーナル』三一、二〇二三年）
前田亮介「戦前期の政党政治をどうとらえるか」（鈴木淳・山口輝臣・沼尻晃伸編『日本史の現在　五　近現代一』山川出版社、二〇二四年）
待鳥聡史『シリーズ日本の政治　九　政党システムと政党組織』（東京大学出版会、二〇一五年）
松岡僖一『幻視の革命――自由民権と坂本直寛』（法律文化社、一九八六年）
松岡僖一『土佐自由民権を読む――全盛期の機関紙と民権運動』（青木書店、一九九七年）
松岡僖一「私立国会論と詔勅渙発の衝撃」（『高知市立自由民権記念館紀要』二五、二〇二〇年）
松沢裕作『明治地方自治体制の起源――近世社会の危機と制度変容』（東京大学出版会、二〇〇九年）
松沢裕作『自由民権運動――〈デモクラシー〉の夢と挫折』（岩波新書、二〇一六年）
松沢裕作「書評　池田真歩著『首都の議会』」（『史学雑誌』一三三―六、二〇二四年）
松下孝昭『近代日本の鉄道政策　一八九〇～一九二二年』（日本経済評論社、二〇〇四年）
松本洋幸『近代水道の政治史――明治初期から戦後復興期まで』（吉田書店、二〇二〇年）
的場敏博「明治の政党とリーダーシップ」（京都大学『法学論叢』一〇四―一・四・五、一九七八年・一九七九年）
真辺将之「議会開設前夜における保守党中正派の活動と思想」（『史潮』一四二、二〇〇〇年）
真辺将之「政党認識における欧化と反欧化」（安在邦夫・真辺将之・荒船俊太郎編『近代日本の政党と社会』日本経済評論社、二〇〇九年）
真辺美佐『末広鉄腸研究』（梓出版社、二〇〇六年）
真辺美佐「大同団結運動末期における愛国公党結成の論理」（安在邦夫・真辺将之・荒船俊太郎編『近代日本の政党と社会』日本経済評論社、二〇〇九年）
真辺美佐「第一議会期における板垣退助の政党論――立憲自由党体制をめぐって」（『日本歴史』七五八、二〇一一年）
真辺美佐「主権論争に関する未紹介史料」（『法律時報』二〇一四年十月号）

真辺美佐「初期議会期における板垣退助の政党論と政党指導」(『日本史研究』六四二、二〇一六年)
御厨貴『明治国家形成と地方経営　一八八一〜一八九〇年』(『明治国家をつくる――地方経営と首都計画』藤原書店、二〇〇七年)
水野公寿「九州改進党覚え書」(『近代熊本』一一、一九七〇年)
水野公寿「反民権結社の成立と展開――熊本紫溟会の場合」(津田秀夫編『近世国家の解体と近代』塙書房、一九七九年)
水野公寿「明治憲法体制成立期の反民党勢力」(『日本史研究』二二一、一九八〇年)
水野公寿「九州改進党の結成について」(『近代熊本』二二、一九八三年)
水野公寿『明治期熊本の新聞』(熊本近代史研究会、一九九三年)
三谷太一郎『増補　日本政党政治の形成――原敬の政治指導の展開』(東京大学出版会、一九九五年)
三谷太一郎「吉野作造の晩年の国内政治論」(『大正デモクラシー論――吉野作造の時代〔第三版〕』東京大学出版会、二〇一三年)
三谷太一郎・篠原一編『近代日本の政治指導――政治家研究Ⅱ』(東京大学出版会、一九六五年)
三石善吉『伝統中国の内発的発展』(研文出版、一九九四年)
三村昌司「近代日本における多数決の導入」(『史潮』八四、二〇一八年)
三村昌司『日本近代社会形成史――議場・政党・名望家』(東京大学出版会、二〇二一年)
宮地正人『幕末維新期の社会的政治史研究』(岩波書店、一九九九年)
村井良太『政党内閣制の成立　一九一八〜二七年』(有斐閣、二〇〇五年)
村瀬信一「「吏党」大成会の動向」(『日本歴史』四五四、一九八六年)
村瀬信一「第一議会と自由党――「土佐派の裏切り」考」(『史学雑誌』九五―二、一九八六年)
村瀬信一「明治二六年三月の西郷従道入閣問題」(『日本歴史』四六四、一九八七年)
村瀬信一「明治期における政党と選挙」(『日本歴史』五四四、一九九三年)
村瀬信一『帝国議会改革論』(吉川弘文館、一九九七年)
村瀬信一「明治二六年九月の自由党九州遊説」(『日本歴史』六四五、二〇〇二年)
村瀬信一『明治立憲制と内閣』(吉川弘文館、二〇一一年)
村瀬信一「板垣・後藤洋行問題再考」(『日本歴史』八六九、二〇二〇年)

村田尚紀「フランスにおける結社の自由史試論」(『關西大學法學論集』四九―一、一九九九年)
森山誠一「集会条例(一八八〇)制定過程の一考察」(『金沢経済大学論集』二八―一、一九九四年)
藪田貫『国訴と百姓一揆の研究』(校倉書房、一九九二年)
山下重一「フェノロサの東京大学教授時代」(『國學院法学』一二―四、一九七五年)
山田央子『明治政党論史』(創文社、一九九九年)
山田央子「栗谷李珥の朋党論――比較朋党論史への一試論」(『文化接触と政治思想――東アジアからの挑戦の諸相』日本評論社、二〇二三年)
山田俊治『福地桜痴――無駄トスル所ノ者ハ実ハ開明ノ麗華ナリ』(ミネルヴァ書房、二〇二〇年)
山室信一『法制官僚の時代――国家の設計と知の歴程』(木鐸社、一九八四年)
山本四郎『初期政友会の研究』(清文堂、一九七五年)
吉田伸之『成熟する江戸』(講談社学術文庫、二〇〇九年)
和田洋「初期議会と鉄道問題」(『史学雑誌』八四―一〇、一九七五年)

張玉法『民國初年的政黨』(中央研究院近代史研究所、一九八五年)

Cox, Gary, *The Efficient Secret : The Cabinet and the Development of Political Parties in Victorian England*, Cambridge University Press, 2005.
Hofstadter, Richard, *The Idea of a Party System : The Rise of Legitimate Opposition in the United States, 1780–1840*, University of California Press, 1969.
Kam, Christopher, "Party Discipline" in Shane Martin, Thomas Saalfeld & Kaare W. Strøm (eds.), *The Oxford Handbook of Legislative Studies*, Oxford University Press, 2014.
Rosenblum, Nancy, *On the Side of the Angels: An Appreciation of Parties and Partisanship*, Princeton University Press, 2008.
Skjönsberg, Max, *The Persistence of Party, Ideas of Harmonious Discord in Eighteenth-Century Britain*, Cambridge University Press, 2021.

あとがき

本書は、筆者が東京大学大学院法学政治学研究科に二〇二三年三月に提出した博士論文「明治中期の政党をめぐる議論と実践――複数性と結合様式に着目して」を原型として、章構成を含めた大幅な加筆修正を施したものである。博士論文の審査は苅部直、五百旗頭薫、中山洋平、瀧川裕英、田中亘の各先生が担当してくださった。なお、第三章（第二・四節を除く）と第四章は、「初期議会自由党の党議――議会制度下における一体性の模索」（『国家学会雑誌』一三二―九・一〇、二〇一九年）に掲載した内容を土台としている。

本書完成までにお世話になった方々は多く、狭義の研究活動を優に超えた様々な形で恩恵をいただいた。ここではそのうちごく一部の方々しか挙げられないことを心残りに思う。

指導教員を務めてくださった五百旗頭薫先生は、筆者のアイデアに対して、いつも思いもしなかったような角度からのコメントや疑問を提起してくださったが、そのユーモアや即興性に富む言葉は、軽やかでありながら、しかも常に緊張と抑制を湛えていた。先生との楽しい対話の中からいただいたアイデアはあまりに多く豊かであったので、本書で直接享受している箇所ですら、すべてを数え上げるのが困難なほどである。

苅部直先生には、学部時代以来、毎年のように演習に参加させていただき、地道な資料調査を通じてテクストの複層性を丁寧に読み解いていくことの大切さと楽しさを学んだ。博士論文のキーワードの曖昧さについて口頭試問の際にいただいたご指摘は、改訂の際の重要な指針となった。中山洋平先生には、ヨーロッパとの比較も含めた俯瞰的な視点から、博士論文の位置づけを再考する上で示唆に富む多くのご助言をいただいた。筆者の力不足により本書に十分に反映させることができなかった点が多いが、今後の課題とさせていただきたい。

五百旗頭先生が研究科内で定期的に開催された「日本政治外交史ワークショップ」は、研究のアイデアや史料紹介を主とした小報告を行う機会であり、本書の内容の大半はここでの積み重ねの中から生まれた。佐々木雄一、澤井勇海、志賀賢二、周文涛を初めとする諸先生・諸氏からは、いつも研究を深めていく上でヒントとなる貴重なご助言をいただいた。佐藤信先生には、初めての論文執筆の際に出典表記のような基本から手取り足取り教えていただき、それ以降も、研究の無自覚な前提を問い直すような問題提起をいただいてきた。塚目孝紀、張舺の両氏からは、研究対象とする時代が近いこともあり、史料や先行研究など具体的な情報についても多くのご教示をいただき、また、三川夏子氏からは、自由党についての論文に対して詳細なコメントをいただいた。

前田亮介先生には、草稿に対して書評のようなコメントを複数回にわたっていただき、改訂作業の終盤は、それに少しでも応答しようとする中で進められた。村木数鷹氏は、大量の史料引用で混沌としがちな著者の論文の焦点を見定めるのを手伝い、また全篇を添削してくださった。常瀟琳氏は、一番近しい存在として互いの博士論文執筆期間を一緒に乗り切った仲間であり、いつもアイデアの最初の共有相手であった。

人文社会系研究科日本史学研究室の皆様にも、学部と修士課程の時に演習に参加させていただいて以来、多くの教えを受けてきた。崎島達矢、飯島直樹の両氏は、筆者が突然持ち込んだ難読書簡の読解を助けてくださった。また石坂桜、上西晴也、太田知宏、桑田翔、谷川みらい、塚原浩太郎の諸氏には本書の草稿の一部を読んでいただき、多くのご助言をいただいた。

現在奉職している東京大学大学院法学政治学研究科附属近代日本法政史料センター原資料部の皆様にも感謝をお伝えしたい。それまで、史料を利用価値の観点からばかり見がちであった筆者は、着任後、史料を守り伝えてきた人々の思いと、資料保存機関の地道で丹念な仕事が合わさって初めて史料が利用可能になるということを、遅まきながら理解するに至った。本書の作成過程で利用させていただいた史料館やデータベースに携わるすべての皆様にも大きな感謝をお伝えしたい。特に、東京大学明治新聞雑誌文庫の皆様には学部生の史料整理のアルバイトの頃から今に至るまでずっと見守っていただいた。

本書の内容は科研費（18J21247, 21K20101）による研究成果の一部であり、刊行にあたっては、東京大学学術成果刊行助成（第五回而立賞）を受け、編集を担当してくださった奥田修一氏に大変お世話になった。記して感謝申し上げる。

二〇二五年一月

松本　洵

人名索引

事項索引

タ　行

著者略歴

1993 年　鳥取県に生まれる.
2016 年　東京大学法学部卒業.
2021 年　東京大学大学院法学政治学研究科総合法政専攻
　　　　博士課程単位取得退学.
現　在　東京大学大学院法学政治学研究科附属近代日本
　　　　法政史料センター原資料部助教. 博士（法学）.

主要業績

「初期議会自由党の党議――議会制度下における一体性
　の模索」(『国家学会雑誌』132-9・10, 2019 年).

政党の誕生
近代日本における複数政党存立の基礎

2025 年 3 月 14 日　初　版

[検印廃止]

著　者　松本《まつもと》 洵《しゅん》

発行所　一般財団法人　東京大学出版会
代表者　中島隆博
153-0041 東京都目黒区駒場4-5-29
https://www.utp.or.jp/
電話 03-6407-1069　Fax 03-6407-1991
振替 00160-6-59964

組　版　有限会社プログレス
印刷所　株式会社ヒライ
製本所　牧製本印刷株式会社

ISBN 978-4-13-036297-9　Printed in Japan